KB113517

모두에게

페미니즘

모두에게
페미니즘

페미니스트 엄마가 딸에게 보내는 편지

니나 테슬러 지음 | 한우리 옮김

미르북컴퍼니

3장
미래를 이끄는 여성 리더십
181

서문

●

니나 테슬러

딸아이가 태어난 것은 내 나이 마흔 살 때였다. 딸아이를 임신하고 아홉 달 뒤 30킬로그램 가까이 살이 찐 몸으로 나는 응급실 C구역에서 로스앤젤레스 저수지를 가득 채울 만큼 흥건한 양수와 함께 불덩이 같은 아기를 낳았다. 딸아이를 낳기까지의 여정을 생각하면 남편 제리에게 출산 과정과 딸아이를 만나는 일은 그다지 놀라운 일이 아니었다.

나는 약 복용과 같은 기본적인 것은 물론 우연히 참여한 실험적인 치료까지 불임에 효과가 있다는 치료법은 거의 모두 시도해보았다. 리처드 폴슨 박사는 수정란이 자궁에 착상하려 할 때 남편의 정자를 내 자궁에 쏟아부었다. 이런 일은 인공수정을 시도하면서 두 번이나 겪었다(실험쥐와 같았던 내 처지가 계속해서 떠오른다). 수많은 주삿바늘은 물론이고 의사와 잡았던 허다한 진료 약속까지 그 모두가 불안이라는 산 정상을 오르는 일이었고, 7~10일 후에는 어김없이 임신 테스트라는 긴장감이 따라왔다. 이 모든 일은 마치 고문과 같았다. 조마조마한 마음으로 결과를 기다리다가 의사에게 걸려온 전화를 막 받으려는 그 순간, 이번에는 진짜 임신일지도 모른다는 희망. 의사 선생님이 설마 나쁜 소식을 알려주겠어? 아니겠지. 설마, 아닐 거야. 하지만 수화기 너머로 간호사가 읊는 숫자들과 수치, 호르몬들이 무슨 뜻인지 나는 알 수가 없었다.

"저 임신했나요?"

"이 수치들로 봐선 아니신 거 같아요."

간호사가 공손한 목소리로 대답했다.

"수치가 어느 정도 돼야 하나요? 좀 알려주세요. 그 수치까지 올려볼게요. 제가 원래 목표 달성을 잘하거든요."

나는 경쟁적이고 급한 A형 성격을 드러내며 방송국 대표로서 일처리를 하듯이 말했다. 얼마나 우스꽝스러운 말인가. 입 밖으로 그 말들을 내뱉는 순간, '내가 미쳐가는구나'라는 생각이 들었다. 실망감은 그런 낯두꺼운 말도 서슴없이 튀어나오게 만들었다.

결과가 나온 그다음 주에 폴슨 박사는 집으로 전화를 걸어 나의 몸 상태와 심리 상태를 확인했다. 불임 여성들을 포기하지 않는 끈기 있는 구세주였던 폴슨 박사. 그때 전화를 받으려고 침대에서 일어났던 것이 기억난다. 폴슨 박사는 내게 시술을 잠깐 쉬자고 말했다. 잠시 쉬자고. 임신에 대해서는 생각하지 말고, 아무런 생각 없이 성관계를 가져보라고. 그저 쉬세요. 알겠습니다. 나는 전화를 끊고 울기 시작했다.

두 달 뒤, 나는 임신이 되었다. 그저 평범하게 성관계를 한 것이 효과가 있었다. 완벽한 난자를 기다리던 정자들 중에 몇몇이 생존했을 것이다. 그리고 그 정자들이 난자를 찾아낸 것이다. 아니, 어쩌면 난자가 지나가던 한 정자의 옷깃을 휘어잡고 "너!"라고 외쳤을지도 모른다. 마치 로마 신화에 나오는 사냥의 여신 다이애나처럼 말이다.

우리 딸아이는 세상에 발을 내딛기 위해 말 그대로 첫날부터 자신을 위한 무대를 준비했다. 딸아이는 임신 시기를 직접 정했고, 임신 중에 늘어난 나의 몸무게부터 유도 분만을 시작으로 하여 끔찍한 응급 제왕 절개 수술을 받으면서 딸과 내가 겪은 트라우마까지 모든 세부 사항을 조율했다.

10년 하고도 반년이 지난 지금, 이제야 나는 임신을 하고 딸아이가 태어난 일이 얼마나 중요한 일인지 깨닫는 중이다. 남편과 나는 딸아이에게 증조할머니들의 이름을 따서 앨리스 루이자라는 이름을 붙여주었다. 두 분의 할머니는 모두 여성의 권리를 주장한 영웅들이셨다. 두 분 다 가진 것 없이 미국으로 온 이민 가정에서 자랐고, 형제자매 중 맏이였기에 강단 있는 여성으로 성장했다. 유대 전통에 따르면 자녀에게 돌아가신 분의 이름을 따서 붙이는 것은 그분에 대한 기억이 살아 있도록 하기 위해서라고 한다. 남편과 나는 이런 이유 외에도 흠모하는 할머니들의 정신이 딸아이에게 전수되기를 바랐다. 이는 사려 깊고도 중요한 결정이었다.

앨리스가 태어난 날부터 나는 엄마가 나를 키우실 때 그랬던 것처럼 앨리스를 페미니스트로 키우기 위해 열심이었다. 나에게 페미니스트란 여성은 남성과 모든 면에서 동등하며 어떤 경우에도 이 원칙이 결코 훼손되어서는 안 된다는 것을 뜻했다. 나는 이 원칙을 아들 매슈에게도 어릴 때부터 일러주었다.

어느 날 아침, 매슈를 차에 태우고 학교에 가는데 아이가 이런 말을 했다.

"있잖아, 엄마. 남자애들이 여자애들보다 더 낫대."

나는 즉시 차를 길 한쪽에 세우고 시동을 끈 다음, 아들의 얼굴을 똑바로 바라보았다.

"아니야, 매슈. 남자애와 여자애들은 다르지만, 둘 다 평등해."

나는 아들에게 이렇게 말해주었고, 아들은 지금도 그날의 일을 기억하고 있다.

이처럼 평등에 대한 깨달음을 뼛속 깊이 새기려면 우리가 다양한 방식으로 성별을 구별하는 가부장제 속에 살고 있다는 사실을 인식하는 데서부터 시작해야 한다. 어릴 적에 가지고 놀던 장난감부터 가족 안에서 맡은 역할과 직업까지 그 구별의 방식은 너무도 다양하다. 여성인 우리들에게는 말과 행동으로, 때로는 두 발로 그리고 연대로 똘똘 뭉친 두 주먹으로 그러한 편견에 맞서 싸워야 할 책임이 있다. 물론 우리가 살아가고 숨 쉬는 동안 하는 모든 일에 전부 평등을 요구해야 하는 것은 아니다. 만약 그래야 한다면 여성들은 태어나자마자 엄청난 부담에 시달릴 것이다.

우리를 여성으로 만드는 핵심 안에는 여성 섹슈얼리티에 대한 대상화가 있고, 이는 어렸을 때부터 여성의 정신에 깊은 영향을 끼친다. 오늘날 정신없이 쏟아져 나오는 미디어의 홍수 속에서 우리는 끝없이 더 예뻐져야 하고, 더 말라야 하며, 더 섹시해지고, 더 탐스러워야 한다. 그리고 더 행복하고 똑똑해야 하지만 남자를 위협할 정도여서는 안 된다는 메시지를 끝없이 받고 있다. 어느 엄마든 붙잡고 물어봐라. 우리의 문화가 얼마나 왜곡되고 그릇된 아름다움에 집착하는지, 어린 딸의 질문으로 다시금 깨닫기 전까지 그것에 대해 정말로 한 번도 분노가 치민 적이 없었는지를.

앨리스가 막 십 대가 되었을 때, 나는 페미니즘에 대한 나의 생각을 더욱 갈고닦고 싶었고 다른 여성들은 자신들이 가진 힘에 대해 어떻게 이야기하는지 배우고 싶었다. 하지만 내가 찾을 수 있는 책이란 책은 모두 찾아 읽어보아도 엄마와 딸 특유의 친밀성에 대한 나의 궁금증을 풀어줄 만한 책은 발견하지 못했다. 다른 여성들은 딸과 어떻게 소통했는지, 딸에게 중요한 가치관과 원칙을 어떤 식으로 일러주었는지 알고 싶었다. 나는 서로서로 다를 뿐만 아니라 그들의 엄마와는 또 다른 여러 여성들이 들려주는 각자의 이야기가 듣고 싶었다. 유머러스하면서도 숨겨진 의미가 있고 또 시적인 언어로 쓰인 그들의 이야기가 듣고 싶었다.

어떻게 하면 딸들에게 더욱 힘을 북돋아줄지에 대해 조언과 영감을 찾던 중, 다른 엄마들도 나와 비슷할 거라는 것을 깨달았다. 그래서 나는 오스카상과 에미상을 수상한 여배우, 의사와 과학자, 영적 지도자, 활동가, 정치인, 학자, 작가, 감독, 회사 임원 등 다양한 분야에서 리더십을 발휘하고 있는 여성들과 비영리 단체에서 영웅적인 활동을 하고 있는 여성들을 만나봤다. 많은 사람들이 '내가 딸에게 해준 이야기'라는 책의 콘셉트에 열광하는 모습을 보고 마음이 벅차올랐다.

나는 이 책의 출간을 준비하면서 부모가 아이들에게 균형 잡힌 식사를 주고 충분한 수면을 취하게 하듯이, 딸을 페미니스트로 키우는 것 역시 부모의 책임이라고 생각하게 되었다. 앨리스가 처음으로 유치원에

간 날이 떠오른다. 그날 아침 나는 앨리스의 가방에 간식과 물, 손수건 그리고 다른 물건들을 넣어주었다. 마찬가지로 우리는 어머니로서 딸이 강하고 굳건한 성평등 옹호자로 자랄 수 있도록 가방에 필요한 것을 넣어주고 준비시켜야 한다. 훌륭한 롤모델이 아무리 많이 있어도 딸이 성평등의 원칙을 배웠을 거라고 가정할 수는 없다. 우리가 그 원칙을 가르쳐주어야만 한다.

나는 내 어머니를 통해 강인한 여성이 된다는 게 무엇을 뜻하는지 직접 배웠다. 어머니는 남성과 완전히 평등한 여성의 권리를 찬양하는 자유의 자장가를 불러주시곤 했는데, 당시 1960년대는 시민권 운동과 반전 운동이 널리 퍼져 있었다. 어머니는 나에게 자라서 위대한 여성이 될 거라는 근본적인 믿음을 심어주셨고, 그 믿음은 TV 산업에 몸담은 내가 사다리의 최상층까지 오를 수 있도록 자신감과 결단력을 부여했다. 어머니는 내가 목표를 이뤄낼 거라는 것을 한 치의 의심도 하지 않도록 키우셨다.

베트남 전쟁이 정점에 이르렀을 때, 나는 아직 어린아이였다. 뉴욕 북부의 작은 마을 웨스트코페이크에서 자랐는데, 그 지역의 많은 소년들이 자원입대하여 해외에서 군복무를 하고 있었다.

마을 한복판에는 2차 세계대전에 참전했던 남녀를 기리는 커다란 시계탑이 서 있었다. 마을 사람들 대부분이 전쟁에 참전했던 이들이었기 때문에 대체로 베트남 전쟁을 지지하고 있었다. 정부의 결정이나 전쟁에 반대하는 것은 우리 마을에서 전례가 없는 일이었다. 그래서 쾌청한 그 가을밤, 나는 근심스러운 얼굴로 시계탑 밑에 모여 있던 몇몇의 마을 사람들 곁에 서서 두려움에 떨었다. 한 손에는 촛불을 들고, 다른 손으로는 엄마의 손을 꼭 쥐고 있었다.

어린아이였던 나는 그 광경만으로도 몹시 불안했다. 주위는 어두웠고 사람들은 감정적인 반전 노래를 불렀다. 나는 어른들 사이에 낀 몇 안 되는 어린아이였다. 〈바람만이 아는 대답〉과 〈유니버셜 솔저〉의 가사를 모두 알고 있었기 때문에 조그맣게 따라 부를 수 있었다. 하지만 외롭다는 생각이 들었다. 그날의 저녁 활동에 대해 다음 날 학교에 가서 이야기하는 것이 인기에는 별로 도움이 되지 않을 거라는 것을 알고 있었다. 그래도 시간이 지나자 두려움이 점차 옅어졌다. 대신 친숙함과 지금 아주 중요한 일을 하고 있다는 확신에서 생겨난 강인함이 내 안에 자리 잡았다. 어쩌면 목소리를 내는 일에 좀 더 편안해지고 있었는지도 모른다. 또는 전쟁이 우리 마을에서 지구 반 바퀴나 떨어진 곳에서 벌어지고 있지만, 내가 서로 죽고 죽이는 그 전쟁을 끝내는 일을 돕고 있고 그 커다란 이야기 속에 들어와 있다는 느낌을 받았기 때문인지도. 그것도 아니면 어머니가 내 곁에 계시다는 이유만으로도 자신감이 부쩍 자라났는지도 모르겠다. 어머니는 마치 비밀 신호라도 보내듯이 내 손을 굳게 잡아주셨다. 그 신호에 담긴 의미는 이런 것이었다.

"혼자 서 있어도, 두려워도, 인기 없는 신념을 가져도 괜찮아. 가만히 자신의 목소리를 듣는 것도, 내면에서 용기가 자라도록 하는 것도, 모두 괜찮아."

이것이 바로 어머니가 말씀으로 그리고 행동으로 모범을 보이며 가르쳐주신 교훈이다. 이제 나는 내 딸 앨리스를 앞에 두고 비슷한 계기를 찾고 있다. 어떨 때는 전보다 빨라진 삶의 속도와 혼잡스러운 일상생활로 숨 쉬는 것조차 힘겨울 때가 있다.

하지만 딸을 강하고 자신감 있게 키우도록 도와줄 경험들은 어디에서나 발견할 수 있다. 종종 전혀 예상치 못한 곳에서도 발견된다. 뛰어난 여성들의 이야기를 읽는 것은 다가오는 미래에 우리의 집단적 지혜를 전 세계 여성과 공유하고 보존하는 하나의 방법이다.

이 책에 대한 영감이 번뜩인 것은 예기치 못한 순간과 장소에서였다. 세계 곳곳에서 온 수백 명의 젊은 여성 선수들이 참가하는 배구 대회가 피닉스컨벤션센터에서 열렸는데, 이 대회에 열세 살이던 앨리스가 참가하는 모습을 지켜봤을 때였다.

자신들의 운동 실력뿐 아니라 팀 스포츠를 통해 배운 리더십과 협동심, 끈기, 배려를 마음껏 펼치기 위해 한자리에 모인 수많은 젊은 여성들을 보자마자, 나는 깊은 감명을 받았다. 열두 살에서 열여덟 살의 여성 운동선수들이 모인 이 대회에서 선수 개인과 팀 모두는 자신이 가진 뛰어난 기량을 펼치고 목표를 이뤄내기 위해 노력하고 있었다. 찌는 듯한 6월의 열기(바깥 온도는 섭씨 46도로 말 그대로 찌는 듯한 더위였다)와 함께 구장 가운데 배구 코트에 줄을 선 선수들이 내지르는 기합, 응원의 함성, 공이 부딪치는 소리로 감각이 얼얼해질 정도였다.

이전에 나는 한 번도 이렇게 여성들로만 채워진 공간에 와본 적이 없었다. 어린 소녀들과 그들의 어머니들에게서 뿜어져 나오는 에너지는 매우 격렬했다. 주위를 둘러보니 십 대 초반의 여중생부터 대학 문을 넘보는 여고생 그리고 그들을 데려온 어머니까지 각양각색의 얼굴과 몸을 가진 여성들의 파노라마가 보였다. 그 순간 나는 우리 모두에게 공통점이 있다는 것을 깨달았다. 모든 어머니와 모든 딸은 지금 그곳에 모이기까지 자신만의 길을 걸어온 것이다.

당시에는 깨닫지 못했지만 아마 그 순간에 여성들이 내밀한 속내를 터놓는 이 에세이 모음집을 떠올렸을 것 같다. 나는 그동안 멋진 스토리 텔러들을 키워내는 직업에 종사해왔고, 모든 여성에게는 다른 이들에게 영감을 불어넣어주고 깨우침을 주는 경험이 있다고 믿는다.

앨리스의 팀은 배구 대회 결승전에서 우승하지 못했다. 하지만 앨리스는 열심히 뛰었고 경기의 중요한 순간마다 팀원들을 뒷받침했다. 나는 앨리스에게 경기에서 보여준 '한결같은' 모습이 인상적이었다고 말해주었다. 그 말은 앨리스 자신도 느끼고 있던 것으로 내가 정직한 평가를 통해 다시 한번 확인시켜주자, 마치 비밀의 문을 연 마법의 열쇠처럼 앨리스에게 커다란 영향을 끼쳤다. 이것은 그저 하는 빈말이 아니었다. 자신이 팀에 얼마나 공헌했는지 엄마가 알아준다는 사실 하나가 딸에게는 매우 큰 의미였다.

그날 이후 앨리스의 인생에서 내가 맡은 역할이 변화했다. 우리는 하나의 고비를 넘겼고, 성인들처럼 대화하기 시작했다. 이제 앨리스는 무릎이 까졌을 때 반창고를 붙이느라 내가 필요한 나이가 아니었다. 딸아이는 성인이 겪을 법한 어려움과 선택의 순간에 부딪힐 테고, 그때 받을 만한 정직한 감정적 지원을 엄마인 내게 필요로 했다. 나는 딸아이가 배구 시즌 내내 목표를 위해 열심히 뛰는 모습이 자랑스러웠다. 그리고 딸아이에게 동기 부여를 하고 자신감을 심어줄 온갖 방법에 대해 생각했다.

대회 중에 배구 스타인 미스티 메이-트리너가 연설을 했는데, 그때 여성 영웅과 롤모델이 얼마나 중요한지 새삼 깨달았다. 대회에 참가한 소녀들에게 메이-트리너는 록 스타 같은 존재였기에 더욱더 영감을 불러일으켰고 그녀가 건네는 격려의 말은 큰 반향을 일으켰다. 당시는 메아트 리너가 2012년 여름 런던 올림픽에서 세 번째 금메달을 딴 지 겨우 두 달밖에 지나지 않은 때였다.

배구 대회가 끝나고 몇 주가 흘렀지만 나는 여전히 이 책을 만들어야 한다는 강한 열망에 사로잡혀 있었다. 이 책에 들어갈 글을 위해 시간을 내준 바쁜 여성들에게 감사할 뿐이다. 남을 돕고 베푸는 정신에서 이 책 수익금의 일부는 젊은 여성들의 리더십 육성을 위해 노력하는 단체인 걸스Girls Inc.와 유엔의 '걸업Girl Up' 캠페인에 쓰일 것이다.

이 책의 작업은 내게 계시와도 같았다. 이 책에 실린 에세이들을 읽고 다른 이들이 마주했던 어려움을 통해 통찰력을 얻고 난 후에야 비로소 나는 어머니가 가르쳐주신 감정적이고 지적인 근원에서 나오는 힘을 완전히 이해할 수 있었다. 이 책에 글을 쓴 이들은 어머니로서의 경험뿐 아니라 미국을 정의하는 인종, 민족, 성적 취향, 교육, 소득 수준 등 모든 문화적 차이를 용광로에서 녹여내듯 글 속에 담았다. 책에 실린 글의 순서는 어머니 됨의 보편성과 다양성을 강조하려는 의도에서 나온 것이다. 종종 우리가 하는 일에 따라 다양한 꼬리표들, 예를 들면 워킹맘, 호랑이 엄마, 헬리콥터 엄마, 축구 엄마 등이 붙지만 우리는 그저 강인한 차세대 리더들을 키우기 위해 최선을 다하는 여성들일 뿐이다. 책에 실린 몇 가지 예에서 보듯 어머니와 딸의 이야기 속에는 사회의 이중적인 관점이 드러난다.

1980년대에 인기 차트 순위에 오른 가수 팻 베네타는 음반사로부터 임신 사실을 숨기라는 강력한 압력을 받았다. 이집트 지도자 안와르 사다트의 미망인 제한 사다트는 대학에서 특별 대우를 받았다는 비난에 맞서면서 박사 학위를 받기까지 넘어야 했던 공부 외 다른 어려움들에 대해 회상했다. 저명한 유방암 전문의인 수잔 러브 박사는 딸 케이티를 입양하기 위해 동성 아내인 엘런 쿡시와 함께 벌인 법적 투쟁에 대해 이야기했다. 세자르 차베스와 함께 농장노동자조합UFW을 세운 돌로레스 우에르타는 노동 운동을 이끄는 동안 자신의 아이들을 돌봐줄 이를 찾느라 매일같이 애써야 했다고 말한다.

다른 저자들도 재미있는 에피소드부터 가슴 아픈 사연, 희망찬 이야기까지 어머니와 딸로서 겪었던 일에 대해 이야기해준다. 마리 오즈먼드는 자신과 자신의 딸이 결혼식장에 들어서기 전날 밤 어떻게 파혼을 결정했는지에 대해 적었다. 작가 에일릿 월드먼은 어떻게 '뚱뚱한 여자애들에게 잘해줘야 해'가 가족의 모토가 되었는지 이야기해준다. 배우 크리스틴 배런스키는 말에서 떨어져 진흙에 처박힌 딸이 그 일에서 어떤 교훈을 얻었는지 묘사한다. 또한 브룩 실즈는 파파라치에 둘러싸이는 두려운 경험을 딸들에게 뭔가를 가르쳐줄 순간으로 어떻게 바꿨는지 솔직하게 적어주었다.

이 모든 이야기의 공통점은 어머니가 강인하고 자신감 있게, 사회적 압박에 굴하지 않고 딸아이가 올바른 선택을 내리도록 딸을 인도할 책임이 있다고 이야기한다는 것이다.

어렸을 때부터 나는 나에게 꿈꾸는 직업을 좇을 권리가 있다는 사실을, 심지어 그럴 자격이 있다는 사실을 전혀 의심하지 않고 자랐다. 그래서 어떠한 의심도 없이 연기부터 시작했다. 하지만 겪어보니 내가 아무리 배우가 되기를 열망한다 해도 그 길은 매우 힘든 길이었다. 나는 이십 대를 도전과 실패로 보낸 뒤에야 내가 프로그램 개발에 재능이 있다는 사실을 알게 되었다. 작가, 감독, 배우와 함께 황금시간대 TV 드라마를 만들고 거기에 아이디어와 능력을 보태는 데 재능이 있었다. 우리가 가진 대외적 이미지와는 달리 네트워크 '슈츠suits'는 작가들에게 말도 안 되는 지시만 전달할 뿐 제대로 하는 일도 없는 참견쟁이나 무능력자들이 아니다. 텔레비전 분야는 극도로 힘든 사업이고 새로운 TV 쇼의 실패율은 대부분의 TV 네트워크에서 80%를 웃돈다. 그렇지만 성공할 경우 엔터테인먼트 업계에서 TV 인기 드라마를 제작하는 것만큼 더 값진 성과도 없다. 미국인들이 매주 거실에서 (그리고 요즘에는 스마트폰과 태블릿으로) 보려고 하는 캐릭터들과 스토리텔러들이 있다.

운이 좋게도 나는 지난 몇십 년간 〈ER〉의 헌신적인 의사들과 〈CSI〉의 법의학자, 〈빅뱅이론〉의 사랑스러운 괴짜들까지 많은 히트작 드라마의 제작에 참여해왔다. 그리고 여전히 운이 좋게도 남녀 가릴 것 없이 멋진 상사의 조언을 받으며 일했고, 할리우드에서 가장 큰 스튜디오로 오랫동안 자리를 지켜온 워너 브라더스와 진보적인 회사인 CBS 티파니 네트워크에서 일했다. 나는 네트워크와 스튜디오에서 여성으로서 가장 높은 지위에 올랐고 그럴 수 있게 길을 닦아둔 엔터테인먼트 업계의 많은 선배들에게 빚을 지고 있다. 나는 2004년에 CBS의 프로그램 편성을 맡았던 여자 선배인 낸시 텔럼에게 자리를 물려받았다. 낸시 텔럼은 모든 매체에서 가장 존경받는 탁월한 전략가 중 한 사람이다.

나는 25년 이상을 CBS와 워너 브라더스, 로리마 프로덕션에서 현명한 리더인 CBS 회장 겸 사장이자 CEO인 레슬리 문베스와 함께 일했다. 레슬리와 나는 엔터테인먼트 업계에서 보기 드물게 오랫동안 함께 일했는데, 우리는 성공과 실패에 관계없이 서로를 신뢰하고 존경하고 지원하면서 함께 잘해나갔다. 그러다 마침내 레슬리가 임원으로서 스스로의 운명을 결정하라는 최후의 선물을 내게 주었다. 많은 고민 끝에 나는 이 책의 작업을 마친 2015년 12월에 CBS 엔터테인먼트의 회장직을 사임하기로 결정했다.

나는 내가 속한 이 창조적인 분야에서 작가, 배우, 감독, 프로듀서, 그 외 다른 많은 이들과 함께 일하는 것을 사랑했다. 하지만 내 일을 사랑한 만큼 이 책의 작업은 나에게 또 하나의 도전이자 새로운 유연한 근육을 찾아야 한다는 깨달음을 주었다.

그동안 TV 드라마에 매달려 일하면서 여성이라는 이유로 특별히 불이익을 받지는 않았다. 여성은 미국 시청자의 절반 이상을 차지하기 때문에 광범위한 시청자에게 호소해야 하는 TV 프로그램 개발은 여성 시청자와 접점을 찾는 일이기도 했다. TV를 켰을 때 여성이라는 특정 그룹이 반응할 수 있도록 여성의 본능을 활용하는 것은 직장에서 플러스 요소가 되었다.

하지만 일터의 다른 많은 여성들처럼 나 역시 나만 빼고 모두가 남성인 고위급 간부 회의에 참석할 때가 종종 있다. 그럴 때면 남성들의 목소리에 내 의견이 덮여버리는 짜증나는 일을 겪기도 했다. 내가 프레젠테이션을 하거나 어떤 의견을 개진했을 때 남성 동료들로부터 질문과 비판 세례를 받는 모욕적인 경험을 한 적도 있다.

굽 낮은 구두를 신었을 때 내 키는 157센티미터 정도밖에 되지 않는다. 나의 작은 키는 낯선 사람들 앞에서 권위를 발휘하려면 남들보다 더 노력해야 한다는 것을 뜻했다. CBS에서의 지위 때문에 무의식적으로라도 나는 '키가 작은 것은 약하다'라는 인식에 맞서게 되는 것 같다. 하지만 여전히 몇몇 사람들은 나를 처음 만나면 "정말 키가 작으시네요", "생각한 것보다 크시진 않네요"라는 말을 서슴없이 하곤 한다.

이러한 인식과 마주할 때면 우리 문화 속에서 여성들이 어떻게 인식되고 그려지는지에 대해 더욱 민감해진다. 나는 강한 여성이 된다는 게 무엇을 뜻하는지 나의 어머니와 어머니가 살아가신 모습에서 배웠다. 나는 스스로 페미니스트라고 정의한다. 페미니스트란 자신의 선택에 따라 직업을 결정하고, 부당한 대접을 받거나 불공평한 처우를 당했을 때 소리 내어 말할 수 있게 하는 롤모델이기 때문이다.

《여성의 신비》가 출간되고도 50년이 지난 지금, 이제 내 딸이 미래에 대한 중요한 결정을 내려야 할 나이가 되면서 페미니스트가 된다는 것이 무엇을 뜻하는지 나에게 더욱 첨예한 관심사가 되었다. 내가 이 책의 작업을 시작한 이후 사설란에서, 학계에서, 대중문화 안에서 페미니즘의 정의에 대한 문화적 논쟁이 뜨거워지고 있다. 여성 연예인에게 "당신은 페미니스트인가요?"라고 질문하는 일은 미디어 인터뷰의 필수 요소가 되기도 했다. 유명한 여성 스타가 페미니즘에 부정적인 모습을 보이는 것은 실망스러운 일이다. 왜냐하면 그들은 진정한 젠더 평등을 두려워하는 사람들이 만들어낸 온갖 부정적인 함의를 그대로 받아들여, 페미니즘이란 남성을 싫어하는 것이라고 연결을 지어버리기 때문이다.

페이스북의 COO인 셰릴 샌드버그는 2013년에 출간한 저서 《린 인》에서 리더로서 한 발 더 나서라고 여성들을 격려하는 일이 얼마나 중요한지에 대한 강력한 메시지를 던지면서 관련 논의를 촉발시켰다. 왜 현대의 여성 운동은 멈춘 듯이 보이는가? 변명이나 사과를 하지 않고, 또는 자격을 부여하지 않고도 운동과 권리 옹호의 정신을 되살려내기 위해 우리는 무엇을 할 수 있고 무엇을 해야 하는가? 이러한 질문들에 이후 많은 논평가들이 기사와 짧은 글을 통해 답을 내리려고 시도했다.

2014년 MTV 뮤직 비디오 어워드에서 슈퍼스타 비욘세가 대문자로 커다랗게 '페미니스트'라 적힌 무대 배경에 등장하는 장면만큼 젊은 세대에게 강력한 메시지를 전달하고 기운을 북돋우는 일도 없을 것이다. 여배우 엠마 왓슨은 2014년 9월 유엔에서 열정적이고도 명료하게 스스로 페미니스트라고 선언했고 그 12분짜리 연설은 헤드라인을 장식하며 기립박수를 받았다. 엠마 왓슨은 유엔 여성 친선 대사로서 모든 종류의 젠더 불평등을 종식시키는 데 남성과 소년이 기여할 수 있도록 '히포시 HeForShe' 캠페인을 제안하며 이렇게 말했다.

"제가 페미니즘에 대해 말할수록 여성의 권리를 위해 싸우는 것이 너무나 자주 남성을 싫어하는 것과 동의어로 받아들여진다는 것을 깨달았습니다. 분명한 것은 이러한 잘못된 인식이 중단되어야 한다는 것입니다."

지난 수백 년간 여성들은 많은 권리를 얻었는데도, 어째서 《포춘》에 실린 500대 기업 가운데 여성 CEO는 5% 미만에 불과할까? 우리는 왜 여전히 이런 세계 속에 살고 있을까? 어떻게 이런 일이 가능한지를 보려면 전국 소매점에서 판매되고 있는 소녀용 티셔츠를 보면 된다. 티셔츠에는 이렇게 적혀 있다.

"수학 숙제를 하기에 난 너무 귀여우니까 남동생이 대신 해줘야 해."

티셔츠를 만든 JC페니의 누군가는 이 문구가 좋은 아이디어라고 생각했을 것이다.

2011년에 오스카상을 수상한 배우이자 보스턴대학교 동창인 지나 데이비스는 딸을 낳은 뒤 어린이 대상 미디어에서 묘사하는 여성 캐릭터에 당황하며 미디어에 나타난 젠더에 대해 연구하는 연구소를 설립했다. 지나 데이비스는 언론 매체에서 묘사하는 성별 이미지가 아이들에게 어떤 영향을 미치는지에 대한 신뢰도 높은 학문적 연구를 위해 사비를 들여 연구소를 운영하고 있다. 지나 데이비스의 연구소에서 밝힌 놀랄 만한 사실 중 하나는 가족과 어린이용 영화에서 남성 등장인물 세 명당 여성 등장인물 한 명이라는 수치가 1940년대 이후로 전혀 변하지 않았다는 점이다. 이 책에서 지나 데이비스는 딸 앨리제가 어떻게 자신을 연구소와 웹사이트 https://seejane.org/을 설립하도록 이끌었는지 그 경험에 대해 유머러스하게 적었다.

나는 열린 마음으로 개인의 선택을 존중한다는 입장이었는데 육아를 위해 일터에서 '빠져나오는' 고학력에 고숙련 전문직 여성들의 수가 점점 더 증가하는 것을 보면서 나의 원칙이 흔들리는 것을 느꼈다. 몇몇은 이러한 현상을 새로운 종류의 페미니즘으로 간주하면서 여성이 원한다면 집 밖에서 일하지 않을 수 있다고 주장해왔다.

《린 인》에서 시작된 여성의 사회적 지위에 대한 새로운 면밀한 조사는 평등권을 요구하는 광범위한 '국가적 운동'으로서의 위치를 잃어버리게 했다고 느낄 수도 있다. 하지만 여성들이 무엇을 선택하든지 간에 여성들의 목소리를 들려줄 더 많은 소통 창구들이 있다는 사실을 여전히 우리에게 알려주었다. 불행히도 자녀를 둔 여성들을 워킹맘이나 전업주부 등으로 분류하는 미디어 때문에 여성과 남성 모두 부정적인 영향을 받고 있고, 우리가 선택한 생활방식과 부모 노릇에 대해 비판적이게 되었다. 왜 우리는 그저 엄마일 수 없을까?

낙담하기는 쉽다. 다음 세대를 위한 책임을 주장하는 엠마 왓슨과 같은 사람들을 보기 전까지는 말이다. 페미니즘 운동은 지금 이곳에서 여전히 진행되고 있지만, 잡지 《미즈》가 출간되던 예전에 비하면 분산되고 다양해졌다. 이것은 내가 그동안 지켜봐왔던 TV 산업의 근본적인 변화, 즉 오직 세 개의 방송(CBS, NBC, ABC)이 지배하던 것에서 이제는 미국의 일반 가정에서 시청 가능한 채널이 200개가 넘고 수많은 스크린으로 진화되어온 현상과 유사하다. 페미니스트가 된다는 것이 무엇을 뜻하는지는 요즘 새로 나온 TV 쇼만큼이나 숱하다. 나는 패치워크 퀼트만큼이나 다양한 현대식 페미니즘을 받아들인다. '어머니 됨'의 본능은 우리의 딸들과 아들들이 행복하고 건강하며 성공하기를, 성취하는 데 필요한 모든 것을 갖추기를 바라게 만든다.

베티 프리던은 《여성의 신비》에서 여성의 정체성과 여성이 성취할 수 있는 것에 대하여 정의내리면서 "개인적인 것이 정치적인 것이다"라는 유명한 주장을 펼쳤다. 어머니와 딸 사이에 공유하는 경험보다 더 개인적인 것은 없다. 이 책을 통해 독자들이 현대의 어머니로서 가장 소중한 가치와 신념을 전달하는 가장 의미 있는 방법이 무엇인지에 대한 영감과 통찰, 아이디어를 얻기 바란다. 우리 아이들에게 건넬 교훈 보따리를 싸는 일은 결코 이르지도, 너무 늦지도 않았다.

모두에게
_____

페미니즘

1장

_____

여성,
세상을 향해
외치다

엄마, TV에 여자애들이 너무 적어

―――――― ✦ ――――――

지나 데이비스 배우

앨리제가 다섯 살이었을 즈음, 나는 앨리제와 함께 디즈니 영화 〈뮬란〉을 비디오로 보다가 내 삶을 바꿀 만한 깨달음을 얻었다. 그러나 그 깨달음은 내가 예상한 것과는 달랐다. 처음에 나는 딸아이가 강하고 용감한 (그리고 재미있는) 리더인 여성 주인공을 보게 된 것에 가슴이 떨렸다. 줄거리가 중국에 살던 모든 이를 구해낸 젊은 여성에 대한 이야기였으니까! 나는 그 줄거리가 너무 마음에 들었다. 그러나 나에게 뭔가 깨달음을 준 것은 영화가 아니라 영화를 보던 딸아이의 질문이었다. 영화 중간에 뮬란이 여자라는 사실을 안 다른 군인들이 뮬란을 군대에서 내쫓는 장면이 나왔다. 앨리제는 정말로 상처 입은 표정으로 나를 올려다보더니 고조된 목소리로 물었다.

"왜 여자애는 군대에 있으면 안 돼?"

순간 나는 앨리제가 무엇에 대해 묻는지 그 의미를 깨달았다. 그리고 그것이 내 폐부를 깊숙이 찔렀다. 딸아이는 젠더 불평등에 대해 아무것도 모르고 있었다. 아직 물들지 않은 것이다. 세상 밖에는 소녀에게 어울리지 않는다고 여기는 것들이 있다는 사실을, 그러니까 소녀들이 그 일을 해낼 수 있을 만큼 강하지도, 똑똑하지도 않고 재능도 없다고 여긴다는 사실에 물들지 않은 것이다. 물론 앨리제는 특정한 역사적 시기에 일어난 일에 대해 묻고 있었고, 나는 그 시대 중국에서는 소녀들이 군대에 갈 수 없었다고 설명했다. 하지만 소녀들은 매우 강하고 유능해서 지금은 군대에서 중요한 일원이 되어 일하고 있다고 재차 설명해주었다.

그렇지만 여전히 딸아이의 질문은 내게 날카로운 비수가 되어 꽂혔다. 나는 앨리제에게 무엇이든 해낼 수 있다고 격려하고 있지만, 결국 이 풍부한 감성을 가진 어린 소녀는 모두가 다 그렇게 생각하지는 않는다는 사실을 배우게 될 것이다. 나는 딸아이를 가능한 한 신데렐라로부터 멀리 떨어뜨려놓고 싶었다. 하지만 결국 이 아이는 발견할 테고, 나는 그것을 막지 못할 것이다. 수백만의 소녀들이 그래왔던 것처럼 딸아이는 같은 이야기를 배울 것이고, 때로는 무시당하고 부당한 처우에 비참함을 느끼면서 알게 될 것이다.

그 순간 나는 딸아이가 소녀와 여성은 소년과 남성보다 덜 중요하다는 메시지를 불가피하게 받아들이게 될 거라는 사실을 깨달았다. 그리고 내게는 딸아이와 다른 모든 소녀들에게 발생할 이 비극에 책임이 있었다.

내가 가장 화난 것은 이런 메시지들이 주로 무의식적으로 주어진다는 사실이다. 앨리제는 자신도 모르는 사이에 젠더 불평등을 가르치는 것들을 보게 될 것이고, 이미 운동장이 기울어져 있을 거라는 생각* 속에 자신의 기대를 낮출 것이다. 수없이 많은 인쇄된 이미지들, TV 쇼, 영화, 비디오 게임을 볼 것이며, 열여덟 살이 될 무렵에는 어떻게 외모를 가꿔야 할지 말해주는 수백만 개의 광고와 마주하게 될 것이다.

앨리제와 〈뮬란〉을 보기 전 10여 년 동안, 나는 야구의 천재, 거리의 여전사, 심지어 기억상실증에 걸린 여성 암살자까지 아주 멋진 캐릭터들을 맡아 연기해왔다. 하지만 이러한 역할들을 연기하면서 엔터테인먼트 산업에서 여성이 어떤 모습으로 그려지고 그려지지 않는지, 또한 다양한 여성 캐릭터가 얼마나 없는지도 깨달았다. 여성 관객들은 흥미진진하고 감명을 주는 여성 캐릭터와 만나지 못하고 있었다. 그래서 나는 결심했다. 배우로서 가능하다면 여성들에게 힘을 불어넣는 역할을 맡겠다고.

하지만 딸아이의 눈을 통해 어린이 방송을 더 많이 관찰하게 되면서, 우리의 가장 어린 소년소녀들마저 우리 문화가 유포하고 있는 불균형한 관점으로 세상을 바라보고 받아들인다는 사실을 강하게 느꼈다. 어린이 방송에서는 언제나 가장 흥미로운 일은 남성 등장인물이 도맡고 젠더 불평등을 규범으로 삼는 모습을 어린이들에게 가르쳐왔다. 엄마로서 나는 소년이든 소녀든 21세기의 아이들에게 모래상자에서 다 같이 노는 모습을 명확하게 보여주어야 한다고 생각한다.

* 불공정한 경쟁을 비유적으로 이르는 말로 '기울어진 운동장 이론'이라고 한다. 어느 한쪽으로 기울어진 운동장에서는 아무리 뛰어난 사람이라도 경기에서 이길 수 없다는 데서 유래하였다.

나는 내가 관찰한 내용을 심각하게 받아들였다. 그래서 몇 년 전에 '미디어에 나타난 젠더를 연구하는 지나 데이비스 연구소'를 열었다. 우리는 어린이 대상의 미디어에서 성별 묘사를 어떻게 하고 있는지에 대해 연구할 뿐만 아니라, 때로는 연구 기간이 족히 20년은 되는 연구들도 후원하고 있다. 그리고 그 연구 결과들은 내가 상상만 하던 최악의 공포가 사실이라는 것을 확인시켜주었다.

가족 등급의 영화와 어린이용 TV에서 대사가 있는 여성 인물이 한 명 등장할 때 남성은 세 명 등장한다. 만약 영화에서 군중들이 등장하는 장면을 주의 깊게 살펴보면, 여성 인물의 수가 17% 이하인 것을 알 수 있다. 실제 영화나 애니메이션 모두에서 말이다. TV나 영화에 여성이 얼마나 많이 등장하는지가 무슨 상관이냐고 생각할 수도 있다. 그래서 우리는 연구에서 등장인물의 수 말고도 질을 살펴보았다. 예를 들어, 가족 영화에 등장하는 인물의 직업에 대한 포괄적 연구에서 직업을 가진 인물의 81%가 남성이었다. 여성 인물이 맡은 흔한 역할 중의 하나는 '눈요깃거리'였다. 설상가상으로 지난 20년 동안 여성 등장인물의 수는 전혀 증가하지 않았다.

그렇다면 우리는 미디어를 통해 소녀와 소년에게 어떤 메시지를 보내고 있는 걸까? 만약 여성 캐릭터가 1차원적으로만 묘사되고 곁다리 역할에만 머무르거나 고정관념에 따라 그려지고 아예 등장하지 않는다면, 우리는 이 사회에서 여성과 소녀는 남성과 소년보다 덜 소중하다고, 우리가 사는 세상의 절반을 차지하지 않는다고 말하는 것과 같다.

메시지는 침투할 것이다. 소녀가 TV 앞에 앉아 있는 시간이 많으면 많을수록 살면서 여성으로서 할 수 있는 선택이 제한되어 있다고 여길 것이고, 소년은 더욱 성차별적인 생각을 하는 남성으로 자랄 것이다.

태어날 때부터 이토록 심각하게 불균형한 세상에서 우리 아이들을 키우는 것은, 결국 성차별을 규범으로 바라보는 또 다른 세대를 효과적으로 길러내는 것이다. 이러한 일은 우리 모두에게 일어나고 있다. 어렸을 때, 당신도 오락 방송에서 똑같은 성차별을 보고 자랐을 것이다. 영화에서 여성 등장인물 대 남성 등장인물의 비율은 1946년 이후 전혀 변함이 없다.

우리의 문화가 딸아이의 기를 꺾는 메시지를 계속해서 보내도 나는 그것을 막을 수가 없었다. 아무리 앨리제의 TV 시청을 막으려 해도 말이다. 그러나 잘못된 거라고 말해줄 수는 있다. 이는 불공평하며 바뀌어야 한다고 가르쳐줄 수 있다. 나는 사람들이 마치 인형이라도 된다는 듯이 딸아이의 외모에 대해 이러쿵저러쿵하는 것을 막을 수는 없었다. 그러나 딸아이에게 왜 그런 행동이 적절치 않은지는 말해줄 수 있다. 여성이 아직 미국의 대통령으로 선출되지 못했을지라도 미래의 여성 대통령의 어머니는 TV에 나올 수 있다. 나는 딸아이에게 어떻게 해야 자신의 의견을 가질 수 있는지, 어떻게 하면 여성에게 '이렇게 해라', '저렇게 꾸며라' 하고 지시하는 우리 문화에 신경 쓰지 않을 수 있는지 말해줄 수 있다.

그리고 내 딸에게 말해줄 것이다. 나는 가능한 한 앨리제와 앨리제의 쌍둥이 남동생들이 TV와 영화를 보지 못하게 하는데, 만약 보게 된다면 항상 같이 시청하려 한다. 곁에서 부적절하고 잘못된 부분을 지적해줄 수 있도록 말이다. 나는 아이들에게 어떻게 해야 현명한 시청자가 될 수 있는지 말해준다. 이제 열한 살이 된 앨리제는 나에게 먼저 말해줄 정도가 되었다. 내가 화면을 가리키며 딸아이에게 속삭이려 하면 앨리제는 고개를 돌려 이렇게 말한다.

"엄마, 저것 봐. 여자애들이 너무 적어."

지나 데비이스 Geena Davis

아카데미상을 수상한 배우로 〈델마와 루이스〉, 〈롱 키스 굿나잇〉, 〈그들만의 리그〉, 〈리틀 빅 히어로〉, 〈그레이 아나토미 시즌 11〉 등에 출연했다. '미디어에 나타난 젠더를 연구하는 지나 데이비스 연구소'를 설립하여 미디어와 젠더 문제 연구를 지원하고 있다.

뚱뚱한 여자애들에게 잘해줘야 해

***

에일릿 월드먼 작가

• B E   N I C E   T O   T H E   F A T   G I R L S •

나란히 옆에 누워보니 소피는 자신의 캠핑 가방보다 대략 15센티미터나 더 작았다. 이렇게나 작은 꼬맹이가 캠핑을 가려 하고 있다. 다 큰 내가 보기에 여섯 살밖에 안 됐는데 놀라운 자신감이다. 아이는 스스로 짐을 꾸렸고, 한 해 전만 해도 매일같이 입겠다고 떼를 쓰던 핑크색 프릴이 달린 옷들은 안 가져가겠다고 하면서 실용적인 티셔츠와 반바지들을 골랐다. 딸아이의 풍성한 곱슬머리는 얌전히 빗겨서 귀 뒤에 딱 달라붙어 있었고, 어찌나 신나 하는지 서 있기보다는 춤을 추고 있는 듯이 보였다. 나도 딱 소피만 한 나이에 여름 캠프에 갔다. 그렇지만 그 당시 나는 너무 자그마했고 불안감에 한껏 긴장하여 두 달의 캠프 기간이 마치 2년처럼 느껴졌었다. 소피는 일주일 동안 캠핑을 가는 거였는데,

일주일이라는 기간은 내가 생각해낸 최대치였고 소피가 원했던 최소한이었다. 요 고집 센 아이는 나와는 모든 면에서 정반대이다. 키도 크고 확신에 차 있으며 불안이나 자기 의심 따위는 없다. 소피는 태어나서 처음으로 하프를 만졌으면서도 터무니없는 자신감으로 "난 정말 훌륭한 하프 연주자야"라고 당당하게 말하는 아이였다.

우리 딸은 친구들과 쉽게 어울렸다. 그 점이 무엇보다 나를 혼란스럽게 했다. 부모님은 내가 어렸을 때 자주 이사를 하셨기 때문에 나는 언제나 새로 온 여자아이, 이상한 여자아이였다. 부모님이 어딘가에 정착할 때까지 나는 좀 이상한 여자애, 학급에서 제일 작고 어린애, 뭔가를 많이 읽는 괴상한 여자애, 큰 소리로 자기주장을 펼치다가도 또래집단의 뚫을 수 없는 장벽 앞에서 한껏 움츠러드는 아이였다. 그렇지만 우리 딸 소피는 달랐다. 여섯 살 때, 소피는 또래의 다른 여자아이들보다 키가 컸고 또래 무리에서 강력한 영향력을 발휘했다. 나는 외톨이 아이에게 좋은 엄마가 되어주는 법이라면 잘 알고 있었지만 이런 여왕벌 같은 보스 타입의 아이에 대해서는 아는 바가 전혀 없었다.

뒤도 돌아보지 않고 소피는 태어나서 처음으로 집을 떠나 자신을 어딘가 멀리 데려다줄 커다란 노란색 버스에 올랐다. 나는 소피가 자리를 잡는 모습을 지켜보았다. 곧 버스 시동이 걸렸고 뿜어 나오는 연기와 함께 아이들을 태운 버스가 가버렸다. 내가 뭘 하고 있는지 미처 깨닫기도 전에 나는 버스를 따라 뛰고 있었다. 나는 손나팔을 하고 딸아이에게 소리쳤다.

"뚱뚱한 여자애들에게 잘해줘야 해!"

"혼자 노는 여자애들한테도 친절하게! 상냥하게!"

버스 차창으로 보이는 것은 반사된 나의 모습뿐이었지만, 나는 딸아이가 이런 엄마를 못마땅해하며 눈알을 굴리고 있을 거라는 것을 알았다. 딸아이와 나는 절대 끊어지지 않는 가상의 배꼽으로 연결되어 있는 사이니까.

10년의 세월이 흘렀고, 소피는 당연하게도 키가 크고 자신감 넘치며 확신에 찬 젊은 여성으로 자랐다. 고등학교 졸업반이 되었을 때, 소피는 이제 여왕벌이 아니었다. 스스로 그 역할을 거부했기 때문이다. 소피는 친구들을 조심스럽게 골랐고 무리에서도 소수와 친밀한 관계를 맺는 것을 중요하게 여겼다. 내 생각에 소피의 관심사가 변한 것은 십 대의 소셜미디어에서 일어난 일들 때문 같았다. 소셜미디어에서 같은 반의 운동 잘하고 인기 있는 남자애들 사이에 '난투'가 일어났는데, 그 경쟁에서 떠밀린 패배자 남자애들은 자신들이 못생겼다고 생각하는 여자애에게, 영광스럽게 빛나고 운동 잘하는 자신들이 경멸하는 여자애에게 데이트를 신청해야 했다.

소피는 이런 일들에 매우 화를 냈고, 몇몇 여자 친구들과 함께 학교 행정실에 찾아가 이러한 환경에 놓인 모든 여자아이들과 희생양이 된 여자아이들을 대신해 정의를 요구했다. 그러나 이 행동으로 소피는 대가를 치러야 했다. 그 남자아이들은 인기가 많았고 자신들이 누리는 특권에 기대어 학교에서 왕족처럼 군림하고 있었으며, 잘생긴 외모에 운동 능력까지 갖춰 아이비리그에 갈 것이라는 기대를 한 몸에 받고 있었다. 자신이 벌인 일로 어떤 대가를 치러야 하는지 몰랐던 딸아이에게 폭풍 같은 일이 벌어지기 시작했다.

몇 달 뒤, 아무런 처벌도 받지 않은 이 소년들은 학생들이 모두 모인 자리에서 무대에 올라 '잡년들'과 '창녀들'에 대한 랩을 했고, 소피는 다시 교장실을 찾아갔다. 학교 안에서, 그것도 모두가 모인 강당에서 그런 일을 목격할 때 여자로서 어떤 느낌이었는지 이야기했다. 딸아이는 '성차별주의'라는 단어를 썼고 '강간 문화'라는 용어를 사용했다. 나의 가슴은 자랑스러움으로 부풀어 올랐다. 그러나 교장 선생님은 소피에게 다른 아이들은 그 공연을 좋아했다느니, 그런 사소한 일에 지나치게 몰두하지 말고 학교생활에 충실하라느니 하는 말을 했다. 소피는 교장 선생님 앞에서 얼굴을 찡그렸고 혼란스러워했다.

"그 애들이 날 모욕하려고 한 것은 아니었어요. 난 괜찮아요."

딸아이가 말했다. 그리고 정말로 괜찮았고, 괜찮을 것이다. 아니, 그저 괜찮은 것 이상으로 잘 지낼 것이다.

"그 모욕은 후배가 될 여자애들에게 가겠죠. 2학년, 3학년 그리고 자신을 대변해서 의견을 낼 정도의 자신감이 아직 없고 그러한 모욕을 참아내는 것이 여자가 되는 길이라고 배우는 모든 신입생에게요."

딸에게 들려준 가장 중요한 교훈에 대한 글을 부탁받았다고 하자, 소피가 주저 없이 말했다.

"뚱뚱한 여자애들에게 잘해줘야 해."

그리고 혼자 있는 아이들에게도, 가난한 사람과 길을 잃은 사람들에게도. 내 딸은 내가 가르치려 했던 것, 아니 내가 바란 것보다 더 잘 배워주었다. 우리는 특권을 누리고 있고, 인종차별을 겪지 않아도 되는 사람들이며, 끼니 걱정을 할 필요가 없고 안전하고 안심할 수 있는 곳에서 살고 있기에 반드시 우리가 가진 특권을 나누고 다른 이들을 돌보며, 언제나 덜 가지고 더 필요로 하는 사람들을 생각해야 한다는 것을.

나는 항상 딸아이를 자신감으로 가득 찬 자애로운 여성으로 길러냈으면 하는 바람을 가지고 있었다. 하지만 알고 보니 딸아이는 자신의 방식대로 커나갔고 내가 꿈꾸고 바라던 나의 상상을 뛰어넘는 존재가 되었다. 소피는 전사이다. 이 경이로운 아이를 만들어낸 것은 내가 아니다. 하지만 아마도 어느 정도는 딸아이가 그런 모습으로 되는 데 분명히 필요한 엄마였을 것이다.

· THE MOTHER ·

에일릿 월드먼 Ayelet Waldman

소설가이자 《뉴욕타임스》 베스트셀러인 《나쁜 엄마》의 저자이다. 《사랑과 보물Love and Treasure》, 《레드 훅 로드Red Hook Road》, 《사랑 그리고 여러 불가능한 소망들》 같은 책을 썼다. 여러 작품이 《뉴욕타임스》, 《월스트리트저널》, 《워싱턴포스트》, 《보그》에 실렸으며, 라디오 프로그램인 〈디스 아메리칸 라이프This American Life〉, 〈올 싱스 컨시더드 All Things Considered〉에 출연하였다.

그 소녀들은 왜 침묵했을까

페기 오렌스타인 작가

우리 딸은 책상에 앉아 만화에 나오는 큰 눈망울을 가진 소녀들을 끝없이 그리는 데 열중하고 있었다. 딸아이의 그림 속에 나오는 모든 소녀들은 반짝거리는 눈망울에 곧게 뻗은 머리카락과 가냘픈 허리를 가지고 있었다. 완벽한 모습.

딸아이는 나를 힐끗 보더니 미소를 지었다.

"엄마, 그게 뭐야?"

딸아이가 물었다.

정말 뭐지?

나는 막 레테 파슨스에 대한 신문기사를 읽은 참이었다. 이 소녀는 파티에서 소년들에게 성폭행을 당했고, 이후 그 범죄 행위를 찍은 사진

이 인터넷에 유포되었다는 내용이었다. 또 몇 달 전에는 오하이오주 스튜번빌에 살던 열여섯 살의 우등생 여학생이 발가벗겨진 채, 의식이 없는 상태로 들것에 실려 두 명의 남성에 의해 파티장에서 다른 파티장으로 보내졌다. 그들은 소녀를 강간하고 몸 위에 소변을 보았으며, 다음과 같은 트윗을 남겼다. "확실히 오늘 밤의 음악은 너바나의 〈날 강간해줘 Rape Me〉지."

켄터키주에 사는 서배너 디트리히도 비슷하게 파티에서 소년들에게 성폭행을 당한 뒤 사진이 찍혔다.** 판사는 피고인들에게 다니고 있는 사립학교 캠퍼스에서 쓰레기를 줍고 라크로스 코치를 돕는 등 사회봉사 처분을 내렸다. 서배너는 이러한 솜방망이 처벌에 분노하여 피고인들의 실명을 트위터에 올렸고, 그들의 신상을 공개했다는 이유로 법정 모욕죄로 기소될 위기에 처했다.

또 다른 경우로는 지금 내가 앉아 있는 곳에서 50마일도 채 떨어지지 않은 곳에 살았던 오드리 포트가 있다. 숱이 많은 머리에 사랑스러운 얼굴을 한 이 소녀는 축구 선수로 활약했는데 하루는 고등학교 파티에서 술을 너무 많이 마셨다. 그런데 다음 날 아침 깨어나 보니 자신의 바지가 벗겨져 있고, 누군가가 자신의 몸에 지워지지 않는 마커펜으로 욕설과 그림을 낙서해놓은 것을 발견했다. 다리 한쪽에는 소년의 이름과 "여기 있었다was here"라는 낙서가 있었다. 8일 후 오드리의 성폭행 현장이라는 사진들이 인터넷에 올라왔고, 오드리는 목을 매 자살했다.

---

* 2013년, 레테는 열일곱 살의 나이에 자살로 생을 마감했다.
** 서배너의 사진 또한 인터넷에 유포되었다.

이러한 비극은 십 대들의 음주 문제는 물론이고 소년들이 소녀들을 어떻게 취급하는지, 소녀들 서로 간에 지지가 얼마나 부족한지, 또한 아이들이 이용하는 소셜 미디어의 영향력 등 수많은 논쟁을 불러일으켰다. 하지만 무엇보다 날 충격에 빠뜨린 것은 피해자들이 자신이 무슨 일을 당했는지 어른들에게 고백하기를 꺼린다는 점이었다. 폭력과 맞닥뜨린 소녀들이 자기 자신을 해치는 지경에 이를 때까지 침묵하게 만든 것은 무엇일까? 이 소녀들이 어른들을 신뢰하지 못하고 자신을 지지해주지 않을 거라고 믿을 때, 선택할 만한 (자살이 아닌) 다른 평범한 방법은 없었을까?

우리 딸아이는 아직 아홉 살밖에 되지 않았다. 강간은 고사하고 섹스가 무엇인지도 완전히 알지 못하는 나이다. 그리고 이것은 내가 열심히 설명해주고 싶은 주제도 아니었다. 그래서 문간에 서 있는 딸아이에게 어떻게 말해야 하나 머뭇거리며 잠시 뜸을 들였다.

"그러니까 말이야" 하고 나는 말하기 시작했다.

"엄마는 지금 따돌림을 당하고 자신을 탓하는 소녀에 대해 읽는 중이었어."

딸아이가 고개를 끄덕였다.

"나도 알아. 그런 일이 생기면 때때로 아이들이 스스로 죽어버린다고 들었어."

순간 숨이 멎었다. 딸아이가 자살에 대해 알고 있다니? 도대체 4학년짜리가 무엇을 듣고 다니는 걸까?

"그래, 사실이야."

생각보다는 한결 차분한 목소리가 나왔다.

"엄마 생각에는 그 애들이 혼자라고 느꼈기 때문에 그런 거 같아. 그 아이들은 부모님이 실망하실까 봐 무슨 일이 일어났는지 말하고 싶지 않았던 거야. 엄마는 네가 그런 걱정은 안 했으면 좋겠어. 아빠랑 엄마는 네가 학교에서 친구들을 잘 선택하기를 바라고, 네가 잘 선택한다는 것을 엄마아빠도 알아. 그렇지만 때때로 네가 선택을 잘못할 때도 있을 거야. 나쁜 선택을 할 수도 있고 말이야. 정말로 나쁜 선택을 하거나 엄마아빠가 하지 말라고 한 일을 할 수도 있고, 네가 원하지 않는 일이 생길 수도 있어. 그래도 그럴 땐 꼭 엄마아빠한테 말해주면 좋겠어."

"알았어."

딸아이는 금세 그림 그리기에 열중했다.

나는 우리 딸이 정말로 그렇게 할지 궁금했다. 물론 어색하게 불쑥 내뱉은 훈계는 딸아이에게 큰 효과가 없었지만, 이 생각은 계속해서 내 머릿속을 맴돌았다. 지금 세대의 부모들, 특히 엄마들은 딸들에게 네가 원한다면 무엇이든 할 수 있고 무엇이든 될 수 있다고, 세상은 너희들의 것이라고 말하곤 한다. 우리는 딸들에게 대학과 그 너머의 높은 목표를 성취할 수 있다고 격려하면서 기대를 건다.

우리는 이 새롭고 기세등등한 딸들이 성공하는 모습을 보게 될 것이다. 여기에는 잘못된 게 아무것도 없다. 나는 우리 딸이 자립적이면서도 따뜻한 마음씨를 갖기 바란다. 학급이나 직장에서 발휘할 수 있는 무한한 잠재력을 가지고 있다고 생각하기를 바란다. 또한 친밀감과 즐거움의 원천으로 자신의 섹슈얼리티에 다가가기를 바란다.

하지만 때때로 나는 딸들에게 불가능한 기준을 심어주어 너무 큰 부담감을 안겨주는 것은 아닌지 두려울 때가 있다. 의도치 않았지만 아이들을 향한 우리의 꿈이 절대 실수해서는 안 된다고, 만약 실수하면 부모님이 매우 실망할 거라고 아이들에게 잘못된 믿음을 심어주는 것은 아닌지 걱정스럽다. 우리는 아이들에게 어려움을 이겨내는 것보다 완벽함이 중요하다고 가르치고 있는 것은 아닐까. 예를 들어 듀크대학교의 연구에 따르면, 여학생들은 큰 노력을 들이지 않아도 '똑똑해야 하고, 많은 것을 성취해야 하며, 날씬하고, 아름답고, 인기가 많아야' 한다고 믿고 있다고 한다. 여학생들은 자신이 그러한 기대에 못 미친다고 느낄 때, 예를 들어 살이 1킬로그램 더 찌거나 시험에서 A⁻를 받았거나, 파티에서 성폭행을 당했을 때 수치심, 죄책감, 실패했다는 생각에 빠진다. 그리고 그 일들을 비밀로 감춘다. 겉으로는 아무렇지 않은 듯 꾸미고 있지만 내면에서는 곪아 들어가 정신 건강과 안녕을 해치고 있는 것이다.

진심으로 나는 우리 딸이 완벽하다고 믿는다. 딸아이가 태어난 순간부터 그렇게 생각해왔다. 하지만 딸아이의 인생이 완벽하지는 않을 것이고, 완벽할 수 없다는 것도 잘 알고 있다. 딸아이는 실패를 맛볼 것이며, 고통이 무엇인지도 알게 될 것이다. 어쩌면 학교나 인터넷상에서, 또는 내가 생각지도 못한 방식으로 미래의 사이보그들에게 따돌림을 당할지도 모른다. 만약 딸아이가 스스로 '완벽'해야 한다고 생각한다면 그 역경들에서 결코 헤어 나오지 못할 것이다. 그러니 나는 성공할 수 있다는 믿음뿐만 아니라 실패자가 되지 않고도 실패할 수 있다는 것을, 깎아 내려지지 않고도 상처받을 수 있다는 것을, 수치스러움을 느끼지 않고도 부끄러움을 느낄 수 있다는 것을 딸아이가 알기를 원한다. 나는 딸아이가 이미 내적, 외적 자원을 모두 가졌으며 만화 여주인공 같은 눈망울을 가지거나 바랄 필요가 없다는 사실을, 때때로 삶은 노력 없이 얻어지지 않고 수월하지도 않다는 사실을 알기를 원한다. 또한 딸아이가 지치고 힘들 때, 어려운 상황에 부딪혔을 때 자신이 혼자가 아니라는 사실을 알았으면 좋겠다. 엄마아빠가 언제나, 항상 이 자리에서 사랑하고 안아주고 곁에 서 있을 것이며, 필요하다면 언제든지 든든한 지원군이 될 테니 말이다.

· T H E   M O T H E R ·

페기 오렌스타인 Peggy Orenstein

베스트셀러 《신데렐라가 내 딸을 잡아먹었다》와 그 외 여러 권의 책을 집필했다. 《뉴욕타임스 매거진》, 미국 공영 라디오 NPR 및 기타 언론 매체의 기고자이자 방송에 자주 초대되는 손님이며 언론 평론가이다.

생일파티의 컵케이크 CEO

노라 오도넬 뉴스 앵커

· THE CEO OF CUPCAKE MANAGEMENT ·

나는 딸들에게 자신이 추구하는 바와 자신이 내린 결정에 자신감을 가지라고 가르쳐왔다. 하지만 아이들에게 진정한 책임감은 어떻게 가르쳐야 할까? 나는 그 열쇠가 어릴 때부터 리더십을 계발하도록 격려하는 데 있다고 생각한다. 세 살짜리의 생일파티가 배움의 장으로 바뀔지 누가 알았을까?

그 일은 우리 딸 라일리가 세 살이 되던 날 일어났다. 촛불에 불을 붙이고 생일 축하 노래를 불러줄 차례였는데, 당연히 세 살에서 다섯 살 사이의 아이들은 얌전히 있지 못했다. 그때 본능처럼 큰딸 그레이스가 아이들에게 자리에 앉아 컵케이크를 하나씩 고르라고 지시했다. 그레이스는 다른 엄마들 앞에서 주변에 있는 모든 아이들에게 명령을 내렸고 나는 약간 당황했다.

내가 막 사과하려는데, 친한 친구인 엘리자베스 뮐러가 내 쪽으로 몸을 돌려 말했다.

"와, 그레이스는 임원의 리더십이 있는데."

우리는 둘 다 웃었다. 그리고 나는 엘리자베스가 "와, 그레이스는 대장 노릇하는 걸 좋아하네"라고 말할 수도 있었다는 것을 깨달았다.

이후 나는 페이스북의 COO인 셰릴 샌드버그를 만나고 난 뒤 그날 일의 중요성을 깨달았다. 나는 CBS의 뉴스 프로그램 〈60분〉에서 셰릴의 책인 《린 인》에 대해 인터뷰를 했는데, 셰릴은 책에 자신이 어렸을 때 어떻게 '대장 노릇' 한다는 말을 들었는지, 어떻게 그 단어가 자신에게 자의식을 심어줬는지에 대해 적었다. 셰릴은 더 많은 여성들이 리더십을 발휘할 지위에 오를 수 있는 방법을 하나 추천했다. 그것은 바로 역사적으로 '여성스럽지 못하다'고 여겨왔던 자질, 예를 들면 자기주장과 단호함 같은 것을 긍정적으로 강조하는 것이다. 또한 '대장 노릇'과 같이 폄하하는 단어로 딸들에 대해 말하는 것을 그만둬야 한다고 했다.

이제 나는 딸아이가 자신감 넘치게 행동하고 지휘하려 할 때마다 자랑스럽게 '임원이 될 리더십'을 갖추고 있다거나 '어린 CEO'처럼 행동한다고 말하곤 한다. 심지어 "나는 임원이 될 리더십을 가지고 있어요"라고 적힌 티셔츠를 만들어주기도 했다. 나는 어릴 적부터 그레이스의 재능에 건설적인 이름표를 달아준 나의 친구 엘리자베스에게 감사한다. 엘리자베스는 언제나 그때의 생일파티에 대해 이렇게 말하곤 한다.

"그레이스가 컵케이크 관리를 지휘했었는데."

딸들과 아들 헨리 사이에서 싹튼 라이벌 의식도 우리 가족 모두에게 많은 교육의 기회를 제공했다. 수영 연습처럼 아주 일상적인 일이라 할지라도 말이다.

나는 아이들이 스포츠를 사랑하기를 바랐다. 왜냐하면 경쟁은 열심히 일하고 연습하면 긍정적인 결과가 따라온다는 것을 배우는 데 최고의 방법이기 때문이다. 그래서 나는 아이들이 대여섯 살 무렵 키가 간신히 수영장의 물높이에 닿았을 때 수영팀에 등록했다.

일주일에 두 번 하는 수영 연습이었는데 아이들은 너무 힘들다는 둥 물이 너무 차갑다는 둥 우는소리를 했다. 하지만 그레이스는 수영 선생님의 말을 잘 듣기 위해 자신이 언제나 1등으로 도착해야 한다고 주장했다. 그레이스의 동생들도 그런 큰언니의 말에 항상 잘 따라주었다. 그러던 어느 화요일, 그레이스의 여동생 라일리가 자신이 먼저 수영장에 들어가겠다고 말했다. 나는 딸들 사이에 싸움이 일지 않게 재빨리 중재에 나서며 이렇게 말했다.

"그럼, 거기에 도착해서 결정하자."

우리가 수영장에 도착할 때까지 그레이스와 라일리는 계속 투닥거렸다. 빨리 마무리 지어야겠다고 생각한 나는 아이들에게 "그레이스가 항상 첫 번째로 들어갔으니까, 이번에는 라일리 차례야"라고 말했다.

그러자 그레이스는 구석으로 걸어가더니 팔짱을 꼈다.

"내가 먼저 들어갈 거야. 아니면 나 안 갈 거야."

씩씩거리며 그레이스가 말했다.

"선택의 여지는 없어."

내가 대답했다.

"내가 먼저 갈 거야. 아니면 안 갈래."

다시 한번 단호하게 그레이스가 말했다.

그 순간, 나는 지금이 딸아이에게 교훈을 가르쳐줄 때라고 생각했다. 손쉽게 너는 지금 떼쓰고 있다거나 타임아웃이라고 말할 수도 있었다. 하지만 이 일에는 아이에게 가르쳐줄 만한 깊은 교훈이 들어 있다는 생각이 들었다.

나는 천천히 말하기 시작했다.

"그레이스, 엄마는 네가 항상 1등으로 가고 싶어 하는 거 되게 좋다고 생각해. 언제나 1등을 하려는 너의 열정은 정말 멋지고 평생 너한테 도움이 될 거야. 엄마는 네가 수영을 정말 좋아하고 뒤처지지 않으려고 하는 것도 참 좋아. 하지만 지금 일은 다시 생각해보자. 라일리보다 먼저 수영 수업에 들어가는 게 그렇게 중요한 문제는 아니잖니. 지금 라일리는 정말로 먼저 가고 싶어 해. 성공하고 다른 사람들을 행복하게 만들려면 한 번쯤은 양보하는 법도 배워야 해. 게다가 라일리는 동생이잖니!"

나는 내가 꽤 지혜롭게 말했다고 생각했다.

그럼, 그레이스의 대답은?

"내가 먼저 갈 거야. 아니면 안 갈래."

하지만 그때 이미 라일리는 수영장에 점프해 들어가 있었고 의견 대립이 무의미해졌다. 나는 그레이스가 차분해지고 뭔가 바뀌었기를 바라면서 뒤돌아 걸어갔다.

그레이스는 내가 엄마답게 한 말에 대해서는 아무런 말도 하지 않았다. 하지만 약 5분 후에 구석에서 나오더니 내 곁에 앉아 참을성 있게 자신의 차례를 기다렸다.

여기서 내가 중요하게 생각한 메시지는 뭐였을까? 나는 나쁜 행동이라고 생각한 일에 대해 처벌을 하기보다 그것에 대해 이야기를 나누고, 딸들이 끈기를 계발할 수 있도록 격려하며 가려진 원인에 대해 생각하려고 노력했다.

딸아이들은 자신의 생각에 강한 믿음과 끈기, 열정이 있었고, 나는 그에 대해 가만히 생각해봤다. 그리고 나 스스로에게 묻는다.

"어떻게 하면 자기주장과 같은 자질들을 긍정적인 방향으로 이끌 수 있을까?"

나는 타임아웃을 외치기 전에 우리 아이들이 나의 메시지를 알아듣기를 바란다.

· T H E   M O T H E R ·

노라 오도넬 Norah O'Donnell

저널리스트이자 CBS 〈오늘 아침〉의 공동 진행자이다.

안주하지 마라

세릴 사반 사회 활동가

• D O N ' T L A N D O N I T •

우리 아이들은 내가 60년이 넘는 세월 동안 여러 가지 일을 하는 것을 보며 자랐다. 나는 모델이자 음반을 낸 예술가였으며 사무실 매니저, 비서, 리테일 샵 주인, 작가, 자선가, 심리학자, 유엔 대표, 보석 디자이너, 유리 공예가였다. 나는 쉰 살에 심리학 박사 학위를 받았고 열네 권의 책을 썼다. 우리 아이들이 내게 배운 게 있다면, 목표를 어떻게 성취할지 생각해보고 두 팔을 걷어붙여 해내라는 것 그리고 그 목표를 성취할 때까지 멈추지 말라는 것이다.

내가 아이들을 키우면서 입이 닳도록 한 말은 "안주하지 마라"였다. 기본적으로 우리 가족에게 이 말은 다음과 같은 뜻으로 통했다.

"작은 일에 힘 빼지 마라."

즉, '진짜 문제가 되는 싸움을 위해 에너지를 아껴라. 왜냐하면 곧 싸움이 시작될 테니까'라는 뜻이었다. 이 말은 우리 가족의 가훈과 같았고 대부분 이를 잘 따랐다.

엄마는 아이들의 사고방식과 도덕적 잣대에 커다란 영향을 끼친다. 이 말이 육아서에 굵은 글씨로 적혀 있었다면, 그래서 우리가 아기를 갖기 전에 명확하게 이 점에 대해 알고 있었다면 좋았을 것이다. 하지만 미리 알지 못했기에 때로는 역경과 고난의 경험을 통해 배워나가게 된다. 나는 많은 시간을 그러한 고난과 역경을 헤쳐나가는 데 썼고, 가장 나이가 많은 큰딸과 작은딸은 그런 내 모습을 곁에서 지켜보았다. 결국 나와 딸들은 모두 다양한 교육을 받으며 살아왔다.

나의 두 딸 티파니와 하이디는 내가 두 번의 이혼을 겪고 다양한 직업을 전전하며 남녀 권력투쟁을 벌이는 모습을, 그리고 열여덟 살 때 당한 강간으로 평생 겪어야 했던 감정적 어려움을 모두 지켜보았다. 또한 그런 경험들을 통해 내가 여성의 권리와 다른 대의를 열렬히 지지하게 된 것도 곁에서 지켜보았다. 그래서인지 나의 네 아이들(세 명은 딸이고 한 명은 아들)은 어린 시절의 나보다 좀 더 우아하고 품위 있게 자신들의 성별에 따라 권력을 평등하게 나눠가질 준비가 되어 있었다.

나는 1950년대에 캘리포니아 샌디에이고의 중하층 동네에서 자랐다. 여성이란 앞치마를 두르고 갓 구운 케이크를 꺼내거나, 최신 가전용품과 청소용품을 자랑하는 거라고 여기는 수많은 여성을 보며 자랐다. 받아쓰기와 타이핑하는 법을 배워 비서가 되라는 압박도 받았다. 나는 무엇이 되어야 할지 몰랐다. 커다란 꿈을 가져도 되는지 몰랐기 때문이다.

열여덟 살에 강간을 당한 후로는 전형적인 남성-여성의 역할에서 벗어나려는 시도가 얼마나 어려운 일인지 깨달았다. 나는 마치 내가 강간을 자처하기라도 했다는 듯이 대하던 경찰과 형사를 상대해야 했다.

내가 강간을 당했던 때는 히피들과 소위 말하는 자유연애가 판을 치던 시절이었다. 경찰은 내가 입고 있던 페전트블라우스와 나팔 청바지를 쳐다보았고 내게는 항변할 기회조차 주지 않았다. 그들은 또다시 나를 희생자로 만들었다. 나를 강간한 놈이 나쁜 새끼라는 것을 알면서도 그랬다. 내가 범인을 법정에 세우고 증언하겠다는 의지를 강력히 표명했는데도 경찰들은 끝내 범인을 잡지 않았다.

그 시절에는 강간 희생자들을 위한 심리상담이나 치료 같은 것도 없었다. 나는 성폭행이 가져온 심리적 고통을 스스로 해결해야 했다. 그것은 정말로 오랜 시간이 걸렸다. 나는 나 자신을 생존자라고 생각한다.

40년도 더 지난 지금, 내가 어렸을 때는 상상도 할 수 없었던 기업으로 향하는 여성들을 본다. 나는 과학과 기술, 엔지니어링, 수학 등의 분야로 나아가는 그리고 기업가로서의 꿈을 좇는 여성들의 물결을 보면서 흥분을 감출 수가 없다. 하지만 우리의 딸들은 여전히 빈번하게 강간과 폭력을 대면하고 있다. 남성과 소년에게는 허락되는 사회적 행동이 여성과 소녀에게는 허락되지 않는 놀랄 만한 분리도 여전하다. 이것은 전 세계적인 전염병이다.

2012년 가을, 나는 오바마 대통령으로부터 유엔 총회 미국 특사로 임명되었다. 가장 중요한 화두는 여성을 향한 폭력을 어떻게 근절시킬 것인가였다. 평생 여성 세 명 중 한 명은 폭력의 희생자가 되며, 여성에게 폭력을 휘두른 자들은 종종 어떠한 처벌도 받지 않는다. 왜일까? 더 많은 교육을 원하고, 더 많이 스스로를 내보이기를 원하며, 더 많은 자율성과 권력, 자유를 원하는 여성들에 대하여 전 세계적으로 반발이 엄청나기 때문이다. 비극적이게도 그런 반발은 폭력의 형태로 여성들에게 나타난다. 이것은 반드시 멈춰져야 한다. 이러한 문제는 어느 곳에나 있기 때문에 우리 모두가 그것을 해결하는 데 함께해야 한다.

몇 년 전, 나는《당신의 자아 존중감은 무엇입니까? : 여성을 위한 가이드What Is Your Self-Worth? : A Woman's Guide to Validation》라는 책을 썼다. 그리고 1000만 달러의 기부금을 출자하여, 여성과 소녀들의 미래를 위해 일한다는 강령 아래 여성과 소녀들을 위한 셰릴사반재단을 세웠다. 나는 소녀와 여성들이 의료 보험과 교육의 혜택을 받고 직업을 구하고 안전하게 지낼 수 있기를 원했다. 셰릴사반재단은 장학금, 소액 융자 및 기타 수단을 통해 여성과 소녀들의 이익을 위해 봉사하는 다양한 기관에 수년간 보조금을 지원하고 있다. 또한 유엔 여성지원 계획UN Women's initiative에도 보조금을 전달하여 전 세계 여성 폭력 근절을 위해 다 함께 노력하고 있다.

우리의 공동체를 지원하는 것은 내게 아주 자연스러운 삶의 일부이다. 남을 돕는 것은 영광스러운 일이고 나는 이 일을 해나가는 데 책임감을 느끼고 있다. 왜냐하면 나 역시 많은 여성과 어린이의 삶을 변화시켜온 우리 공동체의 지원을 받았기 때문이다.

나는 고난과 역경, 행복을 경험했다. 그리고 그 속에서 내가 행동으로 딸들에게 가르쳐준 교훈은 고난에도 다시 일어서는 회복력과 긍정적인 태도를 가지는 것, 자신만의 목소리를 찾는 것이었다. 인생을 항해하기 위해서는 이러한 도구들이 필요하다. 나는 폭력을 경험해봤기에 딸들에게 위험할 수 있는 상황을 경계하고 피하라는 조언을 해주었다. 내가 가진 목표는 딸들을 안전하게 키우는 것이었다.

나는 내가 가진 힘을 깨달았고 나만의 길을 개척해나갔다. 나 스스로 안전하다고 느꼈을 때, 균형 있고 조화로운 방식으로 사랑하고 사랑받을 수 있는 바른 마음가짐을 가질 수 있게 되었다. 그리고 그때 27년간 결혼 생활을 유지하고 있는 지금의 남편을 만났고, 그는 나의 아들과 막내딸의 아버지가 되었다.

큰딸과 작은딸이 성년이 되었을 때, 나는 그 나이 때에 내가 겪었던 고난을 딸들이 겪지 않기를 바랐다. 그래서 딸들에게 결혼을 미루고 대학에 진학하라고 제안했다. 나는 딸들이 세상을 보고 열정을 불사를 일을 찾기를, 보다 큰 세상을 경험하기를 원했다. 다른 누군가의 아내가 되기 전에 홀로 시간을 보내면서 오롯이 자기 자신을 느껴보기를 원했다. 성인이 된 딸들은 전부는 아니지만 나의 충고를 많이 따라주었다.

우리가 딸들에게 어떤 말을 해주느냐는 정말 중요하다. 그뿐만 아니라 우리의 아들들에게 한 여성의 인생에서 진정한 파트너가 되는 법을 가르치는 것도 중요하다. 나는 운 좋게도 여성 평등을 인정하고 찬양하는 남자와 행복하게 지내고 있다. 세상의 많은 여성들에게 괜찮은 남자를 찾는 일은 여전히 어려운 일이다.

오늘날은 쿠키믹스를 광고하는 완벽한 가정주부 이미지의 베티 크로커가 살던 과거와 판이하게 다르다. 하지만 여전히 해결해야 할 여성 문제들이 남아 있다. 페미니즘은 계속해서 새롭게 변화하고 있고, 시간이 지난 후에 긍정적인 변화였다는 사실이 드러날 것이다. 우리의 딸들은 여성 문제를 표현하기 위해 페미니즘의 다른 단어들을 사용할 것이다. 페미니즘은 여전히 우리에게 영감을 불러일으킬 새로운 단어들을 고안

할 것이며 성평등과 여성에게 힘을 북돋우는 새로운 방향으로 우리를
이끌 것이다.

셰릴 사반 Cheryl Saban

교육과 의료 보험에 중점을 두고 여성과 어린이의 권리를 위해 일
하는 자선 사업가이자 작가이다. 여성 문제에 대해 자주 연설하고
《허핑턴포스트》에 글을 기고하고 있다. 사반가족재단의 회장을 역
임했으며 걸스, 로스앤젤레스어린이병원, 사반연구협회 및 사반프
리클리닉 이사회 이사직을 맡고 있다. 그전에는 로스앤젤레스의
아동, 청소년 및 가족 위원회와 다른 단체들에서 봉사 활동을 펼쳤
다. 《소울 시스터Soul Sisters》를 포함해서 《내 엄마의 모든 것All
About My Mother》, 《나의 아이들을 구하는 50가지 방법50 Ways
to Save Our Children》 등 열네 권의 책을 집필했다.

당당하게, 자유롭게 목소리 내기

베벌리 존슨 모델·기업가

· W O M E N   H A V E   A   V O I C E ·

어낸서가 열여덟 살 때, 나는 결코 듣고 싶지 않은 말을 들었다. 모델 일을 하기 위해 친구와 함께 뉴욕에 가겠다고 한 것이다.

"엄마, 난 이 일을 꼭 해야겠어요."

어낸서가 말했다. 물론 딸아이는 내 도움을 원치 않았다. 스스로 해내고자 했다. 딸아이는 대담했고 나는 두려움에 질렸다.

약 6개월 후, 나는 에이전트와 사진작가들로부터 어낸서에 대한 얘기를 듣기 시작했다. 어낸서와 함께 작업한 사람들은 다행히 어낸서에게 흥미를 보였다. 나는 예쁜 우리 딸 앞에 놓인 험난한 길에 대해 잘 알고 있었지만, 내가 유명세를 얻은 모델 업계에서 딸아이가 활동한다는 생각에 마음이 부풀어 올랐다.

그러던 어느 날 어낸서에게 전화가 걸려왔다.

"엄마, 있잖아."

"너 임신했니?"

"아니, 아냐, 아냐."

어낸서는 몹시 화가 나 있었다.

"나 모델 때려치울래."

이 말을 듣는 순간, 나는 처음에 딸아이가 모델이 되겠다고 했을 때 내가 왜 망설였는지 떠올랐다. 어낸서는 매일같이 살을 빼야 한다는 압박 속에서 굶어죽을 지경에 놓여 있었다. 한번은 오디션에 가는 길에 기절하기도 했고, 사진작가에게 퇴짜를 맞기도 했다. 에이전트는 어낸서에게 계속해서 2킬로그램만 더 빼라고 압박했다. 그 무렵 어낸서는 한계에 도달했다.

"엄마, 이제 절대 남들이 내 외모에 대해 이러쿵저러쿵하게 두지 않을 거야."

나는 입이 떡 벌어졌다. 나는 그것을 깨닫는 데 40년이나 걸렸는데 딸아이는 1년도 안 되어 벌써 깨우친 것이다. 어낸서는 로스앤젤레스로 돌아와 다시 학교에 다니기 시작했다. 버펄로주립대학교에서 2년 반 만에 경제학 전공으로 학사 학위를 받았고, 트리니티대학교에서 MBA를 받았다. 나는 어낸서가 대학 시절 내가 꿈꿨던 로스쿨에 진학하기를 바랐다. 하지만 어느 날 내가 TV 랜드의 리얼리티쇼인 〈쉬즈 갓 더 룩She's Got the Look〉을 촬영하고 있을 때, 어낸서에게서 전화가 걸려왔다.

"엄마, 있잖아."

"너 임신했니?"

"아니! 엄마는 왜 자꾸 그런 식으로 생각해?"

이번에 어낸서가 전해준 소식은 플러스 사이즈 모델로 일해보자는 제안을 받았다는 것이다. 처음에 나는 깜짝 놀랐다. 딸아이는 사이즈 10˚ 정도의 완전히 정상적이고 건강한 여성의 체형이었다. 나는 어낸서가 그 일을 택한 이유가 궁금했다.

"내 생각에 자신을 있는 그대로 사랑하는, 보이는 모습 그대로 사랑하는 여성들에게 내가 롤모델이 될 수 있을 것 같아."

딸아이가 말했다.

그때 내가 생각한 것은 '우와, 내가 진짜 '이' 딸을 키웠나?'였다. 어낸서는 세계에서 톱 10에 드는 플러스 사이즈 모델이 되었다.

1978년생인 딸아이는 이후 성공을 향한 길을 스스로 개척해나갔다. 내가 모델로 정상의 자리에 오른 것은 스물여섯 살 때였다. 하지만 그 당시에는 아기를 가지면 모델 경력은 끝이어서 모델 대부분이 겨우 5~6년 일하는 게 고작이었다.

하지만 어낸서의 탄생은 나에게 새로운 두 번째 경력의 시작이었다. 나는 은퇴하고 싶지 않았다. 대신 뷰티북을 쓰고 TV 쇼를 제작하고, 연기와 노래를 했으며, 나의 이름을 딴 가발과 헤어 케어 제품을 만들고 브랜드화했다. 그렇게 나는 운 좋게도 제2의 인생을 시작할 수 있었다. 나는 잡지 표지에 실린 모델이 아니라 사업가 '베벌리 존슨'이었다.

이제 어낸서도 엄마이자 사업가가 되었고 우리는 더욱 친밀해졌다. 어낸서가 어렸을 때 나는 남편과 무시무시한 양육권 분쟁을 벌였고 우

˚ L 또는 XL 사이즈이다.

리의 삶도 흔들렸다. 남편이 딸아이의 양육권을 갖고 있었는데, 어낸서가 열한 살 때 엄마와 살고 싶다고 아빠에게 말했다. 그 후 몇 년에 걸친 고통스러운 힘겨루기가 벌어졌다. 마침내 어낸서가 내게 돌아왔을 때, 나는 양육권 분쟁을 마무리 짓는 법정의 판결문을 읽어주었다. 나는 딸아이가 종이 위에 쓰인 글자들을 읽기를, 그래서 왜 자신이 아빠와 살 수밖에 없었는지 이해하기를 바랐다. 그리고 내가 인생에서 어려움에 직면했을 때 어머니의 도움을 받으며 어떻게 헤쳐나갔는지, 그게 어떤 힘이었는지를 어낸서에게 알려주고 싶었다.

어낸서가 결혼한 지 1년 만에 나는 그토록 기다리던 전화를 받았다. 딸아이가 마침내 임신을 한 것이다! 나는 너무나 기뻤다. 어낸서가 출산을 준비하면서 우리는 서로의 관계를 다시 되돌아보게 되었다. 그 과정은 일면 매우 고통스러웠다. 어낸서는 딸 에이바를 팔에 안고 나를 쳐다보며 말했다.

"엄마가 양육권을 빼앗겼을 때 겪었을 그 고통을 나는 도저히 상상조차 할 수 없어."

나는 목청껏 외치고 싶었다.

'딸이 알아줬어!'

성인이 된 후, 어낸서가 인생의 전환점을 맞은 것은 자신이 선택한 남편감을 아버지가 못마땅해하자 아버지에게 맞섰을 때였다. 나 또한 딸아이의 남편감에 대해 의구심이 들기는 했다. 하지만 딸아이는 확신이 있었다. 사위 데이비드는 내가 항상 바라던 아들이 되어주었다. 딸아이 부부는 내게 두 명의 손자들을 더 안겨주었다. 우리 가족의 삶은 풍요로웠고, 나는 오프라 윈프리 네트워크에서 방영한 〈베벌리의 풀 하우스

Beverly's Full House)를 제작했다. 이 프로그램은 방송국에서 시청률이 가장 높게 나온 쇼 중 하나가 되었다.

나는 모델 일을 하면서 엄청난 압박과 생사를 위협하는 상황에 부딪 혔고 또 그에 맞서 빠르게 성장했다. 하지만 다른 영역에서 성숙해지기 까지는 오랜 시간이 걸렸다. 나는 여러 실수를 저질렀다. 그리고 어낸서 가 딸을 낳은 직후 어낸서의 마음이 빛으로 물드는 것을 보면서 완벽하 게 순환하는 경험의 무게를 느꼈다. 나는 언제나 무슨 상황에서든지 "여 성이 목소리를 내야 한다"고 말하곤 했다. 엄마로서 우리는 딸들에게 횃 불을 전달할 책임이 있다.

· THE MOTHER ·

베벌리 존슨 Beverly Johnson

1974년에 잡지 《보그》의 커버에 등장한 최초의 아프리카계 미국 인 모델이다. 패션 역사를 다시 쓴 선구적인 슈퍼모델로 연기와 노래뿐만 아니라 가발과 헤어 케어 제품 사업을 시작하여 큰 성 공을 거두었다. 2012년 OWN 다큐멘터리 시리즈 〈베벌리의 풀 하우스〉에서 제작과 주연을 맡았다. 《뉴욕타임스》 선정 베스트셀 러에 오른 회고록 《더 페이스 댓 체인지드 잇 올The Face That Changes It All》을 집필했다. 1993년 《뉴욕타임스》 선정 '20세기 유력한 50인' 중 한 명이다.

열아홉

마리 오즈먼드 가수

· N I N E T E E N ·

열아홉. 이 나이 때 나는 미래의 남편감이라고 생각한 한 젊은 남성에게 온 마음을 쏟고 있었다. 감사하게도 엄마가 내게 전혀 예상치 못한 조언을 해준 것도 열아홉 살 때였다. 그 충격이 가시고 난 후에 나는 엄마가 딸에게 줄 수 있는 최고의 선물을 주신 것을 깨달았다. 엄마는 무엇보다도 나의 행복을 위해 내 마음을 바꿀 용기와 권리를 알려주셨다.

열아홉은 또한 미국 여성들의 미래를 다시 정의한 숫자이기도 하다. 1919년 5월 19일은 의회가 여성에게 투표권을 허락하는 미국 수정 헌법 제19조를 결의한 날이다. 이 개정 덕분에 여성과 아이들을 위한 건강 보험, 교육, 근로 조건이 획기적으로 향상되었다. 우리 국가도 강해졌다.

열아홉 살 때, 나는 돈을 번 지 이미 16년째였다. 나는 세 살 때 〈앤디

월리엄 쇼〉로 데뷔했고, '가장 어린 오즈먼드 형제'로 수백만의 시청자들에게 소개되었다.[*] 나보다 다섯 살 많았던 오빠는 이미 무대에서 '오즈먼드 형제들'로 활동하고 있었다. 나는 열두 살 때 〈종이 장미〉라는 곡으로 솔로 가수로 데뷔했고, 이 곡은 차트 1위를 기록했다. 우리 형제들은 이름에서 '형제들'을 빼고 나를 넣어 국제 투어를 하자는 제안을 받았다. 열네 살이 되었을 때, 나는 도니 오빠와 듀엣으로 활동했는데 당시 최고의 인기를 구가하던 TV 버라이어티쇼에 금요일 밤마다 출연하곤 했다. 열아홉 살 때에는 나를 쫓아다니는 언론의 눈 때문에 어딜 다니기도 어려웠다. 그 나이대의 대부분의 젊은이들은 앞에 나서고 자신을 표현하고 세상을 경험하기를 원한다. 하지만 나는 반대였다. 나만의 집을 가지고 싶었고, 남편과 함께 가족을 꾸리고 싶었다.

열아홉 살이었던 나는 정말로 내가 가족을 꾸릴 준비가 되어 있다고 믿었다. 그는 똑똑하고 잘생겼으며 인기가 많았고, 노래도 정말 잘 불렀다. 나는 그와 3년 정도 알고 지냈는데, 처음에는 친구였다가 나중에 데이트를 하는 사이로 발전했다. 어느 날 그가 결혼하자고 했고 나는 받아들였다. 나는 결혼 계획을 세웠다. 꿈꾸던 웨딩드레스를 스케치하고 디자이너를 불러 드레스를 만들어달라고 요청했다. 나에게 딱 맞는 완벽한 구두도 골라놨고, 청첩장을 만들었으며, 피로연을 열 장소에 돈을 지불하고, 멋진 케이크를 미리 주문하고 값도 다 지불했다.

[*] 마리 오즈먼드는 남자 형제들로 이루어진 그룹 '오즈먼드'의 여자 형제였고, '오즈먼드'가 인기를 얻자 소속사로부터 데뷔를 제안받아 어린 나이에 연예계 생활을 시작했다. 〈종이 장미〉는 마리 오즈먼드가 1973년 발표한 앨범의 타이틀곡으로 최고 히트곡으로 꼽힌다. 이 곡은 컨트리 차트 1위에 올랐는데, 마리 오즈먼드가 달성한 최연소 컨트리 차트 1위의 기록은 아직도 깨지지 않았다.

그러나 청첩장을 돌리기 일주일 전, '그 후로 행복하게 살았답니다'라는 꿈이 '잠깐만 기다려봐' 하면서 현실로 돌아오고 있는 것이 점점 더 명확해졌다.

내 약혼자가 생각하는 '결혼의 행복'이란 내가 가수 일을 그만두고 대신 나의 영향력을 이용하여 배우 겸 가수였던 자신을 돕는 거였다. 나는 그 사실을 알게 되자마자 말 그대로 꿈에서 깨어난 듯한 기분이었다. 나에게 가정과 가족은 아직 먼 미래의 일이었다.

갑자기 나는 너무나 두려워졌고, 결혼하려고 했던 생각이 후회스러워 견딜 수가 없었다. 어쩔 수 없이 결혼을 해야 한다고 생각했지만 여러 가지로 너무 무서웠다.

가장 먼저 든 생각은 약혼자에게 이제 끝이라고 말해야 하는 고통과 북받쳐 오르는 감정을 다스려야 한다는 것이었다. 그리고 이미 결혼이라는 큰 발표가 나갔으니, 이를 취소할 때 닥쳐올 언론의 관심도 걱정해야 했다. 하지만 무엇보다도 부모님이 어떻게 반응하실지가 가장 걱정스러웠다. 이 남자야말로 내게 딱 맞는 남자라고 자신 있게 말한 사람이 바로 나였다. 부모님은 약혼자의 의도를 의심하셨지만, 내 감정을 해치고 싶어 하지 않았다. 두 분은 결혼 준비가 진행되는 동안 나와 쭉 함께하셨고 모든 비용을 지불해주셨다.

결혼의 실상에 눈이 번쩍 뜨이자, 나는 엄마를 찾아갔다. 엄마는 쌓여 있는 신선한 복숭아들을 담아둘 유리병을 고르고 계셨고, 나는 엄마가 앉아계신 부엌 식탁에 같이 앉았다. 부모님은 평생 절약을 최대의 미덕으로 삼으셨던 분들이었다. 언제나 정원을 가꾸셨고 과일과 야채를 수확해 통조림으로 만드셨다. 부모님이 허튼 일에 돈을 낭비하시지 않는 것을 알고 있었기에 더욱 말을 꺼내기 어려웠다.

나는 주저하며 엄마에게 말을 꺼냈다.

"내가 실수한 것 같아. 나 그 사람이랑 결혼 못하겠어. 우리가 결혼식에 주문한 것들을 물릴 수 없는 거 아는데, 그러면 몇천 달러를 버리게 되는데⋯⋯. 미안해."

나는 엄마가 보이실 실망스러운 반응을 기다렸다. 아니면 적어도 결혼을 결심하기 전에 그 사람이 정말 '딱 맞는 사람'인지 확실하게 확인했어야 한다고 한마디라도 하실 거라 생각했다. 또한 결혼식 준비에 들어간 돈 때문에 속상해하실 거라고 여겼다. 그런데 전혀 정반대로 반응하셨다. 내 말을 듣자마자 활짝 웃으셨고, 펄쩍 뛰시며 두 팔로 나를 감싸 안았다.

"지금껏 쓴 돈 중에 가장 잘 쓴 돈이구나⋯⋯. 특히 네가 진정한 마음을 따라야 한다는 지혜를 배웠으니 말이야."

엄마는 말했다.

"맞지 않는 결혼을 하지 않겠다는 통찰력을 갖게 되어 너무 기쁘단다. 비용이 얼마 들었든지 상관없어. 그건 너의 오랜 행복에 비하면 보잘것없는 액수니까."

이것이 바로 부모님이 내게 주신 교훈이었다. 건강한 결혼이란 평등하지만 서로를 진정으로 위하는 강한 파트너 관계라는 것을 몸소 보여주셨다. 이때 내가 얻은 인생의 교훈은 너무나 개인적인 사건이라 누구에게도 털어놓은 적이 없다.

딸아이가 내 곁을 떠나 동생들과 함께 라스베이거스로 이사했을 때 나이도 열아홉 살이었다. 레이철은 라스베이거스 플레밍고 호텔에 있는

'도니&마리Donny&Marie'에서 의상 디자인 일을 했다. 그 후 2년간 교회나 직장에서 만난 여러 젊은이와 데이트를 했지만 심각한 일 같은 것은 없었다.

쇼를 위해 시카고로 투어를 갔던 한 달 동안, 레이철은 가브리엘이라는 젊은 사업가를 만났다. 그는 유머 감각이 뛰어났고 대가족에 매우 의욕적인 사람이었다. 두 사람은 곧장 서로에게 끌렸다. 6개월 가까이 장거리 연애를 했지만 그들 사이에 놓인 2000마일의 거리는 너무나 힘겨웠다.

레이철은 대학에서 만난 다른 남자와 데이트를 시작했는데, 그는 레이철이 가진 미래의 목표를 공유하는 남자였다. 다섯 달가량 데이트한 뒤, 그는 레이철에게 프러포즈를 했고 레이철은 받아들였다.

결혼 준비가 시작되었다. 우리는 여러 번 엄마와 딸만의 쇼핑에 나섰고 웨딩드레스와 청첩장, 신부 들러리 옷, 그 외 다른 것들을 골랐다.

인생이, 아니면 유전이 그랬는지, 역사는 내 딸에게도 반복해서 일어났다.

청첩장을 돌리기 일주일 전, 어느 늦은 밤 레이철이 내 침대에 앉아 이야기를 시작했다. 마음속에서 지금 그 사람은 자신의 남편이 아니라고 느껴진다고 했다. 그러면서 그와 헤어져야 하는 문제도 그렇고, 내가 이미 웨딩드레스와 결혼식을 위해 쓴 돈에 대해 걱정하며 조용히 흐느꼈다.

나는 레이철을 껴안으며 엄마가 해주셨던 말을 그대로 해주었다.

"내가 지금껏 쓴 돈 중에 가장 잘 쓴 돈이구나."

나는 딸아이를 달래주었다.

"네가 결혼식 날 아침에 와서 실수였다고 말했어도 엄마는 신경 쓰지 않았을 거야. 네가 행동으로 옮기기 전에 실수라는 것을 알아차리는 통찰력을 가져서 너무 행복하단다. 이 경험이 너한테 귀중한 지혜를 한가득 주었을 거야."

레이철의 시카고 연인 가브리엘이 결혼 취소 소식을 듣고 찾아왔다. 그는 레이철을 사랑하지 않은 적이 한순간도 없다고 말했고, 레이철 또한 같은 마음이라고 인정했다. 가브리엘은 레이철에 대한 헌신을 증명해 보이기 위해 라스베이거스로 이사를 왔고, 아파트와 직장을 구하면서 딸아이에게 믿음을 심어주기 위해 열심이었다. 그는 레이철과 내가 함께 다니는 교회에 등록까지 했다. 두 사람을 보고 있으면 꼭 우리 부모님을 보는 것 같았다.

내가 어머니에게 받았고 다시 네 명의 딸에게 전해주고자 했던 지혜는, 자신의 행복을 위해서라면 그것이 우정이든, 미래의 동반자이든, 진로든 언제든지 마음을 바꿀 권리가 자신에게 있다는 사실이다. 나는 내 딸이 진정으로 집에 머물며 아이를 키우고 싶다면 그렇게 하기를 바란다. 기업의 유리천장을 깨야 한다고 자신을 내몰지 않기를 바란다. 또한 똑같은 이유로 딸아이의 선택이 아니라면 사랑을 위해 자신의 경력을 희생해서는 안 된다고 생각한다.

1919년에 여성들이 투표권을 쟁취해내면서 우리나라를 더욱 강하게 만들었듯이, 오늘날의 젊은 여성들은 자기 자신에게 충실하려는 개인적 선택을 통해 가족의 중심을 강력하게 만들 수 있다.

우리의 딸들이 행복해야 다음 세대의 소녀들이 진실을 택하고, 조건 없이 사랑할 수 있다. 그래야 자신들이 어떤 사람인지 알고, 굳건하게 서 있을 수 있다. 또한 여성으로서 세상에서 빛날 자신감을 갖추고 있다는 것을 자기 스스로 깨달을 수 있다.

마리 오즈먼드 Marie Osmond

세 살 나이에 〈앤디 윌리엄 쇼〉로 TV에 데뷔했고, 전국 무대에서 노래를 부르기 시작했다. 열두 살에 〈종이 장미〉라는 곡으로 히트를 쳤으며, 이후 35장의 앨범을 녹음했다. TV, 연극, 영화에서도 활발한 활동을 펼쳤고, '어린이의 기적 네트워크'의 공동 설립자이자 '마리 오즈먼드 인형들'의 설립자이다. 두 권의 베스트셀러 《웃음 뒤에Behind the Smile》와 《지금은 그것에 관해 웃겠지만 Might As Well Laugh About It Now》을 출판했다.

매력적이라는 이유만으로

━━━━━━━━ ✿ ━━━━━━━━

미셸 킹 작가·프로듀서

· SIMPLY IRRESISTIBLE ·

나는 십 대인 내 딸 소피아를 강하고 자신감 넘치는 페미니스트로 키우고 있다고 생각한다. 하지만 어쩌면 딸아이에게 '엄마가 운전하는 차는 타지 않을래'라는 생각만 심어준 것은 아닌지 모르겠다.

교통이 매우 혼잡한 시간에 딸아이를 태우고 공항으로 가는데 라디오에서 최근 아이오와주 법원의 판결에 대한 뉴스가 흘러나왔다. 아이오와주 포르다지에서 한 남성 치과의사가 여성 조무사를 해고했는데 그 이유가 단지 너무 '매력적이라는' 거였다. 그 여성은 10년간 그 병원에서 일했고 치과의사도 최고의 직원이라고 인정했다. 그 여성은 아무런 잘못도 하지 않았고, 그동안 일한 조무사들 중에서 일도 가장 잘했다.

그 여성이 추파를 던졌다는 증거는 전혀 없었고 그 치과의사에게 그런 여지를 주지도 않았다. 하지만 치과의사는 조무사가 너무 매력적이라서 자신이 그녀와 바람을 피울까 봐 두렵다고 말했다.

라디오 뉴스에 따르면, 현재 결혼해서 아이가 둘이 있는 그 조무사 여성은 치과의사를 상대로 소송을 걸었고 하급 법원은 치과의사의 손을 들어주었다고 한다. 조무사는 아이오와주 대법원에 항소했다. 아이오와주 대법원의 판사는 모두 남성이었고, 이들은 조무사를 해고한 일이 주 정부의 민권법에 위배되지 않는다고 판결했다. 그 사건은 성차별이 아니라는 것이다. 법원은 조무사가 해고된 것은 성별 때문이 아니라 치과의사가 그녀를 자신의 결혼 생활의 위협으로 여겼기 때문이라고 판결했다. 그녀는 그저 너무 예뻤을 뿐이다. 거기에는 어떠한 불법적인 일도 전혀 없었다.

나는 라디오를 꺼버렸고 목소리를 높였다.

"이거 들었니!"

나는 소피아에게 소리쳤다.

"그 조무사의 업무 능력은 완전히 다 잊어버리고! 문제를 만든 건 치과의사잖아! 외모 때문에 여성이 해고됐는데, 온통 남자밖에 없는 주 대법원에서 이게 아무 문제없다고 했단 말이지!"

나는 소피아를 쳐다봤다. 소피아는 완전히 겁에 질려 있었다.

딸아이는 굳어서 아무 말도 못했다.

이 부당한 처사 때문에 어쩌면 내가 마주 오는 차를 향해 운전대를 틀어서였는지도 모른다. 하지만 나는 여기서 끝낼 생각이 전혀 없었다. 나는 운전대를 마구 두드렸다. 그리고 큰 소리로 욕설을 뱉었다. 온갖 종류의 욕을.

"넌 이게 얼마나 불공평한 일인지 아니? 한 놈이 완전 유능한 한 여자를 자를 수 있다는 거잖아. 그저 그놈이 그 여자와 자고 싶다는 이유 하나 때문에! 네 친구들이 전부 다 왜 로스쿨에 가야 하는지 알겠지! 이게 바로 모든 대법원에 여성이 필요한 이유라고!"

소피아는 열심히 고개를 끄덕였다.

"응, 맞아. 진짜. 모든 대법원엔 여자가 있어야 해."

나는 다시 우리를 향해 달려오는 트럭과 부딪히지 않기 위해 운전에 집중했다. 살면서 많은 것이 그렇지만, 특히 소피아는 나에게 정말로 가르침을 주는 존재였다.

다음 날, 소피아는 홈룸* 시간에 자신의 뒷자리에 앉는 소년에 대해 얘기해주었다. 그 소년은 선생님을 방해하고 교실에서 큰 소리로 떠드는 흔히 볼 수 있는 얼간이 같은 놈이었는데, 한번은 소피아가 친구에게 주려고 산 걸스카우트 쿠키 한 상자를 훔쳤다고 한다. 소피아가 돌려달라고 했지만 그 아이는 도망치더니 쿠키들을 먹기 시작했다.

그래서 소피아는 그 아이를 쫓아가 뒤통수를 갈겨버리고 쿠키를 움켜쥐었다.

나는 "네가 누굴 때렸다고?"라는 질문이 나오는 것을 누르면서 태연한 말투로 물었다.

"그래서 어떻게 됐는데?"

소피아도 아무렇지 않은 듯 대답했다.

"아무 일도 없었어. 벌써 한 달 전 얘긴데, 그날 이후로 더는 나를 안

* 학생들이 출석 점호 등을 위해 등교하면 모이는 교실 또는 그 교실에서 보내는 시간을 말한다.

괴롭혀."

이 일로 나는 배웠다. 우리는 똑똑하고 맑은 눈을 가진 여성 판사가 필요하다고. 또한 정도를 넘어서 남을 괴롭히는 못된 놈들을 때려줄 터프하고 자신감 넘치는 젊은 여성도 필요하다고. 그리고 내 생각에 소피아는 이제 엄마 차를 탈 때면 차 안에서 들을 CD를 준비해야 한다는 것을 배운 것 같다.

· THE MOTHER ·

미셸 킹 Michelle King

에미상 후보에 오른 작가이자 제작자이다. CBS 방송국의 드라마
〈굿 와이프〉의 공동 창작자이며 총 제작자이다.

큰 소리로, 자랑스럽게

수잔 러브 유방암 전문의

• O U T   L O U D   A N D   P R O U D •

케이티는 대부분의 아이들보다 더 성적 지향과 편견에 대해 자각하며 자랐다. 1980년대 후반에 나와 아내 엘런 쿡시는 게이와 레즈비언 커플들이 아이를 가지는 '게이비gayby'의 유행 속에 있었다.

엘런과 나는 우리 딸 케이티가 엄마만 두 명이라는 것에 시비를 거는 사람들을 마주칠 가능성에 대비해야 한다고 생각했다. 우리는 케이티에게 우리 가족은 괜찮다는 것을 확실히 이해시키고 싶었다. 만약 다른 사람들이 우리에 대해 문제를 제기하면, 그것은 그들의 문제이지 우리의 문제가 아니며 우리는 그저 그들을 안쓰러워하면 된다는 것을 알려주고 싶었다.

케이티가 아직 어렸을 때 우리는 게이와 레즈비언에 대한 이야기와 함께 나치 독일의 만행, 온갖 종류의 편견은 물론, 흑인 민권 운동을 이끌었던 용감한 미국인들과 여성참정권을 위한 싸움들에 대해 말해주었다. 우리 딸은 명확하고 분명하게 그 메시지들을 알아들었다.

케이티가 학교에 입학하고 몇 년 후, 나는 딸아이에게 "누군가가 왜 너는 엄마가 두 명이야?"라고 물어온다면 어떻게 대답할 거냐고 물어본 적이 있다. 케이티는 머뭇거림 없이 곧장 대답했다.

"둘이 서로 사랑하니까라고 대답할 거야."

그리고 케이티가 다음과 같이 덧붙였을 때 나는 기쁨으로 가슴이 벅차올랐다.

"만약 걔네가 무슨 말인지 모르겠다고 하면, 난 친구 앨리슨더러 와보라고 할 거야. 걔는 설명을 잘해."

엘런과 나는 동성애자 자녀 입양의 선구자라는 영예를 누렸다. 1988년, 나는 엘런의 사촌에게 정자를 기부받아 케이티를 낳았다. 엘런과 나는 둘 다 외과 전문의였고 각자의 분야에서 전도유망했으며, 우리의 삶을 크고 자랑스럽게 함께 만들어나가고 있었다. 당시에는 동성애자 커플이 아이를 갖는다는 소식이 아직 들리지 않을 때였다.

케이티가 태어났을 때, 우리의 전문직종과 사교 모임에서 몇몇이 눈살을 찌푸렸다. 개중에는 케이티의 아버지가 누구인지를 두고 헛소문을 퍼트리기도 했다. 하지만 우리는 집에서 연 성대한 크리스마스 파티를 비롯하여 모든 공식 석상에서 출산 사실을 발표했다. 친구들과 지인들이 찾아왔고 우리가 낯선 존재가 아니라는 사실을 모두 깨달았다. 우리는 여느 커플과 다름없이 새로 태어난 귀한 존재에 대한 기쁨으로 가득 차 있었다.

케이티가 막 걸음마를 떼고 다른 가족들과 함께 멕시코로 휴가를 갔을 때였다. 나는 그때 나뿐만 아니라 엘런도 케이티에 대한 양육권을 가져야 하고, 이는 매우 중요한 문제라는 것을 깨달았다. 당시 노스캐롤라이나주 롤리 공항에서 한 항공사 직원이 우리를 가로막더니, 아이의 아버지가 아이를 데리고 국경을 넘는 것을 허락했는지, 아버지의 허락이 담긴 편지가 있는지를 물었다. 우리는 그제야 케이티나 나에게 무슨 일이 발생했을 때 엘런은 부모로서 아무런 권리를 행사할 수 없다는 것을 깨달았다.

그래서 우리는 엘런이 케이티를 입양하는 절차를 밟기 시작했고 그때문에 법적으로 험난한 과정을 거쳐야 했다. 우리는 1심에서 승소했지만 검사가 즉시 항소를 했다. 이후 사회복지사와 심리학자들이 우리가 부모로서 적합한지 캐묻기 위해 우리의 생활을 면밀히 조사하는 날이 길고 길게 이어졌고, 변호사와 지지자들은 노골적인 차별이라며 맞설 전략을 세웠다.

1993년 케이티가 다섯 살 때, 매사추세츠주 대법원은 4대 3으로 우리의 손을 들어주었다. 우리는 전국 신문의 헤드라인을 장식했고, 더 중요하게는 매사추세츠주를 넘어 전국적인 판례를 남겼다는 사실이었다. 승소한 뒤 우리 집에는 이따금씩 아이를 입양한 동성애자 커플들이 감사의 의미를 담은 꽃다발을 보내오기도 했다.

이 모든 것은 케이티가 보낸 유년기의 일부가 되었다. 엘런과 나는 부모로서 나서야 했고 어느 상황에서든지 우리가 누구인지 밝혀야 했다. 아이에게 "우리 가족이 이상한 건 아니야. 하지만 아무한테도 우리에 대해 말하면 안 돼"라고 말할 수는 없으니까. 아마 당신이라도 그럴 것이다. 우리는 말 그대로 큰 소리로 우리의 삶을 공개한 채 살았다. 케이티는 이 교훈을 아주 잘 배웠고 도리어 부모인 우리에게 관용과 열린 마음에 대해 설교하기도 했다.

매일 밤 우리는 케이티가 잠들기 전에 침실에서 책을 읽어주면서 항상 멋진 대화를 나누었다. 케이티가 예닐곱 살쯤 되었을 때, 하루는 내게 중요하게 할 말이 있다고 말했다.

"엄마, 나는 내가 레즈비언이 아닐까 봐 걱정돼."

딸이 고백했다.

"괜찮아. 네가 행복하기만 하면 돼. 우리는 네가 사랑하는 누군가와 삶을 함께 나누기를 바랄 뿐이야."

며칠이 지나 우리는 한 게이 친구와 저녁 식사를 하게 되었다. 그의 방문은 케이티에게 더 많은 질문거리를 가져다주었다.

"그분은 애인을 데려오신대?"

"아마 지금은 애인이 없을걸."

"그럼 어떻게 게이인 걸 알아?"

나는 그 친구가 보통 다른 남자와 사랑에 빠진다고 설명해주었고, 케이티는 내 말을 곰곰이 생각해보는 것 같았다. 나는 한마디를 더 보탰다. 때때로 어떤 사람들은 남자와 여자 둘 다에게 끌리기도 한다고. 그건 그저 툭 던진 말일 뿐이었다. 나는 이 말에 대한 케이티의 반응을 죽을 때까지 잊지 못할 것이다.

"오, 하느님, 감사합니다. 내 생각엔 내가 바로 그런 사람 같아."

엄청 안도하는 목소리였다.

그 순간 나는 두 엄마의 관계를 이해시키느라 정작 케이티에게 다른 성적 지향의 가능성을 제대로 말해주지 않았다는 것을 깨달았다. 나는 케이티에게 행복해지는 데는 많은 방법이 있고 그 모든 방법을 완전히 자신의 것으로 받아들일 필요는 없다는 사실을 알려주지 못했다. 부모가 된다는 것은 아이가 아이만의 행복을 찾을 수 있도록 필요한 도구를 갖춰주는 거라고 생각한다. 비록 어떤 경우에는 자신이 편치 못한 기분을 느낀다고 하더라도 말이다.

케이티가 한창 바비 인형에 집착했을 때가 내게는 그러했다. 나는 케이티에게 그 인형들을 가지고 놀게 하고 싶지 않았다. 왜냐하면 마치 세상에 존재하는 여성에 대한 모든 고정관념을 괜찮다고 말하는 것처럼 느껴졌기 때문이다. 하지만 우리는 그렇게 하지 않았다. 우리는 인종적으로 다양한 바비 인형을 찾아낼 수 있는 한 모두 찾아내어 케이티에게 사다주었다. 그러면서도 여전히 바비 인형이 얼마나 실제 여성의 모습을 올바로 보여주지 못하는지 케이티에게 일장연설을 늘어놓고는 했다.

"실제 여자들의 발은 이렇게 완벽한 아치형으로 굽어져 있지 않아. 그리고 이렇게 생긴 몸이나 가슴도 없고. 실제 여성들은 일을 하고 매번 옷을 갈아입지도 않아."

그렇지만 더는 걱정할 필요가 없었다.

"나도 알아, 엄마. 이건 그냥 101마리의 달마티안 같은 거잖아. 진짜 개는 말하지 않으니까."

케이티가 설명했다.

나에게 또 다른 승리감이 찾아온 것은 케이티가 바비와 제인의 결혼식을 계획하고 있다는 이야기를 전해주었을 때였다. 그날 오후 나는 케이티에게 그 결혼에 대해 물어보았다.

"음, 걔네들은 결혼하지 못했어. 바비가 유방암 강연을 하러 갔거든."

마치 실제 사실을 말하는 듯한 말투였다.

이제는 많이 컸지만 케이티는 여전히 순간순간 우리에게 깨달음을 준다. 엘런과 나는 성공한 의사이다. 우리 둘은 일에 매우 열정적이지만 케이티는 그렇지 않다. 케이티는 다른 세대에 속해 있고 직업에 대한 마음가짐도 우리와 다르다. 케이티는 자신만의 방식으로 행복을 향해 갈 것이다.

LGBT와 그 밖의 것들을 위해 우리 세대의 여성들은 우리 아이들이 우리와 같은 삶을 살지 않기를 바라면서 편견에 맞서 싸우고 장벽을 무너뜨리려 열심히 노력했다. 그리고 명백히 우리는 다음 세대가 이러한 투쟁을 할 필요가 없도록 싸워왔고 장벽들을 무너뜨려왔다. 많은 이들이 부모로서 가장 힘든 점은 아이들을 아이들 그대로 두고 지켜보는 일일 것이다.

어머니는 내가 의사가 되는 것보다 의사와 결혼했더라면 더 행복해하셨을 분이다. 하지만 나는 내게 맞는 일을 해야 했다. 내가 케이티에게 하고 싶은 말도 케이티가 나와 똑같기를 바라지 않는다는 것이다. 나는 딸아이가 그저 자기다운 사람이 되기를 바란다.

수잔 러브 Susan Love, MD

유방암 연구와 예방에 힘쓰는 수잔 러브 박사 연구재단의 회장
이다. 하버드대학교 의과대학과 UCLA의 데이비드 케펜 의과대
학의 외과 교수를 역임했고, 유방암 옹호 광고의 '선구적 어머니'
로 알려져 있다. 《수잔 러브 박사의 유방 이야기Dr. Susan Love's
Breast Book》, 《수잔 러브 박사의 호르몬 이야기Dr. Susan Love's
Hormone Book》와 같은 여러 책을 저술하였다.

에스트로겐 익스프레스

팻 베네타 싱어송라이터

· T H E   E S T R O G E N   E X P R E S S ·

"이 일은 네가 사랑하는 일 가운데 가장 어려운 일이다."

아이를 키우는 것은 미국 평화봉사단의 이 오래된 슬로건과 같다.

로큰롤 가수로 활동하면서 딸들을 키우는 일은 남편인 닐 '스파이더' 기랄도*와 내게는 어려운 일이었다. 스파이더는 나의 소울 메이트일 뿐 아니라 나와 가장 잘 맞는 기타리스트이자 프로듀서이다. 두 명의 아름다운 딸들을 얻었을 때, 우리는 그 아이들의 유년기를 놓칠 수 없다고 생각했다.

헤일리와 해너가 학교에 들어가자, 우리는 아이들과 함께 여행할 수

---

* 여성 로커인 팻 베네타의 남편이자 밴드 기타리스트로 활동하였다.

있는 여름방학 동안에만 밴드 투어를 했다. 투어가 시작되면 유모차와 안전을 위한 아기 울타리, 장난감, 자전거를 모두 버스에 실었고 우리 밴드와 소속사 직원들은 아이들 앞에서 예의 바르게 처신해야 했다.

우리 딸들은 집시처럼 자랐다. 첫걸음마나 처음 수영을 시작한 날과 같은 기념비적인 순간은 우리 집에서가 아니라 호텔이나 콘서트 장소에서 일어났다. 한번은 '사탕을 안 주면 장난칠 거야trick or treat* ' 놀이를 하고 싶어 하는 네 살짜리 딸아이에게 핼러윈 사탕을 주려고 밴드 멤버들과 소속사 직원들이 모두 의상을 차려입고 호텔 복도에서 아이들을 맞아준 적도 있었다. 그리고 딸들은 언제나 콘서트가 끝날 때까지 기다려야 했기 때문에 콘서트홀의 텅 빈 복도를 자전거를 타고 미친 듯이 오르락내리락하곤 했다.

물론 이런 일들이 일반적이지는 않지만 가족으로서 우리는 그 모든 시간을 함께 보냈다. 스파이더와 나는 소속사의 강한 반발과 반대에도 항상 딸들을 투어에 데려가기를 고집했다. 내가 처음에 임신했을 때, 소속사는 임신 사실을 숨기라고 압력을 가하기도 했다.

스파이더와 내가 끈끈하게 연결되어 있지 않았다면, 만약 모든 일에서 서로 헌신하지 않았다면, 우리는 이 모든 일을 해낼 수 없었을 것이다. 우리는 서로 다른 배경을 가지고 있었지만 1979년 처음 만난 순간부터 완벽하게 잘 들어맞는 한 쌍이었다.

아내 되기와 엄마 되기에 대한 나의 생각은 맞벌이 부모님 밑에서 자란 내 경험에서 비롯되었다. 어릴 적 우리 집은 평등이 신조였다. 부모님

---

* 핼러윈 때 아이들이 집집마다 다니며 하는 말이다.

은 월급을 모아 함께 돈을 세었고 아이 양육과 집안일을 나눠서 하셨다. 엄마나 할머니가 잔디를 깎거나 집에 페인트칠을 하는 것이 별로 이상하지 않았다. 모두가 열심히 일했고 모두 동등하게 존중받았다.

스파이더와 내가 중요하게 여기는 가치가 똑같았기 때문에 우리는 함께 일하는 것을 당연하게 생각했다. 아이가 생기기 전에도 우리 부부는 로큰롤 라이프스타일의 거친 방식대로 살지 않았다. 나는 내가 가진 목소리를 잃을까 봐, 그래서 인생에서 홀로 남겨질까 봐 두려웠다. 우리가 나눈 아름다운 파트너십은 우리가 어떻게 삶을 꾸려가야 하는지, 어떻게 우리 가족을 지키고 서로 사랑해야 할지 지침을 일러주었다. 이것은 우리가 딸들에게 주었던 가장 중요한 교훈이라고 생각한다. 우리는 임신 테스트기의 조그마한 막대 색깔이 변하는 것을 본 순간부터, 서로에게 어떤 희생을 치르더라도 딸들을 가장 우선으로 하자고 약속했다.

나는 가수 생활을 시작한 초기부터 녹음을 하러 스튜디오에 갈 때면 곡 녹음을 완벽하게 끝내기 위해서 무드 조명은 제대로 달려 있는지, 내가 고른 향초는 잘 타고 있는지 확인했다. 하지만 해너가 막 걸음마를 시작하자 모든 것을 바꿔야만 했다. 하루는 집에 있는 녹음실에서 완전히 곡에 집중한 채 녹음 작업을 하고 있었다. 그러다가 눈을 떠보니, 유리창에 얼굴을 짜부라트리며 "엄마" 하고 인사하는 조그마한 딸아이의 얼굴이 보였다. 나는 곧장 기저귀를 갈아야 할 시간이라는 것을 깨달았고 딸아이를 봐준 뒤 코러스를 녹음하러 녹음실로 돌아갔다.

수많은 밤을 길 위에서 보내면서도 나는 무대에 서기 몇 분 전까지 아이에게 모유 수유를 하곤 했다. 무대에서 공연을 하는 사람은 동작이 빨라야 한다. 나는 무대에 오를 시간이 되면 얼른 가슴을 옷 속으로 밀어

넣고 무대에 올라 섹시하게 보이려 했다. 당시 소속사는 나와 스파이더에게 더 자주 투어를 돌라며 압박했고, 헤일리를 낳고 나서 복귀했을 때는 살을 더 빼라고 경고하기도 했다. 나는 완전히 지쳐 있었다.

당시 나와 비슷한 상황에 놓인 사람이 한 명 있었는데, 밴드 프리텐더스의 리더인 크리시 하인드였다. 크리시는 1985년 내가 헤일리를 낳기 넉 달 전에 둘째 아이를 출산했다. 우리는 수상식에 함께 참석한 적이 있는데, 내가 잘 지내느냐고 안부를 묻자 "잘 못 지내요"라는 대답이 돌아왔다. 나는 크리시가 말하는 게 무엇인지 정확히 알 수 있었다.

다행히 1994년 둘째 해너를 가졌을 때는 나와 비슷한 직업을 가진 여성들이 늘어나서 세상이 많이 변해 있었다. 스파이더와 나는 계속해서 우리가 하던 일을 기쁘게 해나갔다. 도로 위를 달려야 하는 시간이 오면, 우리 꼬맹이들은 투어 버스를 집처럼 편하게 여겼고 버스 속 자신들의 침대를 포스터와 스티커로 꾸며놓곤 했다. 우리 딸들에게 이런 여행은 여름 캠프에 가는 것과 같았다. 딸아이들은 오랫동안 다른 아이들의 엄마도 전부 가수일 거라고 생각했고, 모든 아이들이 전국을 여행하며 여름을 보낸다고 믿었다. 아이들은 여행하며 많은 것을 보고 배웠다. 딸아이들을 유모에게 맡기는 때는 오직 우리가 무대에 올랐을 때뿐이었다. 그 시간만 제외하면 우리는 항상 전업 엄마, 전업 아빠였다.

우리 부부에게는 다른 선택의 여지가 없었다. 당신이 무슨 일을 하든, 어떤 배경을 가졌든, 자신이 얼마나 멋지다고 생각하든지 상관없이 이제 막 태어난 아이의 얼굴을 보는 순간, 원초적인 본능이 깨어나 당신을 영원히 바꿔놓을 것이다. 그 후로는 결코 자기 자신을 최우선으로 둘 수 없을 것이다. 아이가 행복한지, 건강한지, 겁에 질렸는지, 사랑받고 있는지 걱정하는 일을 멈추지 못할 것이다. 아이들이 달려와서 오후 4시가 아직 안 됐는데 주스를 여러 잔 마셔도 되는지 물을 때면, 당신 존재의 모든 것을 걸고 당신은 그 아이들을 사랑할 수밖에 없을 것이다.

우리가 가족 안에서 평등을 최우선으로 삼는 만큼, 스파이더가 여자들의 등쌀에 떠밀린 것도 사실이다. 몇 년간 우리는 우리의 투어 버스를 에스트로겐 익스프레스라고 불렀다. 심지어 우리가 키우던 강아지들의 성별마저 여자였다.

그 모든 에너지에 한 남자가 익숙해지기까지 꽤 긴 시간이 걸렸다. 헤일리와 해너는 인생이 주는 불가피한 상처와 어려움을 통해 배운 가치들, 즉 서로에게 굳게 헌신하고 상호 존중하며 흠모하는 부모 아래에서 자랐다.

스파이더와 나는 언제나 아이들 곁에 있을 것이고 실수를 통해 계속 배워나갈 것이다. 우리는 다른 누구의 삶이 아닌, 우리만의 삶을 사는 데 집중해왔다. 우리의 에너지는 슬픔이 아닌 즐거움을 찾는 데 쓰였다. 우리 부부는 사람들을 존중으로 대하고 같은 존중으로 보답받기를 원했다. 우리는 우리의 재능을 펼치며 열심히 일했고 끊임없이 꿈을 꾸었다. 왜 아니겠는가?

거기에 우리 딸들과 내가 함께 나눈 무엇보다 중요한 교훈이 있다.

팻 베네타 Pat Benatar

그래미상을 네 번 수상한 가수이다. 1980년대 〈히트 미 위드 유어 베스트 샷Hit Me With Your Best Shot〉, 〈러브 이즈 어 배틀필드 Love Is a Battlefield〉, 〈유 베터 런You Better Run〉, 〈하트브레이커 Heartbreaker〉 등의 노래로 유명하다.

폐경기 홍조

도나 드 바로나 운동선수·방송 진행자

· H O T   F L A S H E S ·

나는 어떤 형태로든 이름표를 붙일 수 있는 사람이 아니다. 사립학
교에서 어떻게 스포츠가 여성에게 힘을 주는가에 대한 내용으로 연설
을 하고 난 뒤에 나는 다음과 같은 질문을 받았다.

"당신은 스스로를 운동선수라고 생각하세요, 아니면 여자라고 생각
하세요?"

나의 대답은 "전 스스로를 인간이라고 생각합니다"였다.

내 딸 조애나와 함께 페미니즘에 대해 토론한 적이 있다. 딸아이는 자
신이 얻은 기회가 다른 여성들이 많은 것을 희생하면서 노력과 협력을
통해 얻어낸 거라는 것을 잘 알고 있었다. 딸아이는 자기 나이대의 여성
들은 '페미니즘'이라는 용어에 대해 잘 알지 못한다고 했다. 왜냐하면

자신들은 과거 세대의 여성들이 했던 선구적인 노력에 함께하지 못했고 그 운동이나 단어를 자신들의 것으로 느끼지 못하기 때문이라는 것이다.

하지만 조애나에게 역사는 지나가버린 것이 아니다. 우리의 문화가 아무리 진보했다 하더라도 딸아이는 끊임없이 여성이라는 이유로 일상의 거의 모든 면에서 이중 기준에 묶여 있고 그것에 좌절감을 느낀다.

나는 딸아이에게 1960년대 촉망받는 운동선수였던 내가 겪었던 일들과 우리 딸의 외할머니이자 내 어머니인 마티 드 바로나에 대해 이야기해준 적이 있다. 어머니는 딸인 나의 성공을 통해 본인의 꿈이 실현되기를 바라셨지만 그것은 쉽지 않은 일이었다. 나의 아버지 데이브 드 바로나는 캘리포니아대학교에서 명예의 전당까지 오른 축구선수이자 조정선수였다. 아버지는 자녀들의 열렬한 지원자였지만, 매일같이 우리와 씨름한 사람은 어머니였다. 어머니는 항상 우리에게 말씀하셨다.

"살면서 너희들의 몫을 얻으려면 싸워야만 한단다."

그 말씀은 진심이었다.

조애나는 여성들이 어떻게 투표권을 얻었는지 학교에서 배웠지만, 여성에게 교육과 스포츠에서 동등한 기회를 줘야 한다는 1972년의 헌법 제9조의 개정이 가져온 영향력에 대해서는 배우지 못했다. 조애나는 헌법 제9조의 입법과 집행을 위해 여성스포츠재단이 한 일들이 페미니스트 역사에서 각주 정도로 취급된다는 사실에 분통을 터뜨렸다.

여성들이 다른 영역에서 얼마나 진보를 이루어왔는지와 상관없이 여성의 몸은 많은 여성에게 어려움을 안겨주는 존재이기도 하다.

내가 폐경기 홍조의 맹공격에 무자비하게 노출되었을 때 나는 조애나와 새로운 단계에 돌입했다. 이 사건은 엄동설한 한겨울에 일어났다. 딸아이는 학교 밖 끝없이 꼬리를 물고 늘어선 학부모들의 차량 행렬 속에서 나를 기다리고 있었다. 가톨릭 학교 교복 차림이었던 조애나는 스타킹을 금지한 교칙 때문에 꺼끌꺼끌한 울로 만든 교복 치마만 덜렁 입은 채 덜덜 떨면서 얼른 엄마가 몰고 올 따뜻한 차에 올라타기만을 고대하고 있었다. 그런데 그 당시 나는 용광로를 깔고 앉은 것 같은 느낌을 종종 받았고 그날도 차의 창문이란 창문은 있는 대로 내리고 에어컨을 최저 온도로 틀고 있었다. 딸아이는 차에 올라탔을 때 아무 말도 하지 않았다. 그저 큰 소리로 웃었을 뿐이다.

우리 사이에는 하지 말아야 할 얘깃거리이자 커다란 금지어이지만 자꾸만 하게 되는 얘기가 있다. "나 어때 보여?"라는 외모에 대한 이야기다. 불가능할 정도로 마른 여성들의 이미지가 홍수를 이루는 세계에서 이것은 정말 어려운 문제이다. 조애나는 거의 183센티미터로 키가 매우 컸다. 그리고 강하고 자신감 넘치며 깜짝 놀랄 정도로 매력적이다. 사이즈 6이나 8이 아니라는 것이 문제가 되지 않았다. 딸아이는 내게 종종 자신이 맘에 드는 남자는 너무 늙었거나 너무 키가 작다고 농담했지만, 그 안에는 더 깊은 감정이 숨어 있었다. 나는 종종 딸아이에게 나도 서른여덟 살에 결혼했다는 사실을 상기시켜주곤 했다.

어렸을 때부터 조애나는 연기하고 노래 부르고 학교 연극이나 마을 극단에 참여하는 것을 좋아했다. 배우가 되겠다는 목표를 세운 이후 사람들은 끊임없이 조애나에게 살을 빼야 한다, 말라야 한다, 연예계에서 성공하려면 살을 빼야 한다고 말했다.

재능이 넘치는 배우이자 감독인 나의 여동생 조애나 컨스는 딸아이와 이름이 같을 뿐 아니라 딸아이의 롤모델이기도 하다. 여동생과 나는 조애나와 함께 전쟁과 같은 다이어트에 대해, 마르고 뚱뚱함 사이에서 롤러코스터를 타는 어려움에 대해 이야기하곤 했다. 조애나는 다이어트를 위해 체육관에서 오랜 시간 운동을 하며 보냈다. 이후 미국가톨릭대학교를 졸업한 조애나는 두 번의 오디션을 통과하고 런던의 왕립연극학교에 입학했다. 그리스 연극, 셰익스피어, 입센, 체호프 등의 고전을 아는 것이 배우로서 성공에 중요하다고 확고하게 믿고 있다.

이제 조애나는 오디션을 보러 다니고 있고 나는 그런 딸아이를 온 마음으로 응원한다. 딸아이가 연기를 할 때면 나는 숨이 멎는 것만 같다. 나는 조애나에게, 또 나 자신에게 딸아이가 실망이 일상인 예측 불가능한 직업을 선택했다는 점을, 그렇지만 결코 포기해서는 안 된다는 것을 상기시킨다.

지금 조애나는 경력을 쌓는 데 몰두하고 있지만 주변을 돌보는 것도 놓치지 않고 있다. 최근에 나는 특수 올림픽 국제임원회의 때문에 보스턴에 갔는데, 이때 조애나와 함께 동행했다. 이후 로잔에서 연설을 해야 했던 나는 보스턴에서 스위스로 향했고 조애나는 뉴욕에서 네덜란드 단체와 연극 관련 일이 있어서 나보다 먼저 떠났다.

스위스 로잔에 가기 위해 보스턴의 호텔방에 돌아와 짐을 싸던 나는 노란색 봉투에 담긴 카드를 방 여기저기에서 발견했다. 나의 수영복에 붙어 있던 카드에는 "엄마, 시간을 내서 수영하세요. 엄마는 항상 수영하고 나면 기분이 좋아지잖아요"라고 적혀 있었다. 또 다른 카드에는 "엄마가 치약을 잊어버렸다고 해서 내 거 두고 가요"라고 적혀 있었고, 다른 카드에는 핸드폰 충전기를 두고 가지 말라고 적혀 있었다. 마지막 카드는 내가 스위스에 도착한 뒤 짐을 풀 때 발견했다.

"엄마 연설은 너무 멋질 거예요. 난 알아요. 너무 빨리만 말하지 마세요. 엄마 곁에서 연설을 들을 수 있다면 좋을 텐데. 난 언제나 엄마가 하는 이야기를 듣는 게 좋거든요."

딸아이의 사랑이 담긴 카드를 발견했을 때 느꼈던 기쁨은 나에게 또 다른 종류의 홍조를 가져다주었다. 나는 그 카드들을 아직도 보관하고 있다.

· T H E   M O T H E R ·

도나 드 바로나 Donna de Varona

올림픽의 수영 금메달리스트이자 1968년 텔레비전으로 올림픽을 취재한 최초의 여성 스포츠 캐스터이다. 미국 올림픽 명예의 전당에 올랐으며 여성 스포츠 지지자이자 특수 올림픽의 적극적인 후원자이다. 여성스포츠재단의 공동 창립자로서 회장을 역임했다.

무대라는 교육 현장

패멀라 프라이맨 감독·프로듀서

• A N   E D U C A T I O N   O N   T H E   S E T •

감독이라는 직업이 내게 주는 가장 설레고 흥분되는 점은 이 산업이 너무도 변화무쌍해서 매일매일이 도전과 같다는 것이다. 이틀 연속으로 같은 일을 한 적이 없고, TV 산업의 변화에 따라 TV 감독인 우리도 항상 변화하고 성장해야 한다. 세트장에서 보내는 매일매일은 배움의 연속이다. 나는 언제 어느 때 누가 무엇을 가르쳐줄지 모르기 때문에 항상 눈과 귀를 열어두어야 했다. 그리고 그러한 가르침은 정말 예상치 못한 순간에 찾아온다.

직업 특성상 나는 몇 주를 아주 정신없이 보낼 때가 있다. 몇 년 전 그런 유난히 바쁜 날에 나의 쌍둥이 딸 케이티와 메건이 세트장을 방문했다. 분주히 돌아가는 세트장 너머로 보이는 딸들의 얼굴에 저절로 미소가 지어졌다. 나는 재빨리 아이들에게 다가가 안아주고는 다시 녹화에 집중했고 딸들은 그런 나를 멀리서 지켜보았다. 나는 딸들을 다양한 녹화 현장에 데려올 수 있고, 팀워크의 멋진 예들을 본보기로 보여줄 수 있어 행운이라고 생각해왔다. 시트콤을 찍는 일은 본질적으로 협동 작업이다. 만약 하나의 농담이라도 발전시킬 여지가 있다면 계속해봐야 한다. 몸을 많이 사용하는 코미디에서 가구 하나가 길을 막으면 물거품이다. 정면을 찍고 있던 카메라가 갑자기 꺼진다면, 어떻게든 없어진 한 대의 카메라 자리를 다른 것들로 메꿔가며 끌고 나가야 한다. 감독은 이 모든 일의 중앙에 서서 온갖 방향에서 날아오는 아이디어들을 걸러내고 의사소통해야 한다. 하지만 바로 그날, 내 딸들이 보았던 것은 나의 생각과는 사뭇 달랐다.

그날 녹화장의 주연 배우는 자기 주장이 아주 강한 남자 배우였다. 그는 자신이 원하는 것을 아주 정확하게 알고 있었지만 나나 다른 누군가에게 자신의 생각을 친절하게 설명하는 능력은 결여된 사람이었다. 조용한 동료 배우들과 달리 그의 목소리는 다른 이들보다 계속해서 몇 데시벨 높았고, 그와 함께 일하는 사람들은 어떻게 해서든지 그와 접촉하는 것을 피하려 했다. TV에서 방영될 쇼는 분명 멋질 테지만 우리의 일과는 고달팠다. 그 당시 나는 그가 나와 동료들을 대하는 방식에 얼마나 무감각해졌는지 인식하지 못했다. 그는 다른 이들을 존중하지 않았고 배려심이 없었으며 적대적이었다. 하지만 나는 그 점에 대해 깊이 생각하지 않았다. 더 놀랍게는 내가 그의 행동을 받아주었을 뿐 아니라 그러한 행동을 계속하도록 묵인했다는 것이다. 그런 나를 일깨운 것은 딸아이가 던진 단순한 질문이었다.

집으로 돌아오는 차 안에서 메건이 물었다.

"엄마, 왜 그 남자가 엄마한테 그런 식으로 말하도록 그냥 뒀어?"

직설적인 질문에 나는 말문이 턱 막혔다. 정말로 왜지? 그때 내가 딸아이에게 뭐라고 답했는지는 잘 기억나지 않지만, 그 질문은 내 마음속에 새겨졌고 꼭 답해야만 하는 질문이 되었다. 나는 녹화장에서 일하는 것을 행운으로 여긴다. 하지만 그렇다고 해서 그것이 내가 누군가로부터 존중받지 못할 이유는 되지 못한다. 다른 곳이었다면 내가 참고만 있지 않았을 거라는 것을 딸아이는 알았던 것이다. 그런데 왜 직장에서는 참고만 있었을까?

'난 열심히 일해왔고, 지금 하고 있는 일을 정말 잘하고 있으며 그럴 만한 자격이 있으니까 이 녹화장에 서 있는 거야.'

나는 혼잣말을 되뇌었다.

언제나 녹화장의 스태프들과 배우들의 처우에 신경 쓴다고 생각했지만, 이 경험은 나의 인식과 기대 수준을 더욱 높이게 했다. 그날 이후 나는 모두가 일하고 싶은 환경으로 녹화장의 분위기를 조절하는 것이 감독의 마땅한 책임이라고 생각하게 되었다. 몇 년 뒤 그때의 그 배우와 다시 일을 할 기회가 생겼을 때, 나는 전과는 다른 눈으로 작업에 임했고 훨씬 더 긍정적인 경험을 할 수 있었다. 우리 모두는 서로에게서 무언가를 배운다고 믿는다.

매일매일 부모로서 우리는 우리가 하는 말과 행동뿐만 아니라 우리가 남들을 어떻게 대하고 어떠한 대접을 받는지를 통해 딸들에게 많은 교훈을 가르쳐준다. 우리는 모범을 보인다. 우리 딸아이는 내가 더 나은 대접을 받을 만한 자격이 있다는 것을 알려주었을 뿐 아니라, 우리 모두는 존중과 품위 있는 대접을 요구할 권리가 있고 그것을 딸아이에게 보여주어야 하며 그것이 엄마의 의무라는 것을 일깨워주었다. 엄마가 되면서 좋았던 점은 내가 아이들에게 무언가를 가르쳐주는 것처럼 딸들도 내게 무언가를 가르쳐준다는 것이다. 정말 운이 좋게도.

· T H E   M O T H E R ·

패멀라 프라이맨 Pamela Fryman

CBS의 코미디 시리즈 〈내가 그녀를 만났을 때〉로 두 개의 에미상 후보에 오른 베테랑 코미디 감독이다.

누구에게나 타고난 재능이 있다

제니퍼 덜스키 기업인

나는 작은딸이 아홉 살 때 차의 뒷좌석에서 큰 소리로 떠들던 것을 분명하게 기억한다.

"엄마, 난 유명해지고 싶어."

머릿속에 즉각 떠오른 생각은 '오, 안 돼'였다. 솔직히 말하면 좀 더 심한 표현이긴 했다. 리얼리티 TV 쇼에서 떴다가 지는 수많은 스타들의 모습이 머릿속을 스치고 지나갔다. 성급히 결론짓지 않으려 노력하면서 나는 딸아이에게 왜 유명해지고 싶은지 물었다. 딸아이가 잘 모르겠다고 대답했을 때, 나는 제안했다.

"네가 노벨상을 타면 유명해질 거야."

분위기가 싸늘해졌다. 침묵이 몇 초간 흘렀다. 잠시 후 나는 한걸음 물러나 좀 더 진지하게 대화에 임하기로 했다.

"그래, 넌 뭘 제일 잘하는데?"

내가 딸아이에게 물었다.

"음, 나는 친구들 사이에서 싸움이 일어나면 화해시키는 걸 잘해. 그리고 걔네들이 슬퍼할 때 다시 행복하게 만들어주는 걸 잘해."

나는 예상치 못한 딸아이의 대답에 놀랐다. 아직 아홉 살밖에 되지 않았는데 자신이 가진 천부적인 재능이 무엇인지 명확하게 알고 있을 뿐만 아니라 그것을 또박또박 말로 표현한 것이다. 그리고 딸아이의 말은 정말로 옳았다. 매번 딸아이가 받아오는 성적표와 선생님이 해주신 말들은 딸아이가 그런 쪽에 재능이 있다는 것을 증명해주었다.

이제 십 대가 된 딸아이는 우리 집에서 사실상 중재자의 역할을 톡톡히 하고 있다. 집에서 언쟁이 일어나면 언제든지 우리가 어떻게 하고 있는지, 어떻게 행동해야 좋은지 각자의 역할에 대한 세부 사항을 글로 적어 가지고 나왔다. 또한 친구들이 조언이 필요할 때면 딸아이를 찾아왔다. 딸아이는 아무리 어려운 상황이라도 변함없이 사람들의 기운을 북돋아준다. 아무도 그런 방법에 대해 일러주지 않았는데도 말이다. 딸아이는 항상 세상을 다른 관점에서 보고 다른 시각에서 문제에 접근한다. 그것은 굉장한 재능이다.

그렇다면 이런 재능을 가진 우리 딸아이는 커서 무엇을 할 수 있을까? 나는 딸아이와 이 문제에 대해 자주 이야기하곤 했다. 딸아이는 자신의 진정한 재능이 무엇인지 알고 있고 자신에게 펼쳐질 기회가 무한히 많다는 것도 알고 있다. 어쩌면 테라피스트가 될 수도 있을 것이다. 인적 자원 관리를 맡거나 글로벌 분쟁 조정자가 되거나 또 그 외 다른 많은 일을 할 수도 있다. 어떠한 길을 선택하든지 일찌감치 자신의 타고난 재능을 파악한 딸아이는 자신이 잘하는 일로 성공하고 리더가 될 수 있는 기회를 많이 얻게 될 것이다.

큰딸은 우등생으로 많은 과목에서 우수한 성적을 내고 있지만 무엇보다 타고난 재능은 인내, 집중, 주의 깊은 관찰력이다. 고작 세 살밖에 되지 않았을 때, 매일같이 유치원에서 자그마한 바늘을 가지고 그림의 윤곽선을 따라 구멍을 뚫는 '펀칭 놀이'를 한 뒤 집에 여러 개를 들고 왔다. 그 어린아이가 하루에 몇 시간씩 펀칭 놀이를 하며 보여준 집중력과 인내는 딸아이가 좋은 과학자, 사진가 또는 인내와 집중력을 요하는 다른 일에서 뛰어난 능력을 발휘하게 해줄 것이다. 큰딸의 재능은 동생과는 다르지만, 그 아이 또한 자신에게 맞는 미래에 선택할 수 있는 직업의 선택 폭이 넓다.

나는 우리 아이들이 나이가 어린데도 자신이 누구인지 잘 알고 있다는 사실이 놀랍다. 나는 30대 초반에야 내가 정말로 무엇을 잘하는지 깨달았으니까 말이다. 내게 딱 맞는 일과 재능을 찾기 전까지 나는 몇 번의 시도와 도전과 실패를 겪어야 했다. 타고난 재능에 대한 개념을 이해했을 때, 나는 우리 팀 구성원들이 자신들의 재능을 발견할 수 있도록 도왔고 그 재능이 다른 사람들에게 중요하게 쓰일 수 있는 잠재성에 대해 이야기했다.

만약 우리 모두가 각자가 가진 재능을 파악하고 공공선을 위해 사용한다면, 이 세계는 어떻게 달라질까. 나는 딸아이가 왜 유명해지고 싶었는지 결코 알아내지 못했지만, 그 일로 딸아이가 가진 재능과 딸아이가 정말로 잘하는 것이 무엇인지 알게 되어 기쁘다. 그리고 누가 알겠는가.

분쟁을 해결하는 딸아이의 재능이 정말로 나중에 우리 딸아이에게 노벨상을 가져다줄지.

· T H E   M O T H E R ·

제니퍼 덜스키 Jennifer Dulski

196개국에서 1억 명 이상의 사용자를 보유한 세계 최대의 사회 변화 플랫폼인 체인지닷오아르지Change.org의 사장 겸 COO이다. 2011년에 구글에서 인수한 딜맵Dealmap의 공동 창립자 겸 CEO이며 그전에는 야후에서 9년간 일했다. 구글에 회사를 매각한 최초의 여성 사업가로, 《링크드인 인플루언스》, 《포춘》 및 《허핑턴포스트》와 다른 언론 매체에 리더십, 경영 및 기업가 정신에 대한 글을 기고하고 있다.

모든 차별에 맞서

루스 메싱거 비영리 단체 이사

나는 성인이 된 딸아이를 보면서 페미니스트이자 리더가 된다는 것이 무엇을 뜻하는지 절실하게 깨달았다. 딸아이가 성숙한 어른이 되고 아내와 엄마 그리고 전문직종에 종사하면서 딸아이는 성차별뿐만 아니라 인종차별과 호모포비아에도 맞서야 했고, 나는 그런 딸로부터 많은 것을 배웠다. 사실 우리 딸 미리엄은 내가 가르쳐준 것보다 더 많은 것을 내게 가르쳐주었다.

한 세기가 넘는 시간 동안, 모든 세대의 여성들은 일과 가정 사이에서 엄마이면서 동시에 독립적인 한 개인으로 살아가야 하는 어려움과 씨름해왔다. 나는 어머니가 이러한 갈등이 빚어내는 어려움을 헤쳐나가는 모습을 보며 자랐고, 이제는 내 딸이 같은 어려움 속에 있는 것을 보면서 언제쯤 변화가 일어날지, 어떻게 해야 변화가 일어날지 자문해본다. 그리고 이미 해결되었다고 생각했던 문제들에 대해 다시금 새롭게 생각해본다.

언젠가 어머니는 내가 다 큰 어른이 되었을 때 이렇게 말씀하신 적이 있다. 자신이 어린 자식들을 두고 밖에 나가 일하는 게 정말 '괜찮은지' 확신이 들지 않았다고. 몇십 년 뒤 어머니는 내가 어머니와 똑같은 선택을 하는 것을 보셨다. 우리 아이들도 어린 시절 나처럼 엄마가 밖에 나가 일하는 모습을 보며 자랐다. 나는 선출직 공무원으로 공적 영역에서 인권 보호를 위해 일했는데, 우리 아이들은 잘 적응했고 종종 나를 돕기도 했다. 하지만 지금 와서 생각해보면 어쩌면 우리 아이들은 내가 밖에 나가서 일하는 대신 집에 더 오래 있어주기를 바랐는지도 모른다.

내가 정치에 입문하겠다고 결심하고 그 길로 나아갔을 때 그 일은 어렵지 않아 보였다. 그러나 내가 뉴욕시에서 정치 경력을 쌓는 동안 나는 많은 편견과 차별에 부딪혔다.

종종 성차별은 가장자리에서 나를 공격해올 뿐 아니라 내 일의 중앙을 파고들기도 했다. 내가 의견을 내면 내 말은 종종 '무례하다'거나 '고압적'이라거나 '히스테릭하다'고 일축되기 일쑤였다. 한번은 내가 초안을 낸 입법안에 대한 공청회를 요청하자, 한 남성 중심적이던 동료가 이렇게 반응했다.

"물론 당신도 공청회를 열 수 있죠. 나는 예쁜 소녀한테는 안 된다는 말을 결코 하지 못하니까."

나는 딸들이 이미 존재하고 있는 문제들에 대해 알도록, 그 문제에 직면했을 때 당황하지 않고 그 너머로 나아갈 수 있도록 준비가 되어 있기를 바라는 마음에서 이러한 경험들을 말해주었다. 딸아이는 티셔츠를 하나 가지고 있었는데, 내가 정말 좋아하는 옷이었다. 앞면에는 이렇게 적혀 있다.

"여성들이 남성의 반만큼 이뤄내려면, 절반의 시간에 두 배의 노동을 해야 한다."

옷 뒷면에는 이렇게 적혀 있었다.

"다행히 그건 여성들에게 그리 어렵지 않다."

이 메시지는 내가 딸아이와 공유하는 관점을 잘 요약하고 있다. 첫째, 열심히 일하면 보상이 뒤따른다. 둘째, 성차별은 계속되는 방해물이다. 셋째, 유머는 힘이 된다. 하지만 슬프게도 내가 미리엄과 그리고 우리 아들들과 함께 처음 이 문제에 대해 이야기했을 때, 나는 이 문제가 시간이 지나면 극적으로 나아질 거라고, 아이들이 자랐을 때는 달라져 있을 거라고 지나치게 속단했다. 불행히도 달라진 것은 거의 없고 이러한 문제들은 지속되고 있다. 그것은 우리가 변화를 만들어내기 위해 다 함께 더 많은 것을 해야 한다는 의미이기도 하다.

대학에 들어갈 나이가 되었을 때 미리엄은 내가 졸업한 하버드대학교에 다니고 싶어 했다. 나는 딸아이에게 하버드대학교가 여성 문제에서 그다지 평판이 좋지 않으며 여성 교수가 적다고 주의를 주었다. 그러나 미리엄은 동요하지 않았고 자신이 마주할 도전과 어려움에 맞설 준비가 되어 있었다. 사실 미리엄은 우리 사회 시스템에 내장된 이러저러한 불평등을 마주했을 때 어떻게 해야 하는지 내가 그런 불평등을 처음 접했을 때보다 훨씬 더 준비가 잘되어 있었다. 그리고 불평등을 제거하는 데는 입에 발린 유머 이상의 것이 필요하며 내 딸은 그것을 잘해냈다.

현재 미리엄은 레즈비언 엄마이자 열심히 일하는 전문직 여성이며 세계와 자신의 가정에서 일어나는 문제들에 대한 해결책을 모색하는 비영리 단체에 자문을 제공하고 있다. 자신의 일과 삶에서 더 나은 부모, 더 나은 전문가가 되기 위해 노력하고 있으며, 인종과 계급, 성적 지향에 대한 차별에 단호하게 맞서고 있다. 미리엄은 신중하게 자신이 누구인지, 이 세상에서 하고자 하는 일이 무엇인지 제대로 파악하고 있다. 위험을 무릅쓰고 남들에게도 기꺼이 그렇게 하라고 촉구하며, 사람들이 세상에 접근하는 방식을 재검토하고 그들의 삶과 공동체, 더 넓게는 사회를 변화시키기 위해 많은 일을 하고 있다.

나는 가정을 꾸려나가면서 직장에서 열심히 일했고, 관계의 어려움을 헤쳐나가며 사회의 더 많은 변화를 위해 노력했다. 그리고 그런 내 모습에서 미리엄과 아들들이 뭔가를 배웠기를 바라고 그랬으리라 믿는다. 나는 더 많은 일을 하고 더 나은 일을 하는 우리 딸아이를 통해 계속해서 배워갈 것이다. '내가 누구인지', '무엇을 중요시하는지', '개인의 존엄성을 지키면서 어떻게 나아갈지'에 대한 더 완전한 이야기를 하기 위하여.

· T H E   M O T H E R ·

루스 메싱거 Ruth W. Messinger

개발도상국에 살고 있는 사람들의 삶을 개선하기 위해 헌신하는 비영리 단체 '유대계 미국인의 월드서비스American Jewish World Service'의 회장이다.

모두에게

———————————————————————————

페미니즘

2장

―――――

엄마와 딸,
같은 방향 보기

달라이 라마의 슬램덩크

글로리아 에스테판 기업가

· THE DALAI LAMA'S SLAM DUNK ·

오후의 빛이 바뀌고 공기가 서늘해지는, 내가 '가을 느낌'이라 부르기 좋아하는 사랑스러운 10월의 어느 날이었다. 내 기쁨을 더해주려는 듯 달라이 라마가 모교인 마이애미대학교에서 행복을 주제로 강연을 할 예정이라는 이메일이 날아들었다.

놓칠 수 없는 기회였다. 특히 열여섯 살인 내 딸 에밀리가 꼭 그 강연을 들었으면 했다. 고등학교 시절은 모든 것 하나하나가 한 사람의 미래에 영향을 끼치는 중요한 시기로, 에밀리는 그런 고등학교의 마지막 학기를 보내고 있었다. 예전보다 성적이 더 중요해졌고 숙제를 하거나 SAT 또는 ACT를 공부하는 것 외에도 어느 대학에 지원할지, 여러 방과후 활동 중에 어디에 더 시간을 쏟을지 같은 굵직한 결정을 해야 하는 시기였다.

나는 에밀리가 엄청난 중압감을 느끼고 있다는 것을 잘 알고 있었다. 에밀리는 학교의 현대 음악 앙상블과 재즈 밴드 활동뿐만 아니라 학교 농구팀에서 포인트 가드로도 뛰고 있었기 때문이다. 합주 연습을 위해 일주일에 몇 시간씩 리허설을 했고 농구팀에서는 매일 세 시간씩 훈련을 했다. 나는 내 딸이 믿을 수 없을 만큼 성숙하고 수완이 있으며 체계적이고 규율을 갖췄다고 생각했지만, 말로 표현하지 않아서 그렇지 속에 뭔가가 있다는 것도 느낄 수 있었다.

에밀리는 책임감 가득한 평소 모습대로 달라이 라마의 강연에 참석했다가 수업을 빼먹게 되거나 시즌 첫 농구 연습에 늦을까 봐 걱정했다. 농구 코치는 시간 엄수에 매우 엄격했고 첫 시작부터 코치와 어긋나고 싶지 않았던 것이다.

나는 직접 교장 선생님께 강연에 참석하는 것이 얼마나 중요한 일인지 설명 드리겠다고 나섰다. 달라이 라마의 강연을 듣는 일은 매우 드문 기회였고, 4년 전 내가 달라이 라마와 만나는 영광을 누린 것처럼 에밀리도 그런 경험을 가지기를 바랐기 때문이다. 나는 달라이 라마에게 깊은 감명을 받았고 놀라움을 느꼈기에 딸아이도 나처럼 영원히 간직할 기억을 얻었으면 했다. 그리고 그날 강연은 딸아이의 삶을 송두리째 바꿀 커다란 첫 번째 결정을 하게 만들었다. 물론 그때는 그 사실을 미처 몰랐지만.

무대 뒤편에서 성스러운 달라이 라마와 만났을 때, 나는 에밀리가 달라이 라마의 말과 몸짓을 보면서 매혹과 존경을 품은 다른 모든 사람처럼 행동하고 있는 것을 보았다. 그 후 우리는 강연을 들으러 자리로 이

동했고 두 시간가량 달라이 라마가 하는 모든 말을 새겨들었다. 달라이 라마의 메시지는 분명하고 단순하되 깊이가 있었다. 그날 그곳에 함께 했던 모든 이들이 어떤 방식으로든 변한 것처럼 느껴졌다.

달라이 라마의 강연이 끝나고 강연장에 주차된 수많은 차량이 한꺼번에 빠져나가면서 시간이 지체되었다. 에밀리의 지각은 확실해 보였고 시간이 갈수록 에밀리는 점점 불안해했다. 내가 코치에게 이야기해주겠노라고 달래보았지만 계속해서 초조해하면서 걱정했다. 에밀리는 자신이 해결해야 한다고 생각하는 문제에 내가 간섭하는 것을 좋아하지 않았다. 우리는 10분 정도 늦게 학교에 도착했고, 나는 고작 10분이니 괜찮을 거라고 생각했다.

저녁 7시쯤 에밀리를 데리러 다시 학교로 가고 있는데, 에밀리가 매우 흥분한 목소리로 전화를 했다. 엄마와 얘기를 하고 싶다는 거였다. 그런 말을 아이 입에서 듣는다면 모든 엄마가 그러겠지만 나의 심장은 터질 듯이 뛰었다. 나는 차의 속력을 높였고, 진정하고 에밀리가 하려는 말을 들어보자고 마음을 먹기까지 셀 수 없이 많은 시나리오를 머릿속에 그려보았다.

내가 체육관 주차장에 차를 세우자마자 에밀리가 차 안으로 뛰어 들어왔고 나를 바라보고 심호흡을 하더니 갑자기 울기 시작했다. 에밀리는 자제력이 강한 아이였고, 그동안 울었던 때가 손에 꼽을 정도였다. 그런 아이가 울다니. 나는 말 그대로 뚜껑이 열렸다. 혹시 늦었다고 코치가 소리치거나 무례하게 굴었느냐고 물었고 딸아이는 그저 아니라고만 말했다. 그러더니 갑자기 말들을 쏟아내기 시작했다.

에밀리가 말하기를, 달라이 라마가 했던 말들이 정곡을 찔렀다는 것이다. 행복에 대한 달라이 라마의 말들이 농구를 하는 게 더 이상 행복하지 않다는 것을 깨닫게 해주었다고 했다. 지난 6년 동안 누구보다 농구를 사랑하고 헌신해왔던 딸아이는 84경기 중 3경기에서 72점을 득점해 중학교 첫 번째 경기에서 단독 우승을 차지했었다. 그런데 이제 농구 연습을 하러 갈 시간이 되면 스스로 화가 난다는 것이다. 이제 농구 연습은 시간 낭비처럼 느껴졌고, 그 시간에 차라리 음악 연습을 한다면 더 많은 시간을 행복하게 보낼 수 있을 것 같다고도 말했다. 딸아이는 학교 다니는 내내 성적을 4.0으로 유지해왔지만, 지금은 공부할 시간이 충분치 못해서 성적이 떨어질까 봐 걱정하고 있었다.

나는 에밀리에게 2년 전 고등학교에 입학했을 때 담임 선생님께서 하신 말씀을 상기시켜주었다. 당시 담임 선생님은 고등학교에 입학하고 2년간은 다양한 것에 도전해보고, 3학년 때는 이것저것 모두 손댈 게 아니라 열정을 쏟아부을 만한 일을 찾아 시간을 투자하라고 조언했다. 나는 에밀리에게 지금이 선택할 때라는 것을 깨달을 만큼 충분히 성숙하고, 또 용감하게 결정을 내려야 한다는 것을 알다니 자랑스럽다고 말해주었다. 에밀리는 눈물을 흘리면서 농구팀 코치와 팀원들을 실망시키고 싶지 않지만, 자신의 자리는 농구에 대한 열망을 가진 다른 이에게 돌아가야 한다고 말했다. 그렇지만 자신이 농구팀을 떠나겠다고 했을 때, 코치가 어떤 반응을 보일지 두렵다고도 했다.

나는 에밀리에게 고개를 들어 나를 보라고 했다. 그리고 할 수 있는 한 가장 평온한 목소리로, 네가 지금 엄마에게 말했듯이 코치에게 얘기를 하라고 차분히 말했다. 코치가 반응할 만한 세 가지를 미리 생각해보자고도 했다.

"첫째, 그분이 내가 바라는 선생님다운 분이라면 공부를 우선으로 하겠다는 너의 결정과 정직하게 말해준 것을 칭찬하실 거야. 둘째, 그분은 네가 팀을 위해 떠나서는 안 된다고 죄책감을 심어주실지도 몰라. 셋째, 그분은 너에게 소리를 지르고 중도 포기자라고 부르면서 교무실에서 쫓아낼 수도 있어."

나는 에밀리에게 웃으며 만약 세 번째 경우가 일어난다면 정말 충격을 받겠지만, 코치에게 맞서서 단호하게 자기 삶의 고삐를 쥐고 결정하는 일은 자신에 대한 믿음을 키우는 일이자 미래에도 제대로 된 선택을 할 거라는 자기 능력에 대한 믿음을 강화하는 일이라고 말해주었다. 에밀리는 바로 "너무 힘들 것 같아요. 하지만 내일 할게요!"라고 대답했다. 그리고 잠시 뒤 이렇게 덧붙였다.

"엄마, 어깨에 엄청난 무게의 뭔가를 짊어진 기분이에요."

다음 날 오후, 에밀리가 코치와 이야기를 하는 동안 나는 체육관 주차장에서 기다리고 있었다. 딸아이가 언제든지 빨리 여기서 나가자고 할 때를 대비해서 시동을 걸어둔 채로. 그러나 에밀리는 얼굴에 온통 웃음이 가득한 채로 평소의 행복한 모습으로 차에 올랐다.

"코치님은 정말 멋진 분이에요, 엄마."

딸아이가 말했다.

"실망했다고는 하셨지만, 이해해주셨어요. 그러더니 내게 악수를 청하시고는 만약 마음이 바뀐다면 언제든지 팀에 자리를 주겠다고도 하셨어요. 나 대신 달라이 라마에게 감사하다고 해주세요."

딸아이가 웃었다.

"난 너무 행복해요!"

나도 딸아이에게 말했다.

"엄마도 행복해!"

글로리아 에스테판 Gloria Estefan

그래미상을 일곱 번 수상한 가수로 전 세계적으로 1억 장 이상의
앨범 판매고를 올렸다. 배우이자 기업가로서, 라틴 음악 크로스 오
버의 인기를 이끌어왔다. 남편 에밀리오 에스테판은 자전적인 브
로드웨이 뮤지컬 〈온 유어 피트On Your Feet〉의 프로듀서이다.

그냥 엄마야

―――――――――― ✺ ――――――――――

브룩 실즈 배우·작가

"엄마, 제발 우리랑 같이 애견 공원에 가자고 하지 마."

큰딸 로언의 말이 내 가슴을 후벼 파는 듯했다. 정말 믿을 수가 없었다. 공원을 함께 산책하는 일은 우리 가족에게 언제나 가장 큰 즐거움 중 하나였기 때문이다. 하지만 로언에게는 그 나름의 이유가 있었다. 내가 가는 곳마다 따라다니는 파파라치가 싫었던 것이다.

아홉 살짜리가 공원에 가는 간단한 일조차 불안해한다는 사실에, 나는 유명해진다는 게 우리 가족에게 무엇을 뜻하는지 알게 되었고 대화를 나눠봐야겠다고 마음먹게 했다.

마치 어항 속에서 살고 있는 것처럼 일거수일투족을 감시당하고 언제나 사진기자가 따라붙는 현실적인 문제 외에도, 공인의 자녀로서 겪는 유명세에 우리 아이들이 상처받고 있었다. 나는 언제나 딸들에게 유명하다는 것은 남들보다 더 예쁘거나 똑똑하다는 것을 뜻하지 않는다고, 그저 네가 좀 다르다는 것을 의미할 뿐이라고 강조하곤 했다.

유명세의 집중포화를 받는 이유에는 남편과 내가 아이들을 뉴욕에서 키우기로 결정한 탓도 있었다. 뉴욕은 로스앤젤레스와 달랐다. 뉴욕은 거대한 다양성이 있는 도시였고 사람을 마지막 프로젝트만큼만 대접하는 듯한 느낌도 덜했다.

로언과 둘째 딸 그리어는 엄마가 나라는 이유만으로 태어난 순간부터 원치 않는 유명세와 관심의 대상이 되었다. 애견 공원 산책 문제가 나왔을 때 나는 공격적인 사진가와 열렬한 팬들이 주는 스트레스를 다루는 데 큰 실수를 저질렀다는 사실을 깨달았다. 특히 나는 로언이 어렸을 때부터 그러한 일들에 대처하는 중요한 방식을 일러줬다고 생각했기 때문에 기분이 더 좋지 않았다. 그 뒤 그리어가 태어났고 원치 않는 관심을 피하려는 데서 오는 두려움과 분노는 점점 더 커져갔다. 나는 내 작은 두 딸을 안전하게 보호하고 있지 못하다고 느꼈고 아이들을 원치 않는 관심에 노출시킨 것에 죄책감을 느꼈다.

예전에 나는 로언에게 사람들이 우리를 따라와도 고개를 치켜들고 우리의 일과나 일정을 바꾸지 말고 할 일을 계속하는 것이 중요하다고 말했다. 딸아이에게 나는 똑같은 문제를 겪는 다른 이들로부터 배웠던 것들을 말해주었다. 예를 들면 '희생자가 되지 마라', '그들이 너를 몰아세워 쓰러뜨린다면 그들이 이긴 것이다', '그들 때문에 너의 하루를 바꾸지 마라', '그들에게 감정적인 어떤 것도 빼앗기지 마라' 같은 거였다.

나는 몇 년간 이러한 규칙을 지키며 살아왔지만, 시간이 지나면서 점차 내가 희생자가 되어버렸다는 생각이 들기 시작했다. 운전을 하며 집을 빠져나올 때 달려드는 카메라를 피하기 위하여 가능하면 딸들의 카시트를 뒤로 숨겼다. 나는 아이들을 보호해야 한다는 절박함과 함께 아이들에게 평범한 어린 시절을 주지 못한다는 사실에 좌절감을 느꼈다. 하지만 항상 누군가가 우리를 따라다닌다는 나의 불안이 오히려 딸들에게 해를 끼치고 있었던 것이다. 작가이자 프로듀서인 남편 크리스 헨치는 애견 공원 사건으로 화가 나 있던 내가 이 문제를 똑바로 바라볼 수 있게 도와주었다.

나는 마침내 로언의 마음을 이해했고 그런 순간 엄마라면 모두가 할 만한 일, 즉 엄마가 실수했다고 인정했다. 나는 딸아이에게 설교하던 대로 행동하지 않았고, 필요 이상으로 아이들을 겁에 질리게 만들었다. 그리고 엄마랑 공원에 가지 않겠다고 말해서 많이 슬프다는 말도 해주었다.

로언은 나의 사과를 받아주었지만 자신이 공원에 가지 않겠다고 한 것은 신중하게 생각하고 말한 거라고 했다.

애견 공원 사건은 나의 유명세가 전형적인 사춘기 직전의 경험을 하고 있는 딸들에게 나쁜 영향을 끼치고 있다는 것과 어떻게 하면 잘 헤쳐 나갈 수 있는지 교훈을 주었다.

돌이켜보면 내가 실제로 열 살 미만의 소녀 네 명을 데리고 지구상에서 가장 인기 있는 가수들인 원 디렉션을 보기 위해 매디슨스퀘어가든에 간 것은 말도 안 되는 일이었다. 그것도 나 혼자서 애들을 데리고 말이다.

나는 애들을 내 감시 아래에 두려고 매디슨스퀘어가든에서 연예인 전용 입구를 사용했고, 남편은 이를 두고 조금 놀려댔다. 평소에 나는 연예인을 내세우면서 특별한 대접을 받는 것을 매우 싫어했기 때문이다. 많은 사람들이 나를 알아보기 때문에 나는 결코 줄을 설 때 새치기하려는 엄두조차 내지 못한다.

하지만 나를 그저 헨치네 아줌마로만 알고 있었던 딸아이의 친구들은 사람들이 내게 사인과 사진 찍기를 부탁하는 모습을 보고 이상한 사람들이라고 생각했다.

사람들이 내 곁으로 몰려든 것은 우리가 자리에 앉은 지 30초도 안 되었을 때였다. 나는 디즈니 채널에서 방영한 〈한나 몬타나〉*에 한나 몬타나의 엄마로 출연했었는데 원 디렉션의 어린 팬들이 그 프로그램 때문에 나를 마치 그들의 부모처럼 여기고 있었다. 하지만 그 사실을 공연장에 들어서기 전까지는 전혀 생각지도 못했다. 어느 순간 크리스 락**이 나를 발견하고는 "실즈!"라고 외쳤다. 나는 눈에 불을 켜고 손으로 목을 긋는 시늉을 했다. 그는 내가 무엇을 말하는지 알아챘다.

내 주변으로 몰려드는 사람들이 점점 더 많아지자 아이들과 함께 구석에 몰려 한 덩이가 되었고, 나는 아이들을 내려다보며 눈을 맞췄다. 나는 몇몇 사람들이 나를 TV에서 봤거나 내 책을 읽었기 때문에 흥분해 있는 거라고, 그들은 그저 인사하고 싶어 하는 거라고 설명해주었다. 나는 아이들의 얼굴에 약간 난처함이 어리는 것을 보았다.

---

* 미국 디즈니 채널에서 2006년 3월 24일부터 2011년 1월 16일까지 방영된 뮤지컬 시트콤이다. 평범한 십 대 학생인 마일리 스튜어트가 밤에는 유명한 가수인 한나 몬타나로 살아가는 내용이다.
** 스탠딩 코미디쇼로 유명한 미국의 배우이자 코미디언이다.

"너희 모두가 알았으면 하는 것이 있단다."

나는 마치 한 장면을 연기하듯 자신감을 끌어모아 말했다.

"너희들은 모두 안전해. 그리고 우리는 오늘 정말 재밌게 보낼 거야. 나는 너희들이 내가 정말로 괜찮다는 걸 알아줬으면 좋겠어. 나는 모든 사람들에게 친절하고 싶어. 왜냐하면 그들은 모두 나의 팬이니까. 하지만 너희들은 하나도 걱정할 게 없어."

다행히 몇 초 뒤 공연장의 불이 꺼졌다. 그 후 두 시간 동안 아무도 우리에게 신경 쓰지 않았고 원 디렉션을 향해 소리를 질러댔다. 우리 딸들은 다른 사람들과 똑같이 콘서트에서 즐거운 시간을 보냈다.

나는 아이들에게 자신을 보호할 수 있는 최소한의 물리적 공간을 확보하는 것이 중요하며, 유명세와 연예인에게 적절한 가치를 부여하는 방법에 대해 알려주려 노력한다. 유명하다는 것이 모든 사람들보다 더 낫다거나 어디서나 특권과 특별한 대우를 받아야 한다는 것을 의미하는 것은 아니다.

나는 유명세란 엔터테인먼트 산업에서 계속 일할 수 있게 도와주는 정도의 가치라고 이해해왔다. 한 인간으로서 당신이 누구인지, 당신의 가치관, 재능, 편안한 일상은 당신이 얼마나 유명한지와 아무런 관련이 없다.

이 메시지는 로언이 애견 공원 문제로 나와 대립하고 나서 한 달 뒤에 놀라운 방식으로 강화되었다. 로언의 학교는 다음해 기금 마련을 위해 휴일 바자회를 개최하는데, 바자회에는 가족들이 선물을 사러 학교에 오고 학부모들은 자원봉사자로 나서 선물 포장을 해주었다. 내가 다른 부모들과 함께 선물 포장 테이블에 앉아 있는데, 어린 남자아이가 자기 엄마에게 속삭이는 소리가 들렸다.

"저 아줌마, TV에 나왔어. 근데 저 아줌마가 진짜 로언의 엄마래. 선물 포장해달라고 저 아줌마 줄에 설래. 저 아줌마가 진짜 포장 잘한대."

나는 로언을 툭 치고는 딸아이를 바라보며 말했다.

"너 봤지! 봤지?"

그 어린 소년이 나보다 더 잘 말해주었다.

· T H E   M O T H E R ·

브룩 실즈 Brooke Shields

배우이다. 회고록 《어린 소녀가 살았답니다There Was a Little Girl》, 《내리는 비 : 산후 우울증으로의 여행Down Came the Rain My Journey Through Postpartum Depression》을 집필했다.

새로 사귄 단짝친구

다나 월든 방송국 임원

· T H E   N E W   B E S T   F R I E N D ·

두 딸의 어머니로서 나는 딸들에게 언제나 강한 우정, 특히 다른 여성과 단단한 우정을 키워나가는 일이 중요하다고 강조해왔다. 우리 딸 앨리자는 3학년 때 같은 반 여자 친구와 나눈 우정을 통해 많은 기쁨과 마음의 상처를 모두 경험했다. 하지만 그 일은 소중한 교훈이 되었다.

앨리자는 단짝 샬럿과 태어날 때부터 자매처럼 가깝게 지냈다. 남편과 나는 샬럿의 부모를 산부인과에서 만났다. 샬럿의 엄마는 나랑 가장 친한 친구가 되었고, 우리는 출산의 경험을 공유하면서 엄마가 된다는 사실의 놀라움과 불안을 함께 나눴다. 앨리자와 샬럿은 같은 학교에 다니며 많은 것을 나누고 즐겼다. 우리 두 가족은 자주 어울렸고 두 아이도 어딜 가나 꼭 붙어 다녔다.

그런데 앨리자가 여덟 살 때, 나는 딸아이에게 뭔가 문제가 있다는 것을 알아챘다. 3학년 현장학습이 몇 주 안 남은 시점이었는데, 정확히 뭔지는 모르겠지만 평소라면 아무 걱정이 없어야 할 아이의 얼굴에 뭔가 고민이 서려 있었다. 하지만 딸아이는 아무 말도 하지 않았다. 남편과 나는 그저 어린애들끼리 생긴 별거 아닌 일이겠거니 하고 넘겼다.

현장학습을 가는 날이 밝았다. 나는 그날 아이들을 인솔하는 일을 맡아서 아침에는 3학년 학생들과 함께 츄마시인디언박물관에 가야 했고, 오후에는 TV 프로듀서와 회의가 있었다. 그래서 오전, 오후에 모두 어울릴 만한 옷을 생각하느라 정신없이 바빴다. 때때로 그런 사소한 결정이 녹화장에서 하는 일보다 더 많은 에너지를 소모시킨다.

그날은 한창 더운 늦봄이었고 학기말이 가까웠을 무렵이었다. 캘리포니아주 사우전드오크스에 위치한 츄마시인디언박물관은 딸아이의 초등학교가 있는 산타모니카에서 버스로 45분 거리에 있었다.

앨리자가 버스에 오른 순간부터 나는 뭔가가 잘못되었다는 것을 알았다. 태어날 때부터 단짝이었던 딸아이의 친구는 다른 여자애 무리와 함께였다. 그 아이는 다른 여자아이들과 친해 보였을 뿐 아니라 사실상 우리 딸 앨리자를 따돌리고 있는 듯했다. 때때로 그 아이는 새로 사귄 친구들에게 과장된 애정과 칭찬을 하면서 이따금씩 앨리자에게 공격적인 눈빛을 내쏘았다.

앨리자는 혼란스럽고 슬퍼 보였다. 단짝에게 따돌림을 받을 만큼 앨리자가 무엇을 잘못한 걸까? 단짝이 아니라면 누가 딸아이 옆에 앉을까? 다른 날이라면 앨리자와 샬럿은 꼭 붙어 앉았을 것이다. 앨리자는 좌석을 찾으려고 버스 안을 둘러보았다. 겁에 질린 듯한 딸아이의 눈에서는 눈물이 솟아올랐다.

나는 눈앞에 펼쳐진 광경에 당혹스러웠다. 왜 이런 일이 일어났는지 딸만큼이나 나도 혼란스러웠다. 고통스러운 상황을 마주한 나의 마음 속에서 어떻게든 해결해야 한다는 절박한 마음이 끓어올랐다. 앨리자의 마음을 달래줄 수 있는 일이라면 무엇이든 할 것 같았다.

우리가 박물관에 도착했을 때 앨리자는 고개를 푹 숙이고 제일 뒤쪽에서 걸어 나왔다. 인원수를 확인하고 박물관 견학을 시작했을 때에도 계속 그런 상태였다. 나는 앨리자를 살짝 안아주고 괜찮은지 물었다. 딸아이는 괜찮다고는 했지만 내 손을 놓지 않았다.

"샬럿이 나랑 안 앉으려고 해서 슬퍼."

딸아이가 속마음을 털어놨다.

"말도 안 돼. 너랑 샬럿은 자매나 마찬가지잖아. 샬럿이 이렇게 널 밀쳐버릴 리가 없어."

내가 대답했다.

나는 앨리자에게 아무 잘못이 없다는 것을 굳건히 믿었다. 돌이켜보니 왜 내가 본능적으로 그렇게 생각하고 말했는지 모르겠다.

우리는 박물관에 들어가기 위해 좁은 길을 따라 걸었다. 날씨도 더웠고 아이들이 박물관 부지를 걷는 내내 흙먼지가 휘날렸다. 샬럿이 주기적으로 앨리자를 째려보는 것을 보면서 나는 모성 본능이 꿈틀거리는 것을 느꼈다. 누구라도, 심지어 우리 가족 같았던 샬럿이라도 내 딸을 괴롭히는 것은 참을 수 없었다. 하지만 내가 어떻게 해야 할까? 애들 싸움에 개입해야 하나? 앨리자더러 친구랑 맞서라고 해야 하나? 딸아이만큼이나 나도 이러한 상황에 준비가 되어 있지 않다는 것을 뼈저리게 느꼈다.

나는 점차 화가 나기 시작했다. 샬럿의 엄마에게 전화를 걸어 내가 이 상황에 대해 샬럿에게 직접 말을 해도 되는지 물어보기로 했다. 통화가 연결되었을 때, 내 심장은 쿵 하고 가라앉았다. 샬럿의 엄마는 딸들 사이에 벌어진 문제에 대해 알고 있었고, 더 최악은 알아서 해결하라며 방관하고 있었기 때문이다. 하지만 나는 언론사에서 일하는 사람으로서 그저 방관만 하고 있을 수 없었다. 뭔가를 해야만 했다. 샬럿의 엄마는 샬럿과 잘 이야기하길 바란다고 말해주었다.

나는 샬럿을 옆으로 데리고 나와 앨리자가 화나게 만들었거나 감정을 상하게 한 일이 있었는지 물었다. 나는 최대한 부드럽게 샬럿의 행동이 앨리자에게 상처를 주고 있다는 것을 알리려 했다. 샬럿은 앨리자가 아무런 잘못도 하지 않았다고 했다. 단지 다른 여자애랑 '새로운 단짝'이 되었으면 한 것뿐이라고 했다. 그리고 자기가 새 단짝의 마음을 얻었다는 확신이 설 때까지 앨리자 주변에 있고 싶지 않다는 것이다. 나는 이 여덟 살짜리의 논리를 들으면서, 내가 아무리 뭔가를 한다고 해도 딸아이의 상처를 해결해줄 수 없다는 것을 깨달았다. 샬럿더러 다시 내 딸에게 다정하게 대하라고 강요할 방법이 없었다. 비록 내가 그럴 수 있다고 해도 딸아이는 어른이 시켜서가 아니라 자발적으로 자신을 좋아해주는 단짝을 가져야 한다.

인정하는 것이 너무나도 고통스러웠지만, 두 소녀 사이에 끼어들 틈이 없는 것은 분명해 보였다. 샬럿은 새 친구를 사귀는 데 앨리자가 방해가 된다고 여겼고, 딸아이가 자신의 우정을 지킬 방법은 없는 것 같았다. 나는 딸아이의 문제를 해결해줄 수 없을 뿐만 아니라 앨리자와 샬럿을 화해시키는 것 역시 내가 할 수 있는 일이 아니라는 것을 고통스럽게 깨달았다. 나는 기분을 이해한다는 의미에서 앨리자를 꼭 껴안아주었다. 그리고 그날 오후의 일정을 연기했다. 내가 딸아이에게 줄 수 있는 것은 사랑과 이해뿐이었으니까. 그저 바라볼 수밖에 없다는 것은 마음 아팠지만 그 힘든 하루 동안 엄마인 내가 딸아이 곁에 있을 수 있다는 것에 감사했다.

샬럿과의 일은 앨리자에게 깊은 영향을 미쳤다. 이 일은 딸아이가 최초로 관계의 취약성과 맞닥뜨린 사건이었고, 곧 중학생이 되면 마주하게 될 복잡다단한 인간관계를 여러모로 준비할 수 있게 해주었다. 앨리자와 나는 그 이후로도 오랜 시간 동안 이 사건에 대해 이야기를 나누었다.

이 갑작스러운 거절의 경험은 앨리자에게 많은 것을 가르쳐주었다. 딸아이는 한 사람의 변덕 때문에 상처받지 않도록 많은 친구를 사귀면서 다양한 경험을 쌓는 것이 필요하다는 것을 배웠다. 고통스러웠던 경험을 통해 이제 딸아이는 직관적으로 남에게 예민해야 할 필요성도 배웠다. 자신의 감정을 살필 줄 아는 친구를 고르는 것이 중요하다는 것 또한 배웠다. 나약하고 상처받기 쉬운 우리에게 믿을 만하고 올바른 사람을 선택하는 일은 인생에서 터득해야 하는 것 중 가장 어려운 일이다.

나에게도 이 일은 매우 귀중한 교훈을 주었다. 그날 순간적으로 나는 강렬한 모성 본능을 느끼기는 했지만, 때로는 아이들 스스로 뭔가를 이해하고 해결할 필요가 있다. 부모는 아이들의 일을 모두 해결하려 들지 말아야 하고 그래서도 안 된다. 잘못하면 최악의 경우 헬리콥터처럼 곁에서 계속해서 과보호하는 부모가 될 수 있다.

흥미롭게도 앨리자와 샬럿은 3학년 때의 그 드라마틱한 과거에서 벗어나 지금도 친구로 남아 있다. 나는 두 소녀에게서 이보다 더 나은 결말을 생각해낼 수 없다. 때때로 내가 딸아이에게 중요한 교훈을 가르쳐주고 있는 건지, 아니면 거꾸로 딸아이가 내게 가르쳐주는지 생각해본다.

· T H E   M O T H E R ·

다나 월든 Dana Walden

폭스 텔레비전 그룹의 회장이자 CEO이며, 엔터테인먼트 업계에서 가장 높은 지위에 있는 여성 임원 중 한 명이다. 〈24〉, 〈홈랜드〉, 〈글리〉, 〈모던 패밀리〉, 〈본즈〉, 〈내가 그녀를 만났을 때〉, 〈아메리칸 호러 스토리〉, 〈더 프랙티스〉, 〈앨리 맥빌〉을 포함하여 지난 20년간 가장 독특한 TV 시리즈를 개발하는 데 중요한 역할을 담당했다. '빅브라더 빅시스터 오브 그레이트 로스앤젤레스'와 법률자문재단에서 수상의 영예를 안았다. 사반무료진료소, UCLA, 존슨포괄적 암센터재단, 로스앤젤레스동물원, 노숙자 취업 조직인 '크리설리스'의 이사회 임원이다.

같은 방향을 보며 들어주기

조애나 컨스 배우·감독

· L I S T E N I N G   I N   T H E   R O W B O A T ·

아버지는 두 딸을 포함해 네 명의 아이들이 씩씩하고 다부진 것을 언제나 자랑스러워하셨다. 언니와 나에게 남자가 할 수 있는 일이라면 뭐든지 할 수 있다는 자신감을 불어넣어주신 이도 아버지였다. 이러한 영향 때문에 나는 세상이 어떤 곳인지 알기도 전에 페미니스트가 되었다. 언니 도나 드 바로나와 내가 선택한 직업은 우리가 아버지에게 무엇을 배웠는지를 잘 말해준다. 언니는 1964년 올림픽에 출전하여 수영으로 금메달을 목에 걸었고, 여성으로서는 거의 최초로 전국 TV에 출연하여 스포츠 중계를 했다.

나는 처음에는 배우로, 나중에는 감독으로 주로 남성들이 독점하던 영역인 황금시간대의 TV에 출연했다. 운이 좋게도 나는 ABC 방송국의 인기 시트콤 〈그로윙 페인스Growing Pains〉에 출연하게 되었고, 그 일로 다른 방송의 기회도 얻었다. 하지만 엄마인 나의 TV 출연은 우리 딸아이에게는 달갑지 않은 일이었다. 할리우드에서 일어나는 온갖 어려움과 힘겨운 일들은 딸아이와 나를 시험에 들게 했고, 시간이 지나면서 우리는 연대감이 깊어졌다.

1980년대 후반과 1990년대 초반에 나는 미국에서 가장 사랑받는 엄마를 연기하며 보냈다. 나는 수백만 명의 꼬마 시청자들이 보는 TV 속에서 언제나 아이들에게 유머와 적절한 지혜를 섞어 조언과 격려를 하는 엄마였다. 하지만 현실은 그렇게 완벽하게 돌아가지 않았다. 당시 나는 막 별거를 시작한 싱글맘이었고 이혼 절차를 밟고 있었다. 일곱 살이던 애슐리는 갑작스럽게 유명인사가 된 엄마에게 적응해야 했다. 학교에서 아이들은 애슐리를 질투하며 못되게 굴기도 했다. 특히 이혼은 딸아이에게 더 큰 고립감을 주었다. 집에서 아빠의 존재만이 아니라 엄마인 나도 함께 잃었기 때문이다.

애슐리가 이 모든 압박을 견디기 위해 사용한 방법은 고양이인 척하는 것이었다. 때때로 딸아이는 나에게 하악거리거나 가르랑거리는 것이 더 쉬운 것 같았다. 때로는 말로 충분하지 않을 때가 있는 법이다. 나는 애슐리가 느끼는 감정이 무엇인지 언제나 알지는 못했지만, 아이가 고양이 흉내를 내고 있다는 것은 알 수 있었다. 애슐리를 괴롭히던 여자아이도 고양이 흉내를 알아보았다. 어느 날 그 아이가 우유 급식 줄에서 애슐리 앞으로 끼어들며 새치기하자, 애슐리가 하악거리며 손톱을 세웠다. 그 뒤 나는 딸아이와 함께 교장실에 불려갔고, 애슐리는 정학 처분을 받았다.

집으로 돌아가는 차 안에서 우리 두 사람은 서로를 쳐다보지 않은 채 앞 유리창만 보며 대화를 나눴다. 애슐리는 눈물을 흘리면서 아빠가 가버려서 얼마나 슬픈지, 모든 게 변하는 것을 보면서 자신이 얼마나 외로운지, 엄마가 TV에서 다른 가족들과 지내는 것을 보면 얼마나 화가 나는지 말했다. 더 최악은 학교의 모든 아이들이 엄마를 언제나 최고로 상냥하고 재미있는 사람으로 생각한다는 거였다.

"엄마는 하나도 재미없는데!"

애슐리는 반항적으로 소리쳤다. 나는 몇 초간 침묵하다가 꽤 진지하게 물었다.

"정말로 하나도?"

우리는 둘 다 웃음을 터뜨렸다. 아직 일곱 살밖에 안 되었지만 애슐리는 나의 마음을 움직이는 법을 알고 있었다.

그 당시 나는 내가 연기하는 TV 캐릭터와 같은 점이 하나도 없었다. 아이에게 해줄 재미있는 조언 같은 것도 없었다. 하지만 나는 애슐리를 통해 때로 최고의 조언은 아무 조언도 하지 않는 거라는 것을 배웠다. 그저 함께 앉아 같은 방향을 바라보며 들을 준비가 되어 있고 들으려 하는 것이 가장 좋은 조언일 수도 있다.

그래도 나는 애슐리에게 고양이는 하악거리기는 해도 할퀴지는 않는다고 말해주었다.

나처럼 애슐리도 자긍심 넘치는 페미니스트로 자랐다. 애슐리는 뉴욕대학교에 입학했고 차석으로 졸업했으며, 로욜라 로스쿨에 진학했다. 이후 사법고시 1차에 합격하고 변호사 사무소를 열었으며, 열정적인 스윙댄서가 되었고, 스쿠버 다이빙에 빠져들었다. 2008년 심각한 질병에 걸리기 전까지.

애슐리가 아프기 시작하면서 우리는 전국을 돌아다니고 인터넷을 찾으며 애슐리의 정확한 병명을 알아내기 위해 노력했다. 애슐리는 극심한 피로감과 관절통, 독감 같은 증상에 시달렸고 힘들게 얻은 전문직마저 포기해야 했다. 당신이 환자가 된다면 미국의 건강 보험 시스템이 얼마나 잔인한지 깨달을 것이다. 미국의 건강 보험 시스템은 깡패 그 자체로 환자들을 배척하고 무시하며, 줄의 맨 끝으로 몰아냈다. 나는 내 딸의 보호자였고, 때로는 나도 하악거리고 할퀴고 밀쳐버리고 싶었다. 하지만 그런 게 통하지 않을 거라는 것을 알고 있었다.

나는 애슐리에게 "너의 병은 네가 아니야"라고 말해주었다. 딸아이는 강하고 아름다우며 놀라운 지성을 갖춘 여성이었고, 우리는 병의 미스터리를 풀 해답을 찾을 때까지 멈추지 않을 것이다. 불교식 명상 그림을 그리다가 나는 딸아이에게 "장막이 되어주겠다"고 말했다.

의사나 건강 보험 직원이 하는 말들, 또는 좋은 의도였지만 무지에서 나온 친구들의 말처럼 의도치 않은 상처를 입히는 말들을 테니스공이 네트를 치고 떨어지듯이 만들어주겠다고 말했다. 테니스공이 딱딱한 벽에 부딪혀 다시 튀어 오르는 것이 아니라 바닥으로 굴러 떨어져 멈추게 만들자고. 하악거리거나 할퀴지 말고 장막이 되자고.

우리 아이들은 아무리 나이를 먹어도 영원히 나의 아이들일 것이다. 하지만 아이들이 커갈수록 부모로서 우리의 역할도 점점 더 어려워지는 것 같다. 나는 여전히 고칠 수 없는 거라고 해도 고치기를 원한다. 본능적으로 "모든 것이 다 괜찮아", "다 잘될 거야"라고 말하며 여전히 딸아이를 안심시켜주고 싶다.

하지만 내가 실제로 하고 있는 일의 대부분은 같은 방향을 바라보며 함께 앉아 들어주는 일이다. 그 일은 엄마로서 가장 힘든 일 중 하나이지만 또한 내가 해줄 수 있는 최선의 조언이기도 하기 때문이다.

· T H E   M O T H E R ·

조애나 컨스 Joanna Kerns

성공한 배우이자 감독이다. 1985년부터 1992년까지 ABC 방송국의 가족 코미디 〈그로윙 페인스〉에 출연했으며, 영화 〈사고 친 후에〉와 〈처음 만나는 자유〉 등에 출연했다. 이후 감독으로 〈앨리 맥빌〉, 〈ER〉, 〈프리티 리틀 라이어스〉, 〈스크럽스〉, 〈그레이 아나토미〉, 〈더 포스터스〉 등을 연출했다.

사랑은 동사다

— ❁ —

로마 다우니 배우·프로듀서

· L O V E   I S   A   V E R B ·

마음에 근심이 있으면 절망에 빠지지만, 격려의 말은 그를 다시 일
으켜준다.

_ 잠언 12:25

나는 부모님을 통해 아름다운 아이를 키운다는 게 무엇을 희생하는
일인지 배웠다. 나는 부모님이 보여주신 모범을 통해 배웠고, 두 분을
모두 잃는 고통스러운 경험을 통해 친절, 믿음, 사랑의 의미를 배웠다.

나의 어머니 모린 오라일리는 내가 아주 어린 소녀였을 때, 아일랜드
가 '어려움'을 겪고 있을 때 돌아가셨다. 어머니는 나의 빛이자 기쁨이
고 온 세계였다. 어머니가 돌아가셨을 때 나는 마치 누군가가 빛을 탁

꺼버린 것 같은 느낌을 받았다.

나의 아버지 패트릭 다우니는 넘치는 사랑으로 아버지이자 어머니의 역할을 동시에 해주셨다. 아버지는 전형적인 아일랜드 사람으로, 말씀이 별로 없으셨고 언제나 조용하셨지만 사려 깊으셨다. 아버지는 고결과 사랑, 다정함의 대명사셨다. 정말로 아버지는 내가 아는 사람들 가운데 가장 다정한 분이셨다. 아버지는 가족과 신을 사랑하셨고, 우리가 나눴던 신앙은 어머니 없는 삶에서 상실감에 대처하는 법을 일러주며 위안을 주었다.

어린 시절 내내 아버지는 나와 함께 기도하는 데 시간을 할애하셨다. 나는 데리에 있던 우리 집 자그마한 부엌에서 아버지와 함께 무릎을 꿇고 기도하던 것과 그때 창밖에 내리던 빗소리를 기억한다.

고등학교를 마친 나는 아버지의 격려 덕분에 영국으로 대학을 갈 수 있었다. 당시는 북아일랜드에 정치적 소요와 폭력이 일어나던 시기였고 아버지는 내가 밖으로 나가면 더 많은 기회를 얻을 수 있을 거라 생각하셨다.

런던 드라마 스튜디오에 다니던 나는 향수병에 걸렸고 아버지가 죽도록 그리웠다. 나는 아일랜드로 가서 아버지를 만나기로 마음을 먹고, 여행 계획을 세우고 떠나기 전날 밤에 아버지와 통화를 했다. 나는 아버지를 만난다는 생각에 매우 들떠 있었다.

"여기는 비가 오는구나. 그래서 네가 제일 좋아하는 노란색 플란넬 시트를 실내 빨랫줄에 걸어놨단다."

아버지가 말했다. 정말 아버지다운 다정하고 사려 깊은 말이었다.

나는 사랑받고 있다는 생각과 내일이면 비행기를 타고 집으로 갈 생각에 들떠 침대에 누웠다. 하지만 예기치 않은 일이 있어났다. 그날 한밤중에 아버지가 심장마비로 돌아가신 것이다.

충격과 비통에 빠져서 나는 다음 날 데리의 우리 집으로 갔다. 언덕 위에 있는 조그만 우리 집에 도착했을 때, 집 안에는 무거운 침묵만이 맴돌고 있었다. 나는 부엌으로 들어갔고 빨랫줄에 걸린 노란색 플란넬 시트를 보면서 사랑스러운 아버지가 마지막까지 얼마나 다정하셨는지 느꼈다. 나는 시트에 얼굴을 파묻고 시트에서 풍겨 나오는 달콤한 향기를 들이마시며 펑펑 울었다. 아버지의 사랑이 가슴에 사무쳤다. 아버지의 사랑이 느껴졌다. 여러 해가 지났지만 나는 여전히 그것을 느낄 수 있다.

나는 내 딸 라일리에게 이 이야기를 들려주었다. 라일리는 외할아버지를 한 번도 본 적이 없지만 나는 딸아이에게 사랑에 대해 알려주고 싶었다. 딸아이에게 사랑은 동사이고, 신은 작은 것에 깃든다는 것을 알려주기 위해 이 이야기를 하고는 했다.

라일리는 내게 정말로 소중한 선물이다. 임신했을 때 나는 아기가 딸인지 알지 못했다. 아기가 태어나고 난 뒤 의사가 "딸이네요"라고 말했을 때, 나의 마음은 사랑으로 넘쳐 흘렀다. 나는 내가 누군가를 이토록 사랑할 수 있을 거라고 생각하지 못했다.

이윽고 나는 어머니가 돌아가시면서 나의 모든 부분이 상처 입었고, 내가 엄마와 딸의 관계를 간절하게 바라고 있었다는 것을 깨달았다. 나는 여전히 나의 일부였던 어머니를 잃은 상실감을 느꼈지만, 사랑스러운 딸아이를 만난 기쁨이 그런 상처를 서서히 치유해주었다. 라일리의 탄생으로 내 안에 있던 '구멍'이 완벽하게 메워졌다. 딸아이는 나의 상처와 갈망을 치유해주었을 뿐 아니라 나를 완전하게 만들어주었다.

딸아이는 내 삶의 축복이었다. 라일리가 십 대 소녀로 꽃처럼 피어날 때, 나는 딸아이에게 내가 기억하는 우리 부모님에 대한 모든 이야기를 들려주었다. 라일리는 가족과 믿음의 가치를 잘 알고 있고, 사랑이 담긴 우리의 행동이 세상을 바꿀 수도 있다는 것을 안다.

가족이야말로 사랑의 화신이다. 몇 년 전 어린 싱글맘이었던 나는 아들이 둘 있던 지금의 남편을 만났다. 우리는 결혼해 집을 합쳤고, 곧 커다란 하나의 가족이 되었다. 그 일은 우리 모두에게 축복과 같은 일이었다.

나와 함께 드라마 〈터치드 바이 언 앤젤Touched by an Angel〉에 출연 했던 멋진 델라 리스는 지난 20년간 나에게는 엄마가, 내 딸 라일리에게 는 할머니가 되어주었다. 비록 한 명의 엄마를 잃었지만 다른 엄마를 얻 었으니 나는 운이 좋은 사람이다. 델라는 우리 모두에게 축복과 같은 존 재였다.

우리는 살면서 사랑하는 이를 떠나보내지만, 사랑과 믿음 안에서 치 유받으며 새로운 멋진 관계들을 또다시 맺는다. 때로는 그러한 배움은 고통스럽다. 상실감은 생생하고 부모님은 안 계시며 마음은 찢어질 듯 아프다.

하지만 사랑은 결코 죽지 않는다. 이것은 변하지 않는 진실이다. 정말 로 사랑은 우리 곁에 살아 있다. 그저 우리의 추억 속에만 머무는 것이 아니라 우리가 하는 행동과 우리가 내리는 선택 속에 살아 숨 쉰다. 우 리는 사는 방식을 통해 차이를 만들어낼 수 있는 것이다.

이것이야말로 내가 라일리에게 알려주고 싶은 삶의 교훈이다. 딸아 이는 내가 돌아가신 부모님과의 추억을 되새기며 살아가는 모습 속에 서 이미 그것을 깨달았을 것이다. 수많은 시간을 부모님이 살아 계셨다면 하고 바랐다. 하지만 나는 부모님이 언제나 나와 함께 계시다는 것을 안다.

나는 라일리가 부모님을 만날 수 있었더라면 하고 바라지만, 부모님이 내 딸 곁에도 계심을 느낄 수 있다. 라일리는 우리 부모님의 손녀이고, 어떠한 인생을 살고 어떠한 선택을 내리든 딸아이는 외할머니, 외할아버지를 기릴 것이다. 그리고 부모님도 우리 딸아이를 통해 계속 살아 계신다.

마야 안젤루 박사는 인간의 본성에 대한 관찰을 절묘하게 표현한 바 있다.

"사람들은 당신이 한 말을 잊을 것이다. 당신이 한 행동도 잊을 것이다. 하지만 당신을 통해 느낀 그 감정은 절대 잊지 않을 것이다."

나는 빨랫줄에 걸린 노란색 플란넬 시트를 봤을 때 받았던 느낌을, 아버지가 보여주신 다정함의 향기를 맡았던 때를 결코 잊지 못할 것이다.

사랑은 동사이다. 그리고 한 걸음 더 나아가 "당신을 걱정하고 있어"라는 말을 수백만 가지의 다른 방식으로 보여준다. 우리가 한 걸음 다가가 누군가를 향해 무언가를 할 때, 타인에게 다정할 때, 우리는 과거를 기리고 있는 것이다. 우리를 만든 이를 기리고, 함께 이 세상을 더 따뜻한 곳으로 만들고 있는 것이다. 우리 모두를 위해.

나는 딸아이에게 가능한 한 언제나 다정하게 굴라고 말하곤 한다. 그리고 그건 정말 언제든지 가능하다.

로마 다우니 Roma Downey

북아일랜드의 배우 및 가수로 에미상 후보에 올랐다 영화 〈더 바이블〉, 〈더 도브키퍼스〉를 제작한 라이트워커미디어를 이끌고 있다.

어떻게 그 모든 걸 혼자 다했어요

매들린 올브라이트 전 미국 국무부 장관

· R O L E R E V E R S A L S ·

미합중국을 대표할 기회가 내게 주어진 것을 나는 영원히 감사할 것이다. 이 직무를 수행하는 동안 나는 대사이자 국무부 장관으로, 또 궁극적으로는 유리천장을 부순 여성으로 회자되었다. 하지만 외교 경력의 정점에서는 국무부 장관이었는지 몰라도, 나는 여전히 세 딸에게 나의 소비 습관에 대해 변명해야 하는 엄마이기도 하다. 딸들은 동전 한 푼도 허투루 지나치지 않는다

"엄마, 정말로 새 구두가 필요했어요?"

내 딸 앤은 나의 카드 청구서를 보고 묻곤 했다. 내가 1993년 주 유엔 미국 대사가 되고 1997년 국무부 장관이 된 이후로 딸들이 내 재정 관리를 맡아주고 있다. 일의 특성상 해외 출장이 잦아서 재정 관리를 할 시

간이 부족해서였고, 이 때문에 우리 모두에게 역할 전환이 일어났다. 내가 유엔 미국 대사로 재직하는 동안 가장 긴장되던 순간은 1996년에 크로아티아를 방문했을 때였다. 보스니아와 헤르체고비나에서 전쟁을 종식시킨 역사적인 '데이톤 평화 협정Dayton Peace Agreement'에 서명한 후 4개월도 지나지 않은 시점이었다. 나는 협약에 따라 발칸 반도의 삶이 어떠한지 직접 보기 위해 유엔 파견단을 이끌고 그곳으로 향했다.

나는 한 기착지에서 세르비아 측이 점령한 도시인 부코바르를 걷기 위해 차에서 내렸다. 유엔 파견단과 함께 한 노천시장에 들어섰을 때, 사람들이 모욕적인 말을 외쳤다. "넌 창녀야"라는 영어로 듣기에도 거북하지만 세르보크로아티아어로도 거북한 욕들이 들려왔다. 우리가 차로 돌아가려 하자, 돌이 날아들었고 우리 차량 행렬이 그 지역을 빠져나가면서 차 몇 대가 손상을 입었다. CNN이 "올브라이트 세르비아에서 돌팔매를 맞다"라는 머리기사로 낮의 일을 보도했고, 나는 보도 사실을 그날 늦게야 알았다. 패닉 상태에 빠진 딸들이 곧장 전화를 걸어와 괜찮은지 물었다. 며칠 후 집에 돌아갔을 때 나는 딸들로부터 잔뜩 잔소리를 들어야 했다.

"엄마, 그러면 안 되지. 그렇게 위험한 지역에 가면서 어떻게 우리한테 아무런 말도 안 하고. 정말 무책임했어."

딸들의 이 말은 꼭 내가 딸들이 십 대일 때 통금 시간을 어기면 하던 말과 똑같았다. 딸들은 내가 자신들을 걱정시킨 것에 매우 화를 냈다. 이 경험은 가족으로서의 유대감, 즉 내가 항상 딸들에게 말로만이 아니라 행동으로 보여주고자 했던 유대감을 더욱 강화시켰다.

일하는 여성들이 직면하는 가장 어려운 일이 일과 가족의 균형을 잡는 것이다. 하지만 결정적인 순간이 오면 언제나 가족이 최우선 순위가 된다. 이제 모두 성인이 된 우리 딸들이 보여준 나를 향한 염려와 걱정은 내게 가족의 의미를 보다 크고 명확하게 알려주었다.

내가 집 밖에 나가 일하기 시작한 것은 쌍둥이들, 그러니까 앨리스와 앤이 십 대였고 케이티는 이제 막 열 살쯤 되었을 무렵이었다. 내가 컬럼비아대학교에서 일반법과 정부 관련 연구로 박사 학위를 받았을 때, 내 나이는 거의 마흔에 가까웠다. 그 당시 나는 아이들을 홀로 키우는 싱글맘이었다.

나는 운 좋게도 시기를 잘 탔다. 법령 9조의 시대*에 맞춰 여성들이 성큼 발을 내디뎠을 때, 나의 임명장이 발부되었기 때문이다. 내가 에드먼드 머스키 상원의원의 수석 입법 분석관으로 고용되었을 때, 나는 미국 의회에 '머스키의 친구 매들린'이 아니라 '올브라이트 박사'로 소개되었다.

내가 경력을 쌓아갈수록 가정과 직장의 균형을 잡는 일은 점점 더 어려워졌다. 나는 종종 집을 떠나 지냈다. 우리 모두가 적응해나가야 하는 시기였다. 하지만 내가 느꼈던 최악의 압박감은 딸들이 아니라 다른 여성들에게 받은 것이었다. 너무나 많은 여성들이 나의 선택에 대해 죄책감이 들게 만들었다. 나는 언제나 모든 여성의 중간 이름에 '죄책감'이라는 단어가 들어가야 한다고 말하곤 하는데, 그것은 많은 여성들이 서로에 대해 너무나 이래라저래라 비판하기 때문이다.

몇 년간, 워싱턴에서는 어느 분야든지 여성의 자리는 오직 한 자리 또

---

* 연방법 가운데 성차별을 금지한 '1972년 개정교육법 9조'를 말한다.

는 기껏해야 두 자리에 불과하다는 암묵적인 규칙이 있었다. 그러한 분위기에 따라 야심이 큰 여성들 사이에 건강치 못한 경쟁 구도가 형성되었고, 서로를 돕지 않으려는 분위기가 팽배했다.

하지만 감사하게도 오늘날에는 많은 사람들이 일터에 여성들이 있어야 일이 더 잘 굴러간다는 것을 깨달았고, 높은 위치에 있는 우리들이 서로를 지지하고 멘토가 되어줘야 한다고 믿는다. 힐러리 클린턴은 나를 위해 그러한 일을 해주었는데, 힐러리가 없었다면 나는 국무부 장관에 임명받지 못했을 것이다. 힐러리 클린턴은 내가 여성이기 때문이 아니라 빌 클린턴 대통령의 외교 정책을 제대로 전달할 수 있는 가장 적합한 사람이라고 생각하여 대통령에게 나를 추천했다.

지금은 많이 완화되었지만 그 당시에는 여성이 국무부 장관의 일을 제대로 해낼 수 있을지 심각하게 의심하는 사람들이 있었다. 그들은 아랍 국가들이 여성 국무부 장관을 수용하지 않을 거라고 우려했고, 몇몇 외국 언론은 나의 임명에 곤란함을 내비쳤다. 예를 들어 세르비아는 나를 '나이 먹었지만 위험한' 인물로 분류했다. 하지만 이제 사람들의 태도는 바뀌었다. 사람들이 변했다는 것은 몇 년 전 나의 가장 어린 손녀가 한 말에서도 느낄 수 있었다.

"할머니 매디가 국무부 장관인 게 뭐가 어때서? 오직 여자만 국무부 장관이 될 수 있어."

나는 그 아이의 인생에서는 그 말이 정말로 사실이라는 것을 깨달았다. 내가 장관직에서 물러난 것은 2001년이었고, 이후 콘돌리자 라이스가 2005년부터 2009년까지 장관직에 있었으며, 힐러리 클린턴이 뒤를 이어 2009년부터 2013년까지 국무부 장관이었으니 말이다.

이제 내 딸들에게는 자신들의 가족과 직업이 있다. 내가 일 때문에 집을 비웠을 때 딸들끼리 어떻게 지냈는지에 대해 우리는 자주 이야기하곤 했다. 딸들은 나의 스케줄에도 어떻게 그 많은 시간을 자신들과 함께 보냈는지 놀라곤 한다. 앨리스, 앤, 케이티는 공익사업에 참여해 전문가의 길을 걷고 있고, 나는 공공선을 되돌려주려 일하는 딸들이 자랑스럽다.

"어떻게 그 모든 걸 혼자 다했어요?"

이런 질문은 한 어머니가 성인이 된 아이들로부터 받는 최고의 찬사일 것이다. 이러한 질문은 그동안 나를 괴롭혀왔던 죄책감이라는 감정에서 완전히 자유롭게 해주었다.

· THE MOTHER ·

매들린 올브라이트 Madeleine Albright

조지타운대학교의 외교학 교수이다. 1997년부터 2001년까지 최초의 여성 국무부 장관이었고, 1993년부터 1997년까지는 유엔 주재 미국 대사를 역임했다. 그전에는 지미 카터 대통령의 국가안전보장회의와 백악관에서 일했고, 에드먼드 머스키 상원의원의 수석 입법 분석관이었다. 2003년 출판된 자서전 《매들린 올브라이트》를 포함해 다섯 권의 책을 집필했으며 2012년 대통령 훈장을 받았다.

델마와 에바 그리고 나

조이 마커스 미디어 기업 임원

• T H E L M A ,   E V A ,   A N D   M E •

내가 딸에게 해준 말은 무엇일까? 이 이야기를 하려면 에바가 우리 가족의 강한 여인들의 계보를 이해하고 있는지 확인하는 것에서 시작해야 한다.

어머니는 대학을 졸업하지도 않았고 전통적인 직업을 가지지도 않았지만, 투지로 활활 타오르는 분이셨다. 어머니는 여성에 대한 강한 믿음을 가지고 있었고 여성에게는 성공할 수 있는 능력이 있다고 여겼다.

나의 어머니 델마는 맨해튼 로어이스트사이드의 단란한 유대인 가정에서 태어났다. 외할아버지는 바르샤바에서 하던 사업을 접고 새로운 길을 모색하기 위해 미국으로 건너왔다. 처음에는 오처드 거리 주택가에서 살다가 어머니가 39년을 보낸 이스트빌리지의 꽤 큰 아파트로 이사하셨다.

어머니는 외할머니, 외할아버지뿐만 아니라 네 블록 떨어진 곳에 살고 계시던 한 무리의 이모와 외삼촌들 손에 자랐다. 다 합치면 12명이나 되는 사촌들도 있었다. 가족들에 따르면, 어머니는 똑똑하고 세련된 분이셨다 한다. 브룩클린대학교에서 2년간 수학을 전공한 어머니는 집안에서 대학을 다닌 유일한 사람이셨다.

어머니는 외할아버지의 소매업을 돕기 위해 대학을 그만뒀고, 그 즈음 결혼해 나의 언니 클레어를 낳았다. 외할아버지이신 샘은 언니 클레어가 태어나던 날 돌아가셨다. 우리는 결코 진짜 이야기를 듣지 못할 테지만(그 이야기를 알고 계신 세대들이 안 계시기 때문에) 가족들이 하는 말에 따르면, 어머니는 그 후 얼마 지나지 않아 클레어 언니의 아버지를 '내다버렸다'고 한다. 가족들은 어머니와 클레어 언니가 1년간 마이애미에 머무르며 플로리다의 느슨한 이혼법을 이용할 수 있도록 도와주었다. 그 당시 아르데코 호텔 수영장에 누워 태양 아래에서 시간을 보내고 있는 어머니와 클레어 언니의 사진이 꽤 많다. 사진 속의 두 사람은 멋지고 행복해 보였다.

오거스타 이모와 비어트리스 이모는 어머니를 도와 클레어 언니를 키우는 일에 전념했다. 클레어 언니는 뛰어난 학생이었고 이모들의 눈에 무엇이든 할 수 있을 것처럼 보였다.

어머니는 클레어 언니가 열 살 때 나의 아버지 루비를 만났다고 한다. 아버지는 나치를 피해 미국으로 이주한 폴란드 이민자였고, 미국에는 가족이 아무도 없었지만 외할아버지처럼 사업에 성공하셨다. 가족들은 조심스럽게 아버지를 받아들였고 아버지는 클레어 언니를 받아들였다.

이후 내가 태어났고, 아버지가 클레어 언니를 입양하면서 우리는 모두 같은 성을 가지게 되었다.

부모님은 언제나 언니와 내가 무엇이든 할 수 있다고 믿었다. 우주비행사? 그래. 탈무드 선생님? 그래. 미국의 대통령? 그래. 우리에 대한 두 분의 믿음에는 한계가 없었고 우리도 그것을 언제나 느낄 수 있었다. 나는 프린스턴대학교가 여학생들의 입학을 허가한 지 얼마 되지 않아 그 대학교에 진학했다. 학교에 간 첫날, 나는 조금 위축되어 있었다. "여기 오니 좋구나. 200년이나 걸렸네"라고 적힌 티셔츠를 나눠주기 전까지는.

어머니는 내게 나의 관심 분야가 무엇이든 그 분야에서 일할 수 있도록 똑똑해지라고 하셨다. 그리고 내가 비서가 될까 봐 걱정하시며 타자는 배우지 말라고 하셨다. 어머니가 주신 직업에 대한 실용적인 조언은 이것뿐이었다.

또한 내가 잘못된 결혼을 한다고 생각했을 때는 가족의 전통에 따라 모든 준비를 마친 화려한 결혼식 날 아침까지 나에게 다시 생각해보라고 하셨다. 내가 잘못된 결혼에서 벗어나기로 결심했을 때, 어머니는 아픈 몸에도 간호사를 대동하고 내 아파트까지 찾아와서 전남편의 짐을 내가는 것을 도와주셨다.

내가 지금의 남편 데이비드를 만났을 때, 어머니는 꽤 많이 아프셨다. 남편은 오벌린대학교에서 영문학을 공부했고 코넬 로스쿨을 다니고 있었는데 비전통적인 법 관련 직종을 찾고 있었다. 어머니는 그런 남자와 결혼을 하면 내가 돈을 벌어오는 가장 노릇을 해야 한다는 것을 바로 아셨다. 하지만 그 점에 대해서는 전혀 신경 쓰지 않으셨다. 어머니는 데이비드를 처음 만난 순간부터 그를 아꼈고 데이비드가 내 꿈을 이룰 수 있도록 나를 지원해줄 거라는 것을 아셨다. 결혼 후 우리의 첫아들 이선이 태어났고 그 뒤에 에바도 태어났다. 2000년에 태어난 우리 딸은 외할머니를 쏙 빼닮았다. 특히 아름다운 눈과 단호한 성격이 그랬다. 하지만 에바는 우리 짐멜맨 가문의 여성들 가운데 가장 키가 컸고 운동 실력이 뛰어났다. 에바는 외할머니의 외모 유전자를 물려받았다.

내가 에바에게 가르쳐주려 했던 것은 행동보다 말이었다. 그것은 내가 하지 않았던 것부터 시작했다. 나는 에바가 태어난 뒤로 오랫동안 집에 있지 않았다. 에바를 돌보는 일을 좀 더 시간이 유연한 남편과 몇 명의 오페어에게 맡겼다.

에바가 다니던 맨해튼 사립학교에서 데이비드는 거의 언제나 아이를 데려다주고 데려오는 유일한 아버지였다. 남편은 놀이친구들의 일정을 짜고 공원에 가서 아이를 데려오고 때로는 그 끔찍한 생일파티들에도 데려가야 했다. 이것은 이선과 에바에게 매우 평범한 일상이었다. 우리 아이들은 육아를 함께하는 우리 부부의 모습을 보고 자랐고 언제나 엄마만 '빵 바자회bake sale duty'에 오는 것은 아니라는 것을 배웠다.

내가 한 일들도 있다. 나는 가능하면 언제나 나의 몸뿐만 아니라 마음으로도 아이들과 함께 있으려 했다. 출장을 가지 않는 주에는 적어도 세 번은 집에서 저녁을 먹으려 했고, 금요일 밤의 유대교 안식일 저녁 식사 Shabbat dinner에는 꼭 집에 머물렀다. 나는 딸아이가 보내는 하루의 일부이고 싶었기에 새벽 6시에 아이들의 간식 꾸러미를 싸주곤 했다. 나는 딸아이의 삶의 일부가 되려고 애썼다. 끊임없이 무조건적으로 널 사랑한다고 말해주었고, 무슨 일이 있어도 딸아이는 내 인생에서 가장 소중한 존재라고 말했다. 정말로 딸아이의 관심을 끌고 싶을 때면 딸아이에게 이렇게 말했다.

"널 위해서라면 엄마는 날아오는 총알도 대신 맞을 수 있어."

에바와 이선은 내가 직업적 목표를 향해 맹렬하게 일하는 모습을 보며 자랐다. 그를 위해 얼마나 많은 일을 해야 하는지 충분히 알아차릴 수 있을 정도로 에바가 나이를 먹었을 때, 나는 벤처 기업의 파트너이자 신생 기업의 CEO, 프린스턴대학교의 교수라는 3연승을 거두었다. 나는 딸아이에게 힘들었던 몇몇 일에 대해서, 하지만 대부분의 시간 동안 얼마나 즐거웠고 만족스러웠는지에 대해 솔직하게 털어놓았다.

이제 딸아이는 좀 더 직설적으로 말하는 십 대가 되었다. 날 겁먹게 하는 질문들을 곧잘한다. 예를 들면, 고등학교 파티나 대학교 캠퍼스에서 성적 제안을 받을 때 동의하는 문제에 대해 물었다(에바는 신입생 때 페이스북 #bringconsentbacktocollege 페이지에서 밈을 만들기 시작했다). 또한 학교의 드레스 코드가 갖는 이중 기준에 대해 질문하면서 왜 여학생은 몸을 내보이는 옷을 입으면 안 되느냐고 물었다.

나는 내가 할 수 있는 한 최선을 다해 이러한 질문들에 대답한다. 나는 딸아이가 안전하기 바라며, 동시에 어떠한 제약이나 한계도 느끼지 않기를 바란다. 우리 딸 에바는 운동 실력이 좋고 스스로 나서서 우등반 수업을 듣고 있으며, 학생 자치회 활동을 하면서 정기적으로 전교생 앞에서 연설을 한다. 이런 것을 볼 때 탈 없이 잘 돌아가고 있는 것 같다.

에바는 학교에서 페미니스트 대화를 장려할 방법을 모색하지만 외모나 행동은 지극히 여성스럽다. 그리고 데이트를 하러 나가고 나중에 결혼해 아이들을 낳고 싶다고 말한다. 딸아이는 자신이 하는 모든 것을 지지해줄 인생의 파트너를 찾을 거라는 기대를 갖고 있다. 그것이 바로 남편과 부인이 하는 일이라는 것을 우리 가족 안에서 보아왔기 때문이다. 나의 어머니도 그렇다고 말해주실 것이다.

· T H E   M O T H E R ·

조이 마커스 Joy Marcus

컨데나스트 엔터테인먼트의 디지털 비디오 네트워크 담당 수석 부사장 겸 총괄 책임자이다. 인터넷 미디어계의 베테랑이며 디지털 미디어 분야의 창업은 물론 투자를 해왔다. 미국에서 프랑스의 동영상 사이트인 데일리모션을 세워 2011년 프랑스의 오렌지텔레콤에 매각했다. 지금은 워스 fm.인 데일리워스를 포함해 여성 리더가 이끄는 기업에 투자하는 드레이퍼피셔저벳슨의 뉴욕 펀드와 고담벤처스 전무 이사였다. 프린스턴대학교의 '제임스 웨이 객원 교수'를 역임하며 2015년 봄 기업가 정신에 대한 과목을 가르쳤다.

선물이 된 해고

주디 브레덴버그 비영리 재단 CEO

• THE GIFT OF GETTING FIRED •

나는 언제나 우리 집에서 가장 노릇을 했다. 교수인 나의 남편은 좋은 아이디어와 통찰력을 가지고 있었지만, 사업을 성공시킨 나의 추진력 덕에 우리는 뉴욕의 어퍼이스트사이드에서 안락한 삶을 살 수 있었다.

나는 대학을 졸업하자마자 리테일 머천다이징 분야에서 일했다. 나는 넘치는 의욕과 분석력, 협상력, 결단력을 통해 빠른 속도로 책임 있는 일을 맡고 그에 상응하는 보상을 얻었다. 나는 부사장 자리에까지 오르기 위해 열심히 일했고 계속 승진했다. 그런데 당시 내가 다니던 회사에서는 부사장 다음 자리는 오로지 남자만 가능했기 때문에 내가 그다음 자리에 오르려면 사랑하는 회사를 떠나야만 했다. 나는 수석 부사장 겸 총괄 머천다이즈 매니저가 되었다. 그리고 최종적으로는 다른 리테일 업체에서 CEO가 될 기회를 잡았다.

하지만 고작 1년 뒤, 회사 대표와 나는 회사가 앞으로 나아갈 전략적 방향을 두고 의견이 갈렸고 그 때문에 결국 해고되었다. 경력상 후퇴처럼 보이는 이 사건은 나에게 큰 교훈을 주었고 나와 딸에게 멋진 선물이 되었다.

우리 부부의 외동딸 신시아는 그 당시 중학교에서 연극 준비에 한창이었다. 그동안 나는 회사일로 너무 바빠서 선생님 면담이나 가끔씩 스포츠 경기를 참관하는 것 말고는 딸아이의 학교생활에 참여하지 못했다. 나는 갑자기 생긴 자유 시간을 딸아이의 뮤지컬 〈원스 어폰 어 매트리스Once Upon a Mattress〉에서 가장 중요한 분야인 제작을 돕는 데 쓰기로 했다.

나는 다른 자원봉사자들과 함께 무대의상을 만드는 등 뮤지컬에 필요한 일이면 무엇이든지 도왔다. 신시아는 내가 처음으로 자신의 학교생활에 눈에 띄게 참여하는 모습을 보고 기뻐했다. 우리는 집에서도 많은 시간을 함께 보냈다. 내가 구직 활동을 하는 동안 수다를 떠는 식으로 말이다. 나는 딸아이에게 내가 실패한 게 아니며, 단지 나와 전략적으로 방향이 달랐던 상사가 참을성이 없었을 뿐이라고 설명했다. 그리고 해고된 것은 슬프지만 그 일이 그동안의 내 경력이나 나 자신을 바꿀 수는 없다고 말해주었다. 그 일이 나의 자신감이나 야망을 꺾게 두지는 않을 것이며, 때로는 자신이 통제할 수 없는 일도 일어나는 법이라고도 했다.

리테일 머천다이징 분야에서 일자리를 찾아보던 나는 공공선을 위해 일하고 싶다는 오랜 열망이 커지는 것을 느꼈고, 비영리 분야를 알아보기 시작했다. 나는 명망 있는 비영리 재단인 '마치 오브 다임스March of Dimes'*에서 자리를 얻었다. 남편은 신시아에게 내가 대학을 졸업하고 처음에는 영리 분야에서 일하며 경제적 자산을 쌓았고, 이제는 공공선을 위해 비영리 분야에서 일을 하고 있다고 이야기해주었다. 나는 딸아이에게 고소득보다 더 중요한 다른 가치가 있다는 사실을 분명히 알려주었다.

커다란 변화를 겪은 엄마에게 어떤 일이 일어나는지 지켜보는 것은 신시아에게 중요한 가르침을 주었다. 신시아는 해고에 대한 나의 첫 반응을 보고 안심했고, 이제 합리적으로 모험을 무릅쓸 줄 아는 아이로 성장했다. 처음 상처를 받은 이후, 나는 토론을 통해 나의 상황을 기회로여기는 차분함을 보였다. 이런 모습은 딸아이에게 엄마가 옳으며, 우리가족은 흔들리지 않는다고 안심시켜줄 수 있었다. 성과에 대한 높은 기대를 심어주고 무조건적인 사랑과 지지를 보내며 길러주신 부모님 덕분에, 나는 차분함과 자신감을 가지고 나의 경력에 찾아온 어려움을 이겨낼 수 있었다.

오늘날 신시아는 매우 성공한 마케터이자 사업 개발자이며, 아내이고 딸아이를 둔 엄마이다. 몇 년간 우리는 그 사건에 대해 이야기하면서 참 도움이 많이 되었다고 말하고는 했다. 일에서 후퇴하고 장애물을 만나는 경험은 자주 일어난다. 그리고 그러한 일들에 대한 반응은 그 일이 일어나게 하는 원인보다 더 중요하다. 신시아가 직업상 중대한 문제와 맞닥뜨릴 때면 나는 과거의 나의 해고 사건을 상기시켜주고 문제를 새

---

* 소아마비 퇴치를 위해 1938년 1월 3일에 설립된 루스벨트 자선재단이다.

롭게 볼 수 있도록 도와준다. 자신에 대한 믿음이 있고 자신을 잘 파악하고 있다면 그 상황에서 무엇이든 배울 수 있다. 그리고 장기적으로 무엇이 진정 중요한지 생각하는 것을 잊지 않는다면, 각각의 장애물은 기회가 될 것이다.

딸아이와 내가 〈원스 어폰 어 매트리스〉 제작에 열심히 매달리던 그때, 우리가 함께 나눈 즐거움과 성취감을 우리 모녀는 결코 잊지 못할 것이다. 배움이 일어나는 몇몇 순간에 대한 기억은 평생 가는 법이다.

· T H E   M O T H E R ·

주디 브레덴버그 Judy Vredenburgh

2010년부터 걸스의 사장 겸 CEO로 재직하고 있으며 오바마 대통령의 신앙정책실 자문위원회에서 일했다. 전에는 빅브라더스 빅시스터스 오브 아메리카의 사장 겸 CEO였으며 마치 오브 다임스의 선임 부사장을 지냈다.

정말 많이 배웠어요

에이미 앤트맨 겔팬드 의사·학자

· S O   M U C H ·

어린 시절에 우리 부모님은 내가 묻지 않는 것은 강요하거나 설교하지 않으셨고, 나는 부모님의 그런 점을 가장 좋아했다. 부모님은 내가 요청해야만 자신들의 의견을 내놓으셨다. 그래서 어머니가 해주신 특별한 말이 있느냐는 질문을 받았을 때 가장 먼저 든 생각은 '많지 않은데'였다. 대신에 나는 많은 것을 어머니의 행동으로 배웠다.

어머니는 의사라는 본인의 직업을 사랑하셨다. 언제나 열심히 일하셨고, 의학적 호기심과 왕성한 의욕을 가진 어머니의 눈에 대부분의 일은 일로 여겨지지 않는 듯했다. 어머니는 저녁 식사 시간에 과학과 생물학에 대해 열정적으로 이야기하는 것을 좋아하셨다. 이야기 상대가 누구든, 시간이 언제든 상관없었다. 어머니는 의학에서 의미를 찾으셨고, 나는 어머니의 이야기를 들을 때마다 그것을 느낄 수 있었다.

나는 아직도 어머니가 해주신 한 유방암 환자에 대한 이야기를 기억한다. 어느 날 어머니는 퇴근해 돌아오셔서 5년 동안 유방암 치료를 받고 병세에 차도를 보인 한 환자에 대해 이야기해주셨다. 어머니는 처방전에 '좋은 와인 한 병과 함께하는 멋진 저녁 식사'라고 적어 환자의 남편에게 건넸다고 했다. 그런 이야기를 들은 어린 소녀가 어떻게 의사가 되고 싶지 않겠는가? 사람들을 더 좋아지게 치료할 수 있는데 말이다.

청소년기에 어머니에게 들은 가장 기억에 남는 조언은 "결혼할 사람을 고르는 일은 네 인생에서 가장 중요한 결정 중 하나란다"였다. 그것은 정말로 매우 중요한 조언이었고 나는 그 사실을 나중에야 깨닫게 되었다. 운이 좋았는지 나는 친절하고 똑똑한 사람과 결혼했다. 신경과 의사인 남편은 내가 야심만만하게 경력을 키워나가는 것을 지원해줄 뿐 아니라 도와주었다. 우리에게는 세 명의 예쁜 아이들도 있다. 이제 5개월 된 우리 딸 애버게일에게 나는 무슨 말을 해주어야 할까? 많지는 않다. 그저 이야기를 나누는 것만으로도 충분하다.

· THE   MOTHER ·

에이미 앤트맨 겔팬드 Amy Antman Gelfand, MD

샌프란시스코 캘리포니아 의과대학 두통센터의 소아신경학자이다. 하버드대학교 의과대학을 졸업했으며, 다양한 두통 질환으로 고통 받는 어린이를 진단하고 치료하고 있다. 미국신경학회, 소아신경학회 및 미국두통학회 회원이다.

엄마는 딸의 롤모델

앨릭스 구아르나셸리 셰프

·A PINCH OF GINGER·

이 세상 모든 어머니와 마찬가지로 나 역시 딸을 위해 특별한 일을 해주는 것을 좋아한다. 특히 나는 딸아이가 가장 좋아하는 음식을 딸아이가 원하는 대로 만들어주는 것을 좋아한다. 예를 들면 딸아이의 접시에 음식을 어떤 모양으로 잘라놓을지 같은 것 말이다. 나는 내게서 뭔가를 배우려는 딸아이 에이바의 밝고 열심인 모습이 자랑스럽다. 하지만 어느 날 아침 식사 자리에서 서로의 진심을 나누기 전까지 딸아이가 나를 롤모델로 얼마나 우러러 보고 있는지 알지 못했다.

그날 아침, 에이바는 부엌 문가에 서서 내가 불 앞에서 오트밀이 든 냄비를 젓고 있는 모습을 가만히 살펴보았다. 딸아이는 내가 바나나를 잘라 갈색 설탕과 계피를 입히는 모습을 지켜보더니, 다정하게 이렇게 말했다.

"엄마, 나는 엄마가 마른 생강을 약간 더해줄 때가 좋아."

나는 생강을 한 자밤 더 넣은 뒤 오트밀을 저었다. 그동안 내가 생강을 넣는 것을 딸아이가 본 적이 있었는지도 몰랐다. 나는 오트밀을 그릇에 담아 에이바에게 내밀었다. 따뜻한 오트밀과 계피, 생강 향기가 우리를 가볍게 스치고 지나갔다. 만족스러운 미소가 딸아이의 얼굴에 피어났다. 딸아이는 그릇을 가져다가 숟가락으로 떠먹더니 입맛을 다셨다.

"엄마, 엄마는 아이언셰프*지?"

에이바는 그릇에 눈을 떼지 못한 채 물었다.

"그럼."

나는 부드러운 목소리로 대답했다.

"나도 연습하면 아이언셰프가 될 수 있어?"

"물론이지. 너도 될 수 있어. 원한다면."

"나도 아이언셰프 할래. 엄마, 나도 엄마처럼 맛있는 거 만들고 싶어."

여전히 딸아이는 오트밀 그릇에서 눈을 떼지 못한 채였다. 나도 딸아이에게서 눈을 뗄 수가 없었다.

이 일은 보통의 가정에서 일어나는 조용하고 일상적인 순간처럼 보였지만, 딸아이가 자신을 엄마인 나와 얼마나 동일시하고 있는지를 깨닫게 해주는 사건이었다. 고작해야 여섯 살밖에 되지 않은 아이가 오트밀에 생강을 약간 더 집어넣는 것의 느낌을 이해하고 있었고, 엄마인 내가 아이언셰프가 된 것이 얼마나 중요한 일인지도 잘 알고 있었다.

* 미국의 요리 리얼리티쇼로, 특정한 재료를 주제로 전문 셰프들이 나와 요리 대결을 펼치는 프로그램이다.

나는 아이언셰프가 되어 슈퍼스타 셰프들과 어깨를 나란히 한 게 자랑스럽다. 2012년 푸드 네트워크에서 방송한 〈넥스트 아이언셰프 : 패자부활전〉에서 승리해 아이언셰프가 되었는데, 아이언셰프 프로그램은 짜고 치는 누워서 떡 먹기 프로그램이 아니다. 나는 정말로 실력 있는 아홉 명의 셰프들과 겨루어 한 명 한 명 경쟁자를 제치면서 힘겨운 요리 도전을 거쳐 최종 후보에 올랐다. 그리고 결국 이 쇼의 유명한 키친 스타디움에 선 마지막 요리사가 되었다. 아이언셰프 재킷의 수상은 요리사로서 내 능력을 증명해주는 값진 순간이었다. 딸아이는 마지막 요리 대결 과정을 지켜보았고 우승한 뒤 나와 기쁨을 함께 나누었다.

에이바는 내가 아이언셰프에 출연한 것을 보고 자신이 얼마나 많이 배웠는지 내게 보여주었다. 내가 가스레인지에 둔 오트밀 냄비 쪽으로 가자 딸아이가 벌떡 일어났다.

"내가 계란 할래, 엄마."

딸아이는 냉장고로 달려가 안쪽에서 커다란 갈색 계란을 하나 꺼냈다. 나는 딸아이에게 프라이팬을 건네주고 딸아이가 조심스럽게 불을 켜 낮은 온도에 맞추는 것을 보았다. 에이바는 버터를 꺼내 프라이팬에 넣고 둘렀다(정말로 팬을 공중에서 빙빙 돌렸다. 마치 프로 요리사처럼). 딸아이는 조심스럽게 계란을 깨뜨려 프라이팬에 떨어뜨리고는 완전히 정신을 집중하여 날계란이 퍼지는 모습, 흰자 끝부분이 지글지글 익어가는 모습을 관찰했다. 딸아이는 조그마한 손가락이 허용하는 만큼 소금과 흑후추를 계란 위에 뿌려 간을 했다.

"나는 노른자 위에 소금이 올라간 게 좋아, 엄마."

에이바가 설명했다. 나는 뒤집개를 계란프라이 끝자락으로 밀어 넣어

살포시 딸아이의 접시 위에 올려주었다.

"엄마, 이거 잘라주세요."

에이바는 고개를 기울여 나를 쳐다보았다. 나는 조심스럽게 노른자 주변을 자르고 흰자를 작은 조각으로 잘라주었다.

"노른자 깨뜨리지 마요, 엄마. 알았죠?"

질겁한 딸아이가 서둘러 말했다. 에이바는 노른자가 풀어져버릴까 걱정하고 있었다. 결국 요 꼬마숙녀는 셰프의 딸인 것이다. 에이바가 겨우 세 살하고 6개월이 지났을 때, 맨해튼의 유니언스퀘어 그린마켓을 뛰어다니며 온갖 종류의 토마토를 맛보고 조그만 딸기들을 눈 깜짝할 사이에 먹어치우던 모습을 생생히 기억한다.

에이바는 계란프라이의 흰자를 먼저 먹었다. 그러더니 접시를 들고 상체를 숙여가며 노른자를 살펴보고는 추운 날 가슴까지 뜨거워지는 수프의 마지막 모금을 넘기듯이 후루룩 소리를 내며 먹었다.

"엄마, 나는 흰자랑 노른자를 따로 먹는 게 좋아."

"왜?"

"왜냐하면 노른자는 너무 부드럽고 맛있고, 흰자는 바삭하니까."

딸아이는 나도 얼른 계란프라이를 하나 해먹었으면 하는 생각이 들게끔 맛을 묘사했다.

"엄마가 이렇게 맛있는 거 해줘서 난 너무 좋아, 엄마."

딸아이는 지금 우리가 경험하고 있는 감정적 유대감의 깊이에 대해 분명하게 말해주었다. 나의 마음은 기쁨으로 부풀어 올랐다. 딸아이에게 지혜의 말을 해주어야 할 시점이라는 생각이 들었다.

"어떤 것이든 좋은 것을 얻으려면 많은 시간이 필요해. 그리고……."

"연습도 필요하지, 엄마."

딸아이가 나의 말을 이었다.

"또 실수도 많이 해야 하고, 그 실수에서 배워야 하고, 그런 다음에 또 많이 실수하고 또 배우고. 맞지, 엄마?"

그래, 네 말이 맞다, 우리 딸. 아이다운 딸아이의 말 속에 모든 것이 분명하게 담겨 있었다. 그 순간 나는 딸아이가 인생과 풍미에 대해 얼마나 많은 것을 배우고 흡수했는지 보면서 깜짝 놀랐다. 그러나 더 놀라운 것은 내가 얼마나 많은 것을 딸아이에게 배우고 있는지였다.

· T H E   M O T H E R ·

앨릭스 구아르나셀리 Alex Guarnaschelli

셰프이며 작가이다. 푸드 네트워크 방송에 자주 출연했고, '우리의 힘과 도시의 추수를 나누자Share Our Strength and City Harvest' 라는 기아 퇴치 단체의 지지자이다.

내 말도 들어달라고요

마거릿 아베-코가 정치인

· J U S T   L I S T E N ·

"그녀는 도시를 이끌기에 지나치게 상냥하다."

이는 내가 캘리포니아주 마운틴뷰의 시의원 선거에 출마하려고 했을 때 지역 신문에서 한 말이다. 세계적인 기업 구글 본사가 위치한 마운틴뷰는 샌프란시스코 교외에 자리 잡고 있다.

몇 년 뒤 그 신문사는 내가 시의원에 선출되었다는 소식을 실었고, 2009년에는 시장 선거에 출마했다는 사실을 알렸다. 처음에는 '친절하고' '상냥한' 전형적인 얼굴을 하고 158센티미터 정도밖에 되지 않는 자그마한 체구의 아시아계 미국인 여성이 출마했다는 내용뿐이었다.

정치와 공공 서비스에서 활동해온 나는 편견과 싸워왔고, 잘 드러나지 않는 사람들의 목소리를 대변하려 노력했다. 그러나 다른 사람들에게 힘을 실어주겠다는 목표에 너무 집중한 나머지, 우리 가족에게 필요한 것이 무엇인지 제대로 보지 못하고 있었다.

우리 부모님은 미국에 건너온 일본 이민자로, 나는 어렸을 때부터 부모님께 '머리를 숙여라', '신경을 곤두세우지 마라', '권위에 질문하지 마라', '그저 열심히 일해라'는 말만 들어왔다. 내가 자랄 때 들었던 얘기는 그게 전부였고 대부분 나는 그 말을 잘 따랐다. 그런 나를 선생님들은 좋아했고 학업 성적도 좋았다. 학급 친구들과도 잘 어울렸으며 고등학교의 또래집단들도 나를 좋아했다.

나의 유쾌한 태도는 가난한 가정에서 자랐던 불안정함을 가리는 가면 역할을 했다. 아버지는 정원사였고 어머니는 항공사의 주방 보조로 일했다. 부모님은 열심히 일했지만 영어로 의사소통을 하는 데 어려움을 느꼈다. 그래서 내가 어느 정도 나이를 먹었을 때 나는 부모님의 통역자가 되었고 가정사를 맡기 시작했다. 집수리와 관련해 계약자와 만나야 할 때도, 연체된 담보대출금 지불 때문에 수금 업체와 협상을 해야할 때도, 고객이 아버지가 일한 대가를 지불하려 하지 않을 때에도 내가 나서야 했다. 하지만 그때 나는 고작 일곱 살이었고 사람들은 나의 말을 진지하게 받아들이지 않았다. 부모님은 다른 사람들로부터 착취당해도 방어할 수 없었다.

이러한 경험들은 유색인 여성으로서 나의 권리를 찾는 데 자극과 동기가 되었다. 하버드대학교에 진학한 나는 공공 서비스와 정치 분야에서 열심히 활동했다. 왜냐하면 그곳에서라면 우리 부모님과 비슷한 처지에 놓인 사람들에게 변화를 만들어낼 수 있을 거라고 생각했기 때문이다. 처음에 나는 다른 이들이 선거에 이겨 공무를 집행하도록 돕는 일에서 큰 행복과 보람을 느꼈다.

그러던 어느 날, 내가 멘토로 생각하는 한 여성 정치 컨설턴트가 내게 새로운 숙제를 내주셨다.

"마거릿, 이제 그만 남자들이 무대 중앙을 누비게 하고 네가 직접 나서봐."

내가 막 첫째 딸을 출산했을 때였다. 엄마가 되었다는 흥분은 마치 새끼를 보호하는 엄마 곰 같은 느낌이었고, 나는 공직에 출마할 힘을 얻었다. 새로운 생명을 탄생시킨 이후로는 무엇이든 할 수 있을 것 같았다. 게다가 이제 나만을 위해서가 아니라 나의 아이들을 위해 세상을 더 나은 곳으로 만들어야겠다는 미션까지 주어졌다.

첫째 딸 앨리가 8개월이었을 때 나는 산타클라라 카운티 교육위원회에 출마해 첫 선거를 치렀다. 2년 뒤 둘째 딸 에이너를 낳은 뒤 한 달 만에 시의원 출마 유세를 시작했다. 첫 번째 시의원 도전에서는 실패했는데, 당시 지역 신문과 소방관연합은 내가 "너무 친절하고 상냥하다"고 폄하했다. 하지만 2년 뒤 나는 다시 출마했고 시의원 선거에 출마한 후보 중 최다 득표로 선출되었다.

드디어 나는 변화를 가져올 수 있는 기반을 갖추게 되었다. 나에게 온 곳으로 돌아가라고 말하는 인종차별주의자와 나의 유대인 동료를 쫓아낸 반유대주의자, 소중한 야생동물을 보호하려는 우리를 협박하면서 부동산 개발을 추진하는 사업가들에게 대항할 수 있었다. 언제나 우리 공동체 안에서는 가진 자들과 가지지 못한 자들 사이를 나누는 장벽이 자라고 있었고 나는 그것을 눈여겨보아왔다. 이제 나는 너무나 편안하게 그 장벽에 대해 말할 수 있었고, 아무도 나를 막아설 수 없을 거라고 느졌다. 내 딸들을 제외하고는 누구도 말이다.

나는 우리 딸들이 공동체 안의 모두에게 연민의 마음을 가지도록 가르치고 싶었다. 점점 커져가는 소득 불평등 문제와 이 위기를 극복할 해결책을 찾는 데 어려움을 겪고 있던 나는, 가족들과 토론할 때면 부자들과 권력자들에 대해 큰 소리로 화를 내기도 했다. 딸들에게 너희들이 얼마나 운이 좋은지, 너희들이 가진 특권에 얼마나 감사해야 하는지 설교하기도 했다. 그리고 딸들에게 다른 이들도 비슷한 기회를 가질 수 있도록 그들을 위해 싸워야 한다고 말해주었다.

그러나 나는 내가 느끼던 좌절감을 터뜨리느라 내 딸 앨리에게 일어나고 있던 내면의 소용돌이를 보지 못했다. 앨리는 따돌림과 학대를 당하고 있었다. 친구들 무리에서 일어난 거친 놀이는 결국 신체적 폭력으로까지 번졌고, 친구들은 앨리의 휴대폰을 뒤지고 욕을 하기 시작했다.

처음에 앨리는 무슨 일이 일어나고 있는지 우리에게 말하지 않았다. 하지만 앨리는 월요일에 학교를 가야 한다는 생각에 일요일 밤마다 울었고, 우리는 뭔가 잘못되었다는 것을 알았다.

어느 날 밤, 앨리가 노숙자 쉼터에서 식사 봉사를 돕는 걸스카우트 활동을 하고 돌아왔을 때 모든 것이 터져 나왔다. 나는 앨리에게 놀지 않고 걸스카우트 봉사 프로젝트를 많이 했기를 바란다고 말했다. 그러자 앨리가 갑자기 울분을 토해내듯이 말했다.

"엄마의 그런 말 때문에 난 엄마한테 아무 말도 못하겠어. 엄마는 내가 하는 일은 다 잘못됐다고 하잖아."

앨리가 말했다.

"다른 사람들은 우리만큼 많이 못 가졌으니까 항상 감사하는 마음을 가져야 한다고 하지. 그래서 내 문제 때문에 고민하는 내가 이기적으로만 느껴지고, 엄마한테 내 문제는 얘기할 거리가 아니라는 생각이 든단 말이야."

나는 앨리의 말에 말문이 막혔고 충격을 받았다. 사람들을 도우며 그들의 권리를 찾는 것에 집중한 나머지 정작 딸들을 숨 막히게 해온 것이다. 갑자기 내게 가장 중요한 문제는 딸아이와 그동안 딸아이가 견뎌야 했던 고통이었다. 이제 내가 귀를 열고 들어야 할 시간이었다.

앨리는 그동안 있었던 일을 모두 털어놓은 뒤 폭포수처럼 눈물을 쏟았다.

"정말 너무 힘들었어."

딸아이는 울면서 말했고, 나는 할 수 있는 한 꼭 끌어안아주었다.

아마도 그것이 나중에 앨리가 나에게 배웠다고 말하는 위로였을 것이다. 앨리는 친구들의 괴롭힘을 단호하게 거절해야 했고 더는 참아서는 안 되었다. 딸아이는 친구 무리를 포기할 용기를 냈고 괴롭히는 아이들에 맞섰다.

그날 나는 딸들이 내 힘의 원천이라는 사실을 다시금 깨달았다. 딸들이 세상에 태어난 이후 언제나 그랬다. 엄마로서 내가 할 일은 그에 응답하는 것이다. 처음에는 오로지 듣고, 그런 뒤에 대화를 하면 서로를 격려하는 힘을 키워갈 수 있을 것이다.

마거릿 아베-코가 Margaret Abe-Koga

2009년 캘리포니아주에서 아시아계 미국인 여성으로는 처음으로 시장에 당선되었다. 산타클라라 카운티 교육위원회에서 일한 뒤 2006년에는 시의회 의원에 선출되었다. 일본계 미국인 상공회의 소 및 산타클라라 카운티 민주당 중앙위원회를 비롯한 수많은 지역 사회 및 정치 조직에서 활동해왔다. 초기에는 미국 정치인 애나 에슈 밑에서 일했고 이후 이민, 주택 및 시민권에 초점을 맞춘 수많은 글을 작성했다.

강인한 행동

셜린 매크레이 활동가

키아라가 내게 우울, 불안, 중독 증세로 힘겨워하고 있다는 말을 털어놓았을 때, 나는 딸아이가 지금 무슨 소리를 하고 있는지 멍하기만 했다. 남편과 나는 뭔가 잘못되었다는 것을 알고는 있었다. 하지만 선생님과 친구들, 가족들에게 사랑받던 카리스마 넘치고 배려심 깊은 내 딸이 그렇게 심각한 진단을 받았다니 그야말로 충격이었다.

그 순간 엄마라면 누구나 느낄 법한 두려움과 슬픔이 밀려왔고, 딸에게 필요한 일이라면 무엇이든 하겠다는 결심이 섰다. 동시에 나는 우리 딸이 자랑스러웠다. 딸아이가 하려는 일은 딸아이의 말대로 '피 터지는 싸움'이었다. 하지만 딸아이는 자신이 그 어려운 싸움을 해내는 것을 지켜봐달라고 부탁했고, 이러한 부탁은 자신의 나약함을 내보이는 것이었지만 그래도 부모인 우리에게 도움을 요청했다는 사실이 대견했다.

엄마로서 나는 한 번도 이토록 열렬히 딸아이가 내 말을 들어주기를 바란 적이 없었다. 정말로 내 말을 들어달라고. 나는 딸아이에게 도움을 요청하는 것은 강한 힘을 가진 사람들이 할 수 있는 일이라고 반복해서 말해주었다. 그리고 나는 딸아이에게 필요한 모든 일에 함께했다.

나는 즉시 정신 질환에 대해 자료를 찾고 공부했으며, 정신건강센터에 연락하고 키아라의 회복을 위한 거라면 무엇이든 함께하려고 애썼다. 하지만 그것은 결코 쉽지 않았다. 우리는 잘 알지 못하는 사람들이 해주는 추천을 신뢰해야 했고, 믿음을 근거로 커다란 결정들을 내려야 했다.

우리는 운이 좋았다. 키아라가 회복하는 데 필요한 것이 무엇인지 가까스로 알아냈다. 하지만 우리와 달리 자원이 부족한 다른 가족들은 어떻게 이런 일들을 헤쳐나가는지 상상할 수가 없었다. 우리가 겪은 그 과정은 매우 복잡했고 어떤 치료를 받을지 찾고 선택하는 것을 도와주는 시스템이 없었다. 우리가 딸아이를 돕기 위해 할 수 있는 모든 것을 다하는 동안, 지역의 부족한 정신 건강 관련 시스템 때문에 얼마나 많은 사람들이 고통을 겪고 있는지 분명하게 보였다.

우리 모두가 이 상황을 바꾸기 위해 뭔가를 해야 할 때였다. 나는 뉴욕 시장의 부인으로서 정신건강센터에 온힘을 기울였다. 남편 빌 드블라지오와 함께 뉴욕시가 앞장서서 가장 도움이 필요한 사람들에게 치료와 지원 서비스를 제공하게 했다. 드블라지오 행정부는 향후 4년간 정신 건강 관련 예산 지출을 5억 달러 더 늘렸다. 그리고 2015년 후반에는 뉴욕시가 효과적인 정신 건강 관련 시스템을 만들어나가는 것을 돕기 위하여 '스라이브NYCThriveNYC'를 발표했다. 올해에는 전국의 시장들이 모이는 회의를 열어 이 계획이 전국으로 퍼져나갈 수 있도록 촉구할 것이다.

뉴욕시만 보더라도 정신 건강에 대한 위기 지표는 충격적이다. 보고에 따르면 뉴욕시 고등학교 학생들의 8퍼센트가 자살을 시도하며, 성인 뉴욕 시민 중 8퍼센트가 매년 우울 증상을 경험한다고 한다. 매년 18~64세 사이의 성인 중 1800명이 알코올 때문에 사망하고 7만 명이 응급실을 방문한다. 또한 '스라이브NYC'의 연구에 따르면, 의도치 않은 약물 과다 복용 사망자가 살인이나 교통사고 사망자보다 더 많다.

키아라는 고통을 힘의 원천으로 바꾸고 있다. 회복에 박차를 가하고 있으며, 자신과 비슷한 어려움에 처한 젊은이들을 돕는 데 시간을 쓰고 있다. 그리고 어려운 처지에 놓인 다른 가족들을 돕기 위하여 사회사업 분야에서 일하려 하고 있다.

키아라가 처음으로 자신의 문제를 털어놓았을 때, 나는 딸아이가 우리를 따르고 있는 건지, 우리가 딸아이의 말을 따르는 건지 알 수 없었다. 하지만 나는 언제나 딸아이를 자랑스러워했고, 특히 지난 몇 년간 딸아이를 지켜보면서 엄마로서 딸에 대한 자긍심이 더욱 깊어졌으며 때로는 놀라운 경탄으로 바뀌기도 했다.

도움을 요청하는 것은 강한 힘을 가진 사람들이 할 수 있는 일이다. 도움이 필요하다고 엄마에게 말하는 일 또한 그렇다. 키아라에 대한 나의 사랑과 우리 딸에 대한 흔들리지 않는 자부심이 더욱 강해졌을 뿐이다. 우리 가족이 누구나 치료 혜택을 받을 수 있는 뉴욕시의 정신 건강 관련 시스템을 만들고자 노력한 것처럼, 나는 키아라가 우리에게 불어넣어주었던 영감을 반이라도 다시 딸아이에게 되돌려주고 싶다.

셜린 매크레이 Chirlane McCray

뉴욕시 시장의 아내이다. 작가, 활동가 및 마케팅 간부로 일했다. 1990년대 초반 뉴욕시의 시장이었던 데이비드 딩킨스의 연설문 작성자로 활동했고, 그곳에서 훗날 뉴욕시의 시장이 된 빌 드블라지오를 만났다. 학교 텃밭 네트워크, 헌터대학교 자폐증연구센터, 페미니스트프레스, 전국작가연합을 비롯한 다양한 비영리 이슈 조직 단체와 함께 활동하고 있다.

요리 수업

실라 베어 재정 전문가

나는 딸아이와 요리를 함께하면서 강한 유대감을 쌓았다. 우리가 꿈꾸던 주방을 디자인하는 멋진 과정을 콜린과 함께했고, 비록 전문가가 마뜩잖아하더라도 자신의 생각을 고수하라는 중요한 교훈을 일러주었다.

나는 당시 열세 살이던 콜린과 함께 건설업자의 회색빛 금속 회의 테이블에 앉아 흰 종이에 푸른 잉크로 쓰인 복잡한 계약서 뭉치를 검토하고 있었다. 건설업자와 주방 디자이너는 우리가 휴가지 별장의 주방 설계도 세부 사항을 검토하는 모습을 아무 말 없이 지켜보았다. 콜린과 나는 그동안 조리대도 없고 수납장이나 가스레인지, 냉장고 저장소도 없는 300×370센티미터 정도의 비좁은 부엌에서 요리 연습을 했다. 건설업자와 주방 디자이너가 제시한 설계도는 몇 년 동안 우리가 꿈꾸던 주방의 모습과 거의 흡사해 보였다. 우리의 환상적인 부엌이 될 것 같았다. 자투리 공간을 자를 필요도 없었고 우리가 원하던 부엌의 어떤 부분도 포기할 필요가 없었다. 널찍한 조리대도 넣을 수 있었고, 싱크대 2개에 6구짜리 가스레인지도 둘 수 있었으며, 오븐 3개에 미니쿠퍼만 한 큰 냉장고도 들여놓을 수 있었다.

주방을 디자인할 때 우리가 무엇을 원하고 필요로 하는지 아주 구체적으로 이야기해서 어쩌면 디자이너가 다소 소외감을 느꼈을지도 모르겠다. 그래도 다행히 디자이너는 딸아이와 내가 요리를 위한 낙원을 건설하겠다고 마음먹고 세워둔 계획에 크게 반대하지 않았다. 대신 우리의 요구에 유머 감각을 보이며 기꺼이 따라주었다. 그 요구 사항이 보편적인 부엌 디자인 표준과 좀 다를 때에도 말이다. 우리가 가스레인지를 놓을 최상의 장소가 어디일지 토론하는 동안 디자이너는 최대한 끼어들지 않으려 자제했다. 계란, 우유, 버터를 재빨리 집어 들어 김이 솟아오르는 냄비나 팬으로 옮기려면 아무래도 냉장고 주변에 두는 게 좋겠지? 아니면 오븐 근처에 두어서 우리가 너무 좋아하는 프리타타를 만들 때 가스레인지에서 오븐으로 쉽게 옮길 수 있게 하는 게 좋을까?

마침내 디자이너가 더는 참지 못하고 말했다.

"대부분 가스레인지는 아일랜드 식탁에 두는 편이에요. 그러면 요리하는 동안 거실에 있는 손님들과 등을 돌리고 있지 않아도 되니까요."

디자이너는 손을 들어 설계도에서 아치형 거실과 부엌이 만나는 지점을 가리켰다. 디자이너의 말에도 일리가 있었다. 콜린과 나는 부엌에서 정말 많은 시간을 보내지만 남편과 아들은 우리가 음식을 준비하는 동안 그 열정을 함께 나누지 못했다. 거실 쪽으로 트인 주방을 갖는 것은 가족 단합을 위한 해결책이 될 수 있을 것 같았다. 스콧과 프레스턴은 콜린과 내가 부엌에서 재미있게 보내는 동안 책을 읽거나 보드게임을 할 수 있고, 정치에 대해 얘기할 수도 있었다.

"어떻게 생각하니?"

나는 딸아이에게 물었다. 디자이너가 얼굴을 찡그렸다. 하지만 디자이너를 탓할 수는 없었다. 지금 열세 살짜리에게 다른 의견이 없느냐고 묻고 있었으니까. 나는 건축업자가 눈을 부라리고 있는 것을 흘끗 보았다.

"가스레인지를 아일랜드 식탁에 두는 게 괜찮을 거 같은데. 우리가 식사 준비할 때 아빠랑 프레스턴이랑 이야기하기 더 쉬워질 거야. 그리고 파티를 열어 요리할 때에도 손님들과 얘기 나누기 더 쉬울 테고."

디자이너의 말이 꽤 그럴듯하다고 생각하며 내가 말했다.

콜린의 뺨이 달아올랐다. 딸아이는 디자이너를 슬쩍 보더니 내게 반쯤은 분하고 반쯤은 애원하는 듯한 눈빛을 보냈다. 콜린은 어른들이 자신을 둘러싸고 패거리를 형성했다고 생각하고 있었다.

"난 정말 네 생각을 알고 싶단다."

나는 정말 진심으로 그랬다.

"가스레인지 뒷벽에 붙일 멋진 타일도 골라났잖아?"

딸아이가 말했다. 맞아. 기억이 난다. 우리가 설치하려고 계획한 써마도에서 나온 가공할 만한 6구짜리 가스레인지와 딱 어울리는 플뢰르 드리스 타일을* 고르느라 몇 시간을 쏟아부었다.

---

* 프랑스 왕실을 상징하는 백합 문양이 새겨진 타일이다.

"그리고 피라미드 모양의 가스레인지 후드도 골랐잖아."

딸아이가 계속해서 말했다.

"그 타일이랑 후드. 너무 예쁜데. 만약 가스레인지를 아일랜드 식탁에 두면 전부 못 쓰게 되잖아."

"그건 그렇지."

나는 콜린이 미적인 측면만 고려하는 것에 조금 실망하며 대답했다.

"하지만 부엌은 기능성에도 초점을 둬야 하지 않을까? 특히 가족이 다 같이 만들거나 우리가 손님을 접대할 때 말이야."

딸아이는 이마를 찡그리고 손가락에 낀 반지를 문질렀다. 콜린이 스트레스를 받을 때면 하는 행동이었다. 나는 딸아이를 다그치고 싶지 않았지만 결정을 내려야만 했다. 이제 결정을 내리면 최종 결정으로 더는 물릴 수 없었고 공사도 곧 시작할 것이다. 내가 설계도를 업자에게 막 주려는 참이었다. 하지만 내가 결정했다고 말하기 전에 콜린이 다시 논쟁에 끼어들었다.

"우리는 가스레인지에서 그렇게 많이 요리하지 않잖아. 대부분의 시간을 다듬고 자르는 데 쓰는걸. 그리고 파이랑 페이스트리랑 다른 것들을 만들 넓은 조리대 공간도 필요하고."

딸아이가 불쑥 말했다.

"그건 그래."

아일랜드 식탁 한쪽 끝에서 파이 반죽을 밀고 있는 나의 모습과 다른 쪽 끝에서 신선한 호박을 잘라 퓌레로 만드는 딸아이를 머릿속으로 그려보며 대답했다.

"그리고 사람들이 아일랜드 식탁 주변에 둘러앉을 텐데, 그러면 뜨거운 가스레인지가 위험할 수 있잖아. 사람들이 화상을 입을 수도 있고."

딸아이의 말에는 점점 자신감이 붙고 있었다.

"우리가 손님들에게 음식을 넘겨주기도 힘들잖아? 불꽃 위로 접시를 건네주는 건 별로야."

'잘 지적했는걸' 하고 나는 생각했다. 이제 내 머릿속에는 콜린과 콜린의 친구들에게 신선한 빵과 게살 수프를 대접하는 모습과 내 뒤에서 안전하게 끓고 있는 김이 나는 뜨거운 수프 냄비가 그려졌다.

나는 또 다른 반박이 나올까 하여 디자이너를 바라보았다. 디자이너는 어깨를 으쓱할 뿐 아무런 말도 하지 않았다. 어쩌면 부엌 디자인을 두고 열세 살짜리와 논쟁하고 싶지 않았는지도 모른다. 어쩌면 나처럼 콜린의 주장이 꽤 일리 있다고 생각했을지도 모른다.

"좋아요."

내가 말했다.

"가스레인지는 지금 설계도대로 할게요. 냉장고 옆에요."

디자이너는 건축업자를 향해 웃어 보였고, 건축업자는 그저 눈을 부라리고 있을 뿐이었다. 어쩌면 두 사람은 콜린을 제 엄마도 이겨먹는, 이 세상에서 제일 욕심 많은 십 대라고 생각했을지도 모른다.

하지만 콜린과 내가 디자이너, 건축업자와 마지막으로 세부 사항 점검을 마치면서 나는 이 어려운 결정이 최고의 주장으로 결론 난 것이 기뻤다. 사려 깊게 판단하고 준비가 되어 있던 콜린이 이긴 것이다. 똑 부러지는 딸아이의 단호함에 나도 설득당했다. 나는 딸아이가 제 주장을 꺾지 않은 것이 매우 자랑스러웠다.

실라 베어 Sheila Bair

퓨자선기금의 선임 고문이며 호스트 호텔, 산탄데르 은행, 톰슨 로이터 이사회 이사이다. 은행 및 규제 관련 베테랑으로 2006년부터 2011년까지 미국연방예금보험공사를 이끌었다. 《정면 돌파 : 금융 위기 극복을 위해 월가와 맞서 싸우다》를 비롯한 여러 책을 썼으며 잡지 《포춘》에 칼럼을 기고하고 있다.

내가 이빨 요정이야

잔 뉴먼 변호사

· I A M T H E T O O T H F A I R Y ·

우리 딸 힐러리는 내가 아는 사람들 중에 가장 자신감이 넘치고 두려움이 없는 사람이다. 사회적 지위가 있는 낯선 사람들로 가득한 방에 자연스럽게 들어가서 자신을 소개하고 다니며 적어도 한 명의 새로운 친구와 함께 그곳을 나온다. 딸아이는 운동을 위해 공중그네를 타며, 자신의 경험을 블로그에 올리기 위해 빈곤선 아래에서 일주일을 버티기도 하고, 애완동물을 위해 샴투어라는 어류를 기르고 있다. 하지만 힐러리가 항상 이런 모습이었던 것은 아니다.

네 살 때, 힐러리는 이빨 요정을 극도로 무서워하며 꽤 혼란스러워했다. 딸아이의 여자 친구들은 이빨 요정이 서둘러 방문한 탓에 치아를 뺀 상태였다. 하지만 힐러리는 두려움에 가능한 한 발치를 하지 않으려고 오랫동안 버텼다. 온통 핑크빛인 자신의 침실로 희끄무레한 생명체가 흘러들어와 베개 아래로 앙상한 팔을 들이밀며 조그마한 자신의 이를 동전 한 닢과 바꿔놓는다는 생각으로 겁에 질려 있었다.

처음에 나는 딸아이에게 빠진 이가 담긴 주머니를 방문에 걸어두자고 제안하면서 아이를 달래려 했다. 그 말은 얼마간 효과가 있는 듯 보였지만 곧 이를 뺀 날부터 매일매일 문 앞의 유령에 대한 생각으로 두려움에 떨었다. 그래서 나는 다시 빠진 이를 우편함에 넣어두자고 제안했다. 그렇게 되면 이빨 요정이 우리의 집에 들어올 필요가 없게 되니까 말이다. 하지만 여전히 바깥을 날아다니는 유령에 대한 생각에 또다시 힐러리는 잠들지 못했다.

마침내 나는 이빨 요정에 대한 이야기가 원래의 목적을 넘어섰다는 것을 깨달았다. 별것 아닌 미신이 딸아이를 이토록 괴롭힌다면 그 이야기를 계속할 필요가 뭐가 있겠는가? 앞으로 딸아이가 맞닥뜨려야 할 현실 속의 어려움이 많고도 많을 텐데 군이 상상 속의 요정에게 겁먹고 있어야 할 이유가 어디 있겠는가? 나는 힐러리에게 비밀을 털어놓고 어른이 되면 알게 되는 사실 중 첫 번째를 공유하기로 결심했다.

나는 딸아이를 침실로 데려와 방문을 닫았다. 우리는 침대에 나란히 앉았고 딸아이는 내가 뭔가 중요한 것을 얘기할 참이라는 것을 눈치챘다.

"좋아, 힐러리. 더는 이빨 요정을 두려워할 필요가 없어. 왜냐하면 내가 바로 이빨 요정이니까. 지금까지 엄마가 네 베개 밑의 이빨을 가져가고 동전으로 바꿔놓았단다."

깨달음과 놀라움의 표정이 딸아이의 얼굴을 스쳤다. 나는 힐러리의 불안이 씻겨 내려가는 것을 보고 안도했다. 나는 마침내 이 상황을 잘 마무리했다고 생각했다. 우리는 서로를 껴안아주었다. 내가 막 일어서려고 하는데 딸아이가 질문 하나만 해도 되냐고 물었다.

"물론이지."

"엄마, 다른 집에선 어떻게 한 거야?"

이 혼란에 대해 설명해주고 나서 우리는 함께 웃었다. 힐러리는 이렇게 엄마와 딸의 교감의 시간을 통해 두려움에 떨게 했던 이빨 요정이 그렇게 무서운 것이 아니었다는 것을 이해했다. 이빨 요정에 대한 두려움에서 벗어났던 경험은 몇 년 뒤 딸아이가 7학년이 되었을 때, 로스앤젤레스의 아처여자중학교 첫 번째 수업에서 되살아났다. 아처중학교는 세운 지 3년 된 학교로 모든 중학생 소녀들에게 최고의 교육을 제공하고 비판적 사고 능력을 키우며 지적 호기심 양성과 협력 학습을 목적으로 했다.

아처중학교의 앨레네 호건 교장 선생님은 나에게 힐러리를 위해 학교가 무엇을 해주기를 바라느냐고 물었다. 나는 힐러리가 남들에 비해 수줍음이 많고 조용해 보이지만 알고 보면 내면을 표출하고 목소리를 내는 시점을 기다리고 있다고 설명했다. 나는 앨레네 교장 선생님을 도와 힐러리가 내면의 목소리를 찾을 수 있도록 도왔다. 그 결과는 내 예상보다 더 빠르고 크게 찾아왔다.

아처중학교에서의 1년은 힐러리에게 놀라운 시간이었다. 학급의 인원수가 적은 탓에 딸아이는 두 종목의 스포츠에서 학교 대표 선수로 뛰었고 로봇공학팀에도 합류했다. 학교 자체가 설립된 지 얼마 되지 않은 신생 학교였기에 딸아이와 학급 친구들은 학교의 교칙을 세우고 행정 관련 문제에 영향력을 발휘할 수 있었다. 그해에 학생들은 학교에서 허용한 스타킹의 종류에서부터 급식 업체에 이르기까지 거의 모든 것에 문제 제기를 하느라 적어도 30개의 탄원서를 쓰고 배포했다.

올해 말, 힐러리는 학교의 댄스 시간에 남학생과 여학생의 허용 거리와 교복 치마 길이에 대한 조건을 폐지하는 탄원서를 보냈다. 당연히 이러한 규칙들을 바꾸기 위해 탄원서를 보낸 사람은 아무도 없었다.

그러는 동안 딸아이는 우편번호 90210 구역을 대표하는 인물로 《내셔널지오그래픽》에서 취재를 나오기도 했다. 또한 신의 존재를 두고 학식 있는 랍비에게 꿋꿋이 맞서고 세계에서 유명한 패션 디자이너들과 패션 트렌드에 대해 논쟁하기도 했다. 딸아이는 상황이 되든 안 되든 모든 것에 대해 자신의 의견을 표명하기를 즐긴다.

딸아이의 내면에서 나오는 목소리는 속삭임에서 확성기를 통해 증폭되는 외침으로 변했다. 나는 딸아이가 자신감 있게 목소리를 내기를 원했는데 이 소원은 지나칠 정도로 완벽하게 이뤄졌다. 한 학년이 마무리되는 6월에 앨레네 교장 선생님이 내게 전화를 하여 딸아이가 보낸 한 해가 어떠했는지 물었다.

"아주 좋아요."

나는 대답했다.

"그런데 조금만 되돌릴 수 있을까요? 힐러리가 조금 뒤로 물러난다면 좋을 것 같아요."

앨레네 교장 선생님은 나에게 소녀가 목소리를 낼 수 있도록 돕는 일은 과학이 아니니 지금의 결과를 받아들여야 할 것이라고 조언했다. 그리고 내게 힐러리의 행동은 시간이 지나면 조절될 거라고도 했다. 그 후 나는 딸아이의 고유한 의견을 기쁘게 들었다. 힐러리는 지금 아처중학교의 최연소 이사회 멤버이다. 나는 언젠가 딸아이가 정말 멋진 이빨 요정이 될 거라고 확신한다.

잔 뉴먼 Jeanne Newman

저명한 영화 및 TV의 작가, 감독, 제작자들의 담당 변호사이다. 한센, 제이콥슨, 텔러, 호버맨, 뉴맨, 워런, 리치먼, 러시&캘러의 베벌리힐스를 기반으로 한 법률 회사의 오랜 파트너이다.

모두에게

페미니즘

3장

미래를 이끄는
여성 리더십

미래의 여성 대통령

세실 리처즈 비영리 재단 상임 이사

나는 강한 여성들의 후손이고 내 딸도 그런 여성들의 계보를 잇고 있다.

자라면서 우리 집은 모든 일이 엄마 중심으로 돌아갔다. 친할머니는 세기 전환기에 태어나셨는데, 그 시대를 휩쓴 시민권 운동에 앞장서셨고 텍사스 웨이코 지역의 여성투표권연맹을 설립하셨다. 외할머니는 어찌나 강인하셨는지, 어머니를 낳으실 때 침상에 누워 계시면서도 외할아버지가 드실 저녁 식사를 위해 닭의 목을 비틀었다는 이야기가 전설처럼 내려왔다. 물론 텍사스주는 여성들이 사냥도 하고 통나무도 쪼개고 국경 지대에 살기도 하는 그런 지역이었다. 여성들이 학교도 세우고 마을도 세웠다. 그들은 '다재다능'이란 말이 TV 아침 드라마의 주제가 되기 전부터 다재다능했다. 나의 할머니들은 그런 분들이셨다.

나의 어머니 앤 리처즈도 둘째가라면 서러운 강인한 여성이셨다. 어머니는 1950년대 주지사의 아내가 되어 텍사스주로 이주하신 뒤 2006년 돌아가실 때까지 계속해서 우리 가족의 중심이셨다.

이러한 배경을 가진 나는 유년기에 수많은 멋진 롤모델을 만났다. 하지만 나는 딸과 아들을 낳아 키우면서 정말 깜짝 놀랐다. 바깥세상은 우리 가족만큼 페미니즘적이지 않다는 것을 깨달았기 때문이다.

아이들이 마트 계산대에 진열된 사탕에 손이 닿을 만큼 자랐을 때, 나는 꼬마의 눈높이에 맞춰 진열된 것이 여성 잡지라는 것을 알게 되었다. 잡지의 표지들은 온통 소녀가 자라면 무엇이 되는가에 대한 기묘한 생각들, 예를 들면 패션에 미친, 남자에 집착하는 슈퍼모델들을 전시하고 있었다. 여성 운동선수나 여성 우주비행사를 실은 잡지는 어디 있는지?

나의 쌍둥이 아이들인 대니얼과 한나가 학교에 입학하자, 나는 꼬맹이들이 자라면서 무엇을 배우게 되는지 그 과정을 더욱 자세히 살펴볼 수 있었다. 그들의 멋진 선생님은 한 해가 저물 무렵 시상을 준비했다. 소년들은 '가장 발명을 잘할 것 같은 학생을 위한 상', '가장 탐구심이 높은 학생을 위한 상' 등을 받은 반면, 소녀들은 '학급 친구들을 가장 잘 도운 이를 위한 상'을 받았다. 나는 한나가 '세상을 다스릴 것 같은 학생을 위한 상'을 받았으면 했다. 나는 내 딸을 아들과 똑같이 자신감 넘치고 두려움을 모르는 아이로 키우기로 결심했다.

그러나 초등학교에 다니면서 한나가 자신감을 쌓을 만한 기회는 자주 오지 않는 듯 보였다. 그래서 다른 엄마들 그리고 그 딸들과 함께 우리만의 모임을 만들었다. 우리 모임은 뭔가를 팔거나 유니폼을 입지 않았다. 모임을 함께하는 딸들에게 모임 이름을 지어달라고 하자, 아이들은 '미래의 여성 대통령'이라는 이름을 내놓았다. 그리고 자기들끼리 티셔츠를 맞춰서 어디든지 자랑스럽게 입고 다녔다.

그 후 몇 년 동안 우리는 멋진 모험들을 함께했다. 백악관을 방문하고 기자 클럽의 단상 위에서 회견 연습을 하기도 했다. 함께 세넌도어산에서 캠핑을 하며 야외에서 불을 피우고 음식을 만드는 법도 배웠다. 또한 여성의 역사를 보여주는 박물관을 방문했고 멕시코 예술가 프리다 칼로에 대해, 모험심이 풍부했던 다른 여성들에 대해 배웠다. 마을에 벽화를 그리는 자원봉사도 했다. 우리는 보이스카우트처럼 모형 자동차 경주 는 하지 않았지만, 소년들이 할 법한 여러 멋진 일들을 함께했다.

한나는 좀 더 자라자, '미래의 여성 대통령' 모임에서 나왔고 다른 어려운 일을 맡게 되었다. 바로 중학교 소프트볼팀에서 투수를 맡은 것이다.

훌륭한 소프트볼 선수였던 한나가 가장 좋아한 포지션은 유격수였다. 유격수는 투수석처럼 스포트라이트도 받지 않는 포지션이었기 때문에 선수에게는 도전적인 역할이었다. 하지만 모든 팀에는 투수가 필요했고 누군가가 나서야 했다. 그래서 한나가 투수로 자원했고 한나를 따라 세 명의 팀원도 자원했다. 이는 주말마다 몇 시간을 추가로 더 훈련하면서 투수로서의 전략과 테크닉을 계발해야 한다는 것을 뜻했다. 한 명씩, 두 명씩 다른 학생들이 포기하기 시작했지만 한나는 끝까지 남았다.

투수 훈련은 차라리 쉬운 축에 속했다. 그보다 더 어려운 순간은 팀과 코치, 관중석에 있는 모든 팬과 가족들이 자신에게 모든 것을 의지하고

---

* 파인우드 더비The pinewood derby를 말한다. 소나무로 직접 만든 자동차를 이용하여 펼치는 자동차 경주이다.

있다는 압박 속에서 경기를 펼칠 때였다. 유난히 경기가 잘 풀리지 않던 날, 나는 투수석에 오른 한나가 압박감을 우아하게 다루는 법을 어떻게 배우는지를 보았다. 이기고자 하는 강렬한 마음으로 모든 것을 필드에 쏟아부은 뒤 패배에 당황하지 않는 것, 그 분명한 경험이 잊지 못할 어느 주말 경기에서 일어났다. 토요일 경기에서 한나는 그날따라 공을 잘 던지지 못했고 팀도 경기에서 졌다. 하지만 다음 날 한나는 굴하지 않고 다시 자원해서 투수를 맡았다. 한나가 보인 불굴의 결단력은 그날의 경기를 최고 기록으로 만들었을 뿐 아니라 팀원들의 사기와 자신감도 끌어올렸다.

투수는 한나가 맡은 최초의 리더 역할이었다. 한나는 팀이 사기가 꺾인 채 지고 있는 상황이라도 필드에 섰을 때는 후퇴하지 말아야 한다는 중요한 교훈을 배웠다. 투수석에서 경험한 외로운 순간들은 한나에게 어려움 속에서도 나아갈 의지를 잃지 말고 계발하도록 도왔다. 이후 한나는 고등학교, 대학교에서도 계속해서 노력했고 학교에 다니면서 헌신적으로 학생 조직 활동을 했으며, 후에 '미래 여성 대통령' 모임 출신이라는 이름에 부끄럽지 않을 만큼 자신감을 가지고 지역사회조직 활동에 앞장섰다.

기쁜 것은 한나의 쌍둥이 남동생을 포함해서 나의 세 아이들 모두 강한 페미니스트로 자랐다는 것이다. 대니얼은 대학에서 재생산권 reproductive rights* 모임의 부회장이 되었고 대학 보건소에서 산아제한 접근법을 쟁취하기 위해 싸웠다. 큰딸 릴리는 주지사였던 외할머니가

---

* 여성의 재생산과 관련된 문제에서 피임, 분만, 산전 관리뿐 아니라 양질의 보건 의료 서비스 등을 누릴 권리를 말한다.

가르쳐준 모든 교훈을 빠짐없이 기억하고 있고, 오늘날 맹렬하게 그 조언들을 따르고 있다. 엄마가 준 가장 중요한 지혜는? 바로 이 순간이 우리의 단 한 번의 삶이라는 것, 그리고 뒤돌아보지도 말고 다시 하지도 말고, 그냥 지금 당장 하라는 것.

나는 우리 아이들이 이 나라에서 가장 다양하고 진보적인 세대의 일부가 된 것을 고맙게 생각한다. 우리 아이들은 열정적이며 사회 정의를 위해 헌신하고 있고 LGBT와 이주민의 권리, 환경 정의를 위해 싸우고 있다. 우리 아이들은 모두 나에게 미래에 대한 희망을 심어준다. 미래의 어느 날, 우리 아이들은 분명히 여성 대통령이 선출되도록 도울 것이다.

· T H E   M O T H E R ·

세실 리처즈 Cecile Richards

미국가족계획연맹과 가족계획행동재단의 회장이다. 미국가족계획연맹은 세실의 리더십 아래 여성의 건강권과 재생산권 옹호 활동을 확장하고 있다. 2006년에 미국가족계획연맹에 합류하기 전, 낸시 펠로시 미국 하원의원의 대리 차장을 역임했다. 이전에는 노조 활동가였다.

호숫가 담소길

나널 코헤인 정치학자

· W A L K I N G   A N D   T A L K I N G ·

많은 어머니와 달리 나는 수양딸 사라가 다 자라 성인이 된 뒤에 더욱 가까워졌다. 중요한 문제들에 대해 이야기를 나누며 함께한 것은 사라가 대학에 입학하고 난 뒤였다. 이제 사라는 성공한 기업의 임원이자 많은 대의를 위해 일하는 자원봉사자이며, 세 자녀를 둔 헌신적인 어머니이다.

사라와 나는 야외 활동을 아주 좋아한다. 우리가 함께 나눈 최고의 대화는 주로 매사추세츠 웰즐리의 와번 호숫가를 걸을 때 나왔다. 우리는 종종 각자 일을 하면서 부딪히는 어려움이나 사라의 세 아이들의 활동과 성취에 대해 이야기한다. 사라는 나와 산책을 하면서 얻은 세 가지 조언이 특히 와닿았다고 했다.

1981년 내가 웰즐리대학교의 총장이 되었을 때, 직무상 참석해야 했던 이사회의 투자위원회 회의가 매달 비컨 힐*의 서머셋 클럽에서 열렸다. 서머셋 클럽은 여러 해 동안 모임 장소로 사용되었고 이사회 구성원 가운데 몇몇은 클럽 회원이기도 했다. 이 클럽은 시설이 매우 좋았지만 한 가지 특이한 게 있었다. 여성은 지하 출입구로만 드나들어야 했는데, 그 지하 출입구도 프릴이 달린 분홍색의 여성용 응접실을 거쳐야만 했다. 그리고 회의실로 가기 위해 에스코트를 받으면서 특수한 엘리베이터를 타고 이동해야 했다. 그동안 웰즐리대학교의 총장은 모두 여성이었는데도 나의 전임자들은 이것을 문제라고 생각하지 않았던 듯하다. 하지만 나는 열렬한 제2물결 페미니스트였다.

위원회와 첫 번째 회의가 끝날 무렵, 나는 공손하지만 단호한 태도로 지하 출입구에 대한 안건을 상정했다. 나의 동료들도 적절치 않다는 것에 동의했고, 이사회 구성원 중 한 명은 여성들의 출입이 자유로운 유니언 클럽으로 장소를 옮기자고 제안했다. 내가 회의에서 나온 타협안을 사라에게 이야기해주었을 때, 사라는 "그 방에서 진정한 변화를 일으키는 첫 번째 인물이 되라"는 교훈을 얻었다고 이야기해주었다. 자리를 얻었다면 개선을 위해 힘써야 한다. 몇 년 뒤 나는 사라와 함께 산책을 하면서 서머셋 클럽이 정책을 수정했다는 사실을 기쁜 마음으로 알려주었다. 또한 이사회에 속한 나와 다른 여성들이 클럽의 고풍스럽고 아름다운 홀에서 편안하게 회의에 참석할 수 있게 되었다고도 이야기해주었다.

* 미국 보스턴의 유서 깊은 부유층 주거 지역이다.

또 다른 예는 다가오는 모든 직업적 기회를 신중하게 고려해야 한다는 교훈이었다. 비록 그 일의 단점이 눈에 띄지 않는다고 해도 말이다. 1980년대 중반, 나는 유망한 기업의 이사회에 합류해달라는 요청을 받았다. 누구나 명예직으로 탐낼 만한 자리였다. 나는 얼른 수락해야 한다고 생각했지만, 그 일이 평소 나의 일을 방해하거나 시간을 빼앗지는 않을까 걱정도 되었다. 며칠 동안 제안을 두고 고민했고 이사회 위원장과 가족들에게도 조언을 구했다. 나는 결국 제안을 받아들였고 그 선택을 후회한 적이 없다. 사라는 이 일을 두고 언제나 다가오는 첫 번째 기회를 무조건 받아들일 필요는 없으며, 항상 시간을 두고 결과에 대해 가능한 한 생각하는 것이 중요하다는 사실을 배웠다고 회상했다.

웰즐리대학교의 총장으로 일하면서 내가 가장 중요하게 여긴 것은 우리 공동체의 구성원이 하는 일이라면 그것이 무엇이든지 소중히 여기는 것이었다. 나는 시설 설비, 정원 관리, 아름다운 캠퍼스를 돌보는 이들의 노고에 감사하며 건물 관리 직원분들과 함께 시간을 보냈다. 정기적으로 그들의 작업장을 방문했고 캠퍼스에서 인사를 나눴다. 언젠가는 나의 이름이 수놓아진 푸른색 작업복을 입기도 했는데, 그것은 관리 직원들이 입는 것과 동일한 셔츠였다. 사라에게 나의 이러한 모습은 저 위에 있는 임원들뿐 아니라 조직 내의 모든 이들과 소통해야 하는 리더의 덕목을 보여주는 생생한 예가 되었다.

1980년대와 1990년대에 태어난 대다수의 여성들처럼, 사라는 자라면서 스스로를 페미니스트라고 여기지 않았다. 사라는 자신의 친구들처럼 페미니즘을 과거의 유물쯤으로 여겼다. 전투는 끝났고 승리했으며 자신의 세대에서는 젠더 이슈에 대해 걱정하지 않아도 모든 혜택을 누릴 수 있다고 생각했다. 모든 고지를 점령할 수 있다고 여겼다. 하지만 대학을 졸업하고 '현실 세계'에서 어려움을 겪으면서 사라의 관점도 변했다. 호숫가를 산책하며 나눴던 우리의 대화는 사라가 페미니스트로 성장해나가는 과정의 일부였다. 이제 사라에게 페미니스트는 자신이 자랑스럽게 받아들일 수 있는 이름표가 되었다.

나는 사라와 대화를 하면서 사라만큼 많은 것을 배운다. 사라는 사려 깊고 힘을 불어넣어주는 대화 상대이며 나와는 다른 분야에서 보고 겪은 사라만의 관점과 경험을 통해 나는 많은 것을 배운다. 엄마와 딸 사이에 이루어지는 최고의 대화는 둘의 관계가 동등한 성인으로서 상호 지지와 성장을 가능케 하는 성인기에 가능하다고 생각한다.

· T H E   M O T H E R ·

나널 코헤인 Nannerl O. Keohane

로렌스 록펠러가 지원하는 프린스턴대학교의 인간가치센터의 공보 담당 객원 교수이다. 전에는 웰즐리대학교와 듀크대학교의 총장을 역임했다.

선택의 자유 그리고 책임

마샤 맥넛 지구물리학자

• F R E E D O M   O F   C H O I C E •

쾅! 애슐리가 벽에 부딪혔다. 애슐리는 여름 내내 크루즈 여행을 하며 자유 시간을 즐겼고 친구들을 만나고 아르바이트로 돈을 조금 벌었으며, 잘생긴 남자들과 몇 번 데이트를 하는 모험을 하기도 했다. 하지만 8월 말이 되자, 지난 6년간 다닌 여학교로 돌아가야 한다는 사실을 못 견뎌했다. 애슐리는 지역에 있는 공립학교로 전학시켜달라고 논리와 감정을 뒤섞어서 호소했다. 먼저 차분하게 좋은 대학에 진학한 공립학교 졸업생 명단을 읊어주었고, 심한 경쟁과 여자들로만 둘러싸인 환경에서 1년을 더 보내면 정서적 트라우마에 시달릴 거라고 눈물로 호소했다.

나는 고민에 빠졌다. 나 또한 매우 경쟁이 심한 여학교 출신이었다. 몇 년 전 나는 내 또래의 성공한 여성들을 만났고, 그들 중 많은 이들이 운 좋게도 얼마나 좋은 환경에서 자랐는지를 깨닫고 깜짝 놀랐다. 그들은 안 된다고 말하는 사람이 아무도 없는, 여성이 무엇이든 할 수 있다고 믿는, 여성이 항상 지도자의 위치에 있는 환경 속에서 자랐다. 또한 많은 기관들이 더는 여성에게 배타적이지 않다는 사실을 들었을 때도 마찬가지로 놀랐다. 나는 애슐리가 다니면 좋을 캘리포니아주 몬터레이에 있는 여학교인 산타카타리나를 알게 되었고, 그 학교를 찾아서 얼마나 기뻤는지 모른다. 1년치 학비도 이미 납부한 상태였다.

애슐리를 그 학교에 입학시킨 이유는 강하고 독립적인, 스스로 판단하고 선택할 수 있는 자신만만한 여성으로 기르기 위해서였다. 애슐리는 열일곱 살이었고 1년만 있으면 대학에 들어갈 거였다. 딸아이가 산타카타리나 학교를 다닌 지도 벌써 6년이 되었는데, 만약 지금 자신의 선택이 현명한 건지 아닌지도 판단할 줄 모른다면 남은 1년간 그 학교를 다닐 이유가 없었다. 산타카타리나의 다른 학부모들은 개학 일주일 전에 이런 사실을 알게 되면 모두 깜짝 놀랄 테지만, 나는 애슐리에게 원한다면 지역의 공립학교로 전학시켜주겠다고 대답했다. 애슐리는 뛸 듯이 기뻐했다. 몇 년간 교복만 입고 다녔기 때문에 동생 데이나에게 학교 첫날 어떤 옷을 입을지 골라달라고 부탁했다.

애슐리는 새로 간 학교에서 축구를 하고 많은 친구들을 사귀며 훨씬 더 적은 숙제를 꿈꾸고 있었다. 그러나 새 학교에 간 첫날 정오에 나는 애슐리에게 전화를 받았다. 내일 당장 산타카타리나로 돌아가겠다고, 교장 선생님께도 벌써 연락해두었다고 했다. 오후에 애슐리는 공립학교에 간 사이에 놓친 숙제를 챙기고 책도 가지러 산타카타리나 학교에 들렀다. 말할 필요도 없이 지역의 공립학교는 딸아이의 기대에 부응하지 못했다. 학생들은 전혀 수업 준비가 되어 있지 않았고 주의가 산만했으며 선생님들은 매우 지쳐 보였다. 등록을 늦게 해서 애슐리에게 가장 적합한 수업이 배정되기보다는 남는 자리가 있는 수업을 들어야 했던 것도 한몫했다. 딸아이는 모교에 대한 새로운 사랑과 자신이 누려왔던 기회에 감사하면서 산타카타리나로 돌아갔다. 다음 해 6월의 어느 완벽한 날, 애슐리가 산타카타리나 여학교를 졸업하는 날에 나는 영광스럽게도 졸업식 연사로 초청받았다.

연단에서 나는 산타카타리나 여학교를 빛낸 졸업생 선배들과 자랑스러운 그들 가족의 명단을 읊었다. 내가 고등학교를 졸업했던 삼십 몇 년 전, 그 명단에는 오로지 남학생의 이름만 있었다. 그러나 이제 여학생들도 버젓이 명단에 올라 있다. 계속해서 나는 독립심, 리더십, 올바른 판단력을 갖춘 젊은 여성들에게 남아 있는 넘어야 할 높은 산과 명확한 표적들에 대해 이야기했다.

그해 가을 애슐리는 스탠퍼드대학교에 진학했으며 하고자 하는 모든 일에서 뛰어난 성취를 보였다. 그러나 애슐리에게 여학교 교육이 잘 맞았다고 해서 모든 소녀에게 여학교가 옳은 처방은 아니다. 우리 아이들이 그 살아 있는 예이다. 애슐리의 일란성 쌍둥이 동생인 데이나는 산타카타리나중학교를 다녔지만 고등학교는 남녀공학을 선택했다. 애슐리와 데이나의 언니인 메러디스는 중고등학교 내내 남녀공학을 다녔다. 데이나와 메러디스는 추진력, 독립심, 자신감의 측면에서 애슐리와 전혀 다르지 않다. 나는 여성만을 위한 교육 기관이 갖는 가치를 굳게 믿는 사람이다. 하지만 그 이상으로 부모가 딸들에게 강하고 독립적인 개인으로 꽃피울 수 있도록 자유로운 선택권을 주어야 한다고 믿는다. 이러한 과정을 통해 아이들은 스스로 선택하고 실수하면서 배워나갈 것이고, 궁극적으로는 자신의 선택에 대해 자신감을 갖는 지혜로운 성인으로 성장할 것이다.

· T H E   M O T H E R ·

마샤 맥넛 Dr. Marcia McNutt

135년의 과학 잡지 역사상 최초의 여성 편집장이다. 2009년부터 2013년까지 미국지질조사국의 이사로 재직했다. 매사추세츠 공과대학에서 공부했고 미국국립과학아카데미의 회원이며 2000년부터 2002년까지 미국지구물리학회 회장을 역임했다.

네 삶을 살아

⸻ ❀ ⸻

낸시 펠로시 정치인

· G E T   A   L I F E ·

나의 다섯 아이 가운데 가장 어린 딸인 알렉산드라는 자라면서 나에게 가장 많은 가르침을 주었다. 알렉산드라는 우리 가족 중에서 가장 자유로운 영혼이었다. 정치적인 용어로 말하면, 소속 정당의 공식 견해를 말하지 않는 아이였다.

열다섯 살 때, 알렉산드라는 지역 대학 라디오 방송국에서 야간 근무를 하려고 한밤중에 몰래 집을 빠져나가곤 했다. 알렉산드라는 언제나 미디어에 관심이 많았기에 커서 다큐멘터리 영화감독이 되었을 때 나와 남편은 별로 놀라지 않았다.

부모 노릇을 할 때 가장 힘든 점은 아이들이 자신은 뭐든지 할 수 있다고 믿었으면 하는 것과, 아이들이 실패하지 않았으면 하는 바람 사이에서 균형을 유지하는 일이다. 물론 "넌 콘서트 피아니스트가 되진 못하겠다"라든가, "너는 하이스먼 트로피* 수상은 힘들겠다"와 같은 말을 하는 것은 바람직하지 못하다. 그리고 다행히도 우리 아이들은 모두 일찍 자신들의 소명을 찾았다.

나는 좀 다른 길을 선택한 경우다. 선거 사무실에 가서 출마를 선언하며 모두를 놀라게 하기 전까지 나는 아내로서, 엄마로서, 캘리포니아 민주당의 활발한 자원봉사자로서 알찬 시간을 보냈다. 나는 말 그대로 부엌에 있다가 의회로 갔다. 내가 민주당을 이끌 수 있었던 것은 에너지 넘치는 아이들로 가득한 한 가정을 이끈 경험 덕이었다. 나는 준비가 되어 있었다.

알렉산드라는 자신만의 독특한 방식으로 내가 출마 결심을 굳히는 것을 도와주었다. 알렉산드라가 막 고등학교 마지막 학기를 시작한 1986년, 공석이 된 지역구 국회의원 선출을 위한 보궐선거가 있었다. 나는 후보가 되어달라는 민주당의 전화를 받고 깜짝 놀랐다. 처음에 나는 "저는 공적인 일을 할 사람이 아니에요. 그냥 다른 사람들을 도울게요"라고 말했다. 내가 캘리포니아 민주당 대표를 맡았을 때에도 그 일은 자원봉사의 개념이었다. 하지만 사람들은 계속해서 내가 해야만 한다고 말했다.

나는 출마에 대해 곰곰이 생각해봤고, 이 일이야말로 내가 원하던 일이라는 것을 깨달았다. 나의 아버지인 토머스 달레산드로는 볼티모어의 시장이셨고 의회 활동을 하며 거의 40년간 공직에 머무셨다. 나는 공익

---

* 매년 가장 왕성한 활약을 펼친 선수에게 주는 대학 미식축구 상이다.

을 위해 일하는 공무원이 무엇인지 알고 있었고, 어떻게 해야 선거에서 이기는지도 알고 있었다.

하지만 나는 막내딸이, 이제 막 인생의 중요한 순간에 첫발을 내디디려 하는 알렉산드라가 이 문제에 대해 어떻게 생각할지 몰랐다. 선거가 1년만 미뤄져서 알렉산드라가 대학에 간 다음에 했으면 했다. 그러나 그럴 수는 없었다. 그래서 나는 알렉산드라에게 내가 출마하는 것에 찬성하는지 매우 진지하게 물었다. 엄마가 집에 있기를 원하며 그렇게 하겠다고 말했다.

곧장 대답이 날아왔다.

"엄마, 엄마 맘대로 해!"

이 말은 내가 원하는 대로 했으면 좋겠다는 마음을 제 방식대로 표현한 거였다. 딸아이의 말은 나를 일깨웠고 이후의 내 삶을 변화시키는 결정을 하게 만들었다.

나는 어머니 세대의 여성들에 대해 생각해봤다. 어머니는 나의 멋진 롤모델이셨다. 열아홉 살에 결혼하여 일곱 명의 아이를 키우신 어머니는 법대에 진학했지만, 네 명의 아이가 아파서 학교를 중간에 그만둘 수밖에 없었다. 그 세대의 여성들은 오늘날 우리가 얻을 수 있는 많은 기회들을 얻지 못했다. 오로지 신만이 그 여성들이 무엇을 해낼 수 있는지 알았을 것이다. 어머니가 하원의장이 되었을 때 나는 그 부분에 대해 다시 떠올렸다.

오늘날 여성들은 수많은 기회를 얻고 있지만 진화하는 우리의 사회와 경제 속에는 여전히 빠진 연결고리가 존재한다. 그리고 육아와 여성 생식권으로 그 빠진 연결고리를 채우지 않으면 여성들의 사회적 진화는 완성되지 못할 것이다.

많은 젊은 여성들은 여성의 자기 결정권이 얼마나 위험에 처해 있는지, 무엇이 여성의 미래에 중요한 이슈인지 전혀 모르는 듯하다. 우리 여성들 가운데 몇몇은 여전히 저 너머를 보아야 한다. 우리는 낙관적이고 자신감 있는 위치에 서 있다. 동시에 더 많은 것을 얻을 수 있도록 준비하고 방심하지 말아야 한다.

"왜 우리 여성들은 남성들만큼 많은 돈을 벌지 못하는 걸까? 어째서 그럴까?"

어떤 종류의 피임법을 사용하는지는 당신의 상사가 알 바가 아니다. 왜 우리는 의료 보험이 어떤 것은 보장해주면서 또 어떤 것은 보장해주지 않는지에 대해 얘기해야 할까?

우리가 남성과 아버지 되기에 대해 이야기하듯이 여성과 어머니 되기에 대해 이야기할 수 있는 시대가 온다면 멋진 일이다. 아무도 '워킹대디'에 대해서는 말하지 않는다. 워킹맘이라는 말은 엄마 노릇을 제대로 못하고 있다는 뜻이 전혀 아닐 것이다.

변화는 다가오고 있다. 여성이 제대로 된 자리를 잡는 일은 여성인 우리에게 올바르고, 우리 가족에게 올바르고, 우리 조국에 올바른 일이기 때문에 불가피하게 일어날 것이다. 우리가 이 사실을 깨닫지 못한다면, 또한 모든 가족에게 질 높은 육아 지원이 제공되지 않는다면 우리 조국은 성공할 수 없다.

내가 알렉산드라에게 배운 것처럼 아이들은 우리의 위대한 선생님이다. 손자와 손녀들은 우리가 결코 보지 못할 미래를 위한 메신저들이다. 각 분야의 리더들은 이 아이들이 각자 자신의 '삶을 살아낼' 수 있도록,

그래서 우리가 오늘날 만들어가고 있는 기회와 평등의 기초를 세울 수 있도록 도와야 할 것이다.

· THE MOTHER ·

낸시 펠로시 Nancy Pelosi

2007년부터 2011년까지 여성으로는 최초로 미 하원의장을 역임했고, 2011년부터 민주당 하원의원 원내대표를 역임했다. 1987년 이후 캘리포니아의 열두 번째 선거구인 샌프란시스코 하원의원으로 재직했다. 2013년 국립 여성 명예의 전당에 올랐다.

뿌리와 날개

알렉산드라 펠로시 영화감독

엄마가 민주당 하원의장에 선출되고 며칠 뒤에 나는 첫아이를 낳았다. 엄마에게 몹시 바쁜 시기여서 나는 출산이 임박했다는 소식을 엄마에게 가장 늦게 전했지만, 엄마는 아기가 나올 즈음부터 계속 시계를 보면서 나에게 전화를 하셨다.

엄마는 하원의장이 되신 후 내 아들이 태어날 때를 함께하시려고 시간 맞춰 비행기에 올랐고, 가까스로 뉴욕에 제때 도착하셨다. 모든 것이 제시간에 맞춰 돌아갔다. 미국 정치사에서 여성이 내디딘 역사적인 순간처럼, 엄마는 분명한 안건을 가지고 분만실에 들어오셨고 하원의장이 된 엄마 곁에는 전과는 다른 수준의 경호팀이 지키고 계셨다.

"아기의 이름에 대해 논의하자꾸나. 네 아버지가 본인의 이름을 딴 손자손녀를 한 번도 못 보신 거 너도 알지.”

엄마가 말했다.

“아버지 이름을 따서 폴이라고 지으면 참 좋아하실 텐데.”

두말할 필요도 없이 나의 큰아들 이름은 폴로 정해졌다. 이런 모습이 바로 핵심을 찌르는 낸시 펠로시의 모습이다. 엄마는 내가 내렸으면 하는 결정으로 나를 유도하면서도 동시에 그 일을 기꺼이 하게 만드는 놀라운 수완을 가지고 계셨다.

자랄 때 엄마는 내게 많은 것을 가르쳐주려 하셨지만, 사실 나는 내가 아기를 낳아보기 전까지 그 가르침의 대부분을 무시해왔다. 아이를 키우면서 그제야 엄마가 우리를 키우셨던 방식에 담긴 지혜를 알아차렸다. 엄마는 우리에게 “넌 최고야, 넌 위대해”라고 말하지 않았다. 대신 우리가 누구이고 어떤 잠재력을 가졌는지에 대해 좀 더 정직하게 말하는 편이셨다.

그리고 우리를 엄하게 교육하시지도 않았다. 새벽 3시에 바이올린 연습을 한다고 시끄럽게 굴어도 우리 방문을 쿵쿵 치지도 않으셨다. 우리가 숙제를 끝내고 할 수 있는 한 최선을 다한다면, 그것으로 충분하다고 여기셨다.

다섯 형제자매 중 막내였던 내가 부모님과 살고 있을 때, 엄마가 선거에 출마하겠다고 결심해서 정말로 놀랐다. 엄마가 세상에 태어난 목적은 차로 우리를 데려다주고 나의 할로윈 의상을 만들어주는 거라고 생각했었다. 자원봉사자로서 항상 정치 활동을 활발히 하시는 것은 알고 있었지만, 한 번도 의회로 진출하겠다는 야심을 말씀하신 적이 없었다.

나는 엄마가 정치를 하시는 것이 자랑스러웠고 또 다른 이유로도 엄마를 존경했다. 하루에 세 번 식사를 차려주는 일, 테이블과 모든 것 위에 리넨을 깔아두는 일(여기에는 빨고 개고 다리는 일이 추가된다)을 몇 년 하신 후에, 엄마는 마침내 냄비와 프라이팬에 질렸다고 결정하셨다. 엄마는 요리하는 것을 그만두셨다. 이 변화는 엄마에게도 쉽지 않았다. 오랜 시간 동안 엄마는 괜찮은 식당에서 요리를 사왔고, 마치 사온 음식이 아닌 것처럼 보이도록 그릇에 옮겨 담으셨다. 하지만 엄마는 본인이 그동안 충분히 해왔다는 것을 잘 알고 계셨다.

우리 외할머니는 이러한 면에서 큰 영향을 끼친 롤모델이셨다. 외할머니는 언제나 언니들과 나에게 꿈을 좇으라고 격려하셨고 너무 어릴 때 결혼하지 말라고 하셨다. 우리 가족들에게는 전설처럼 내려오는 이야기가 있다. 리틀 이탈리아 지역에서 누군가의 결혼식이 있었는데, 외할머니가 창문을 열고 길을 따라 행진하는 신부에게 "멍청이!"라고 소리를 질렀다는 것이다. 외할머니는 그런 일이 없다고 부인하셨지만, 나는 외할머니가 소리 지르는 모습을 상상할 수 있었다. 그런 외할머니가 엄마에게 영향을 끼쳤으리라는 점은 불 보듯 뻔했다.

엄마는 언제나 언니와 오빠들, 나에게 우리 집에서 엄마가 하는 일은 '뿌리와 날개'라고 말씀하시곤 했다. 엄마는 우리에게 날개를 달아주셨고 여전히 매일매일 우리에게 전화하신다.

엄마가 공적인 삶에서 이뤄낸 일들은 여러 방식으로 여성의 평등이라는 대의를 고취시켰다. 엄마는 가치 있는 대의의 챔피언이었고 난투가 난무하는 국가 정치 세계에서 가장 강력한 인물 중 한 명이 될 만큼 충분히 강한 여성이었다.

내가 엄마에게 배운 교훈에 대해 생각할 때면 나는 내 아들에 대해 생각한다. 나의 아들은 엄마가 의장으로 취임선서를 할 때 보러 갔다. 그 아이는 여성이 아무것도 할 수 없었던 시절의 세상에 대해서는 결코 알지 못할 것이다. 나의 아들이 보기에 가장 대단한 록 스타는 외할머니일 것이다.

· T H E   M O T H E R ·

알렉산드라 펠로시 Alexandra Pelosi

에미상의 후보에 오른 프로듀서이자 HBO 다큐멘터리 〈조지와 함께한 여행〉, 〈한 정치 여행객의 일기〉, 〈테드 해저드의 시련〉, 〈올바른 미국 : 잘못됐다는 느낌—캠페인 트레일로부터의 목소리〉, 〈홈리스 : 오렌지카운티주의 모텔 키즈〉, 〈시민 USA : 50개주 로드트립〉, 〈품위의 추락〉을 만들었다. 다큐멘터리를 찍기 전에는 NBC 뉴스의 프로듀서로 10년간 일했다.

두려움이라는 감옥

데버라 블랙 경찰서장

신이 내게 딸아이를 점지해주셨을 때, 나는 기쁨으로 차올라 꼭 심장이 터져버릴 것만 같았다. 하지만 곧바로 강한 불안감이 뒤따랐다. 내가 과연 이 세상의 온갖 위협과 위험 속에서 내 귀한 딸을 안전하게 지킬 수 있을까?

경찰로서 사람들을 안전하게 보호하는 것이 내 일이다. 나는 뼛속까지 경찰이다. 맬러리는 내가 1991년 피닉스 경찰서에서 일할 때 태어났다. 경찰관으로 일해온 나는 애리조나주 글렌데일에서 최초의 여성 경찰서장이 되었고, 전국에서 몇 안 되는 꽤 큰 규모의 도시를 관할하는 여성 경찰서장이었다. 하지만 이런 화려한 경력보다 딸아이의 존재가 나로 하여금 보다 더 나은 경찰이 되도록 도와주었다. 딸아이는 내게 공포야말로 사람을 쇠약하게 만든다는 중요한 교훈을 알려주었다.

엄마로서의 역할과 누군가를 보호하려 드는 굳어버린 습관이 서로 맞물리면, 좀 복잡해진다. 자동차에 안전 시트 설치하기, 백신 접종하기, 선크림 발라주기, 아이가 자전거를 탈 때는 꼭 헬멧 씌우기, 신호등이 초록불일 때만 건널 수 있다고 일러주기, 낯선 사람과 말하지 말기 등 이런 것들은 아주 간단하다. 이것들은 상식에 기반 한 규칙이고 따르기도 쉽다. 이러한 일들은 내가 밤에 잠 못 드는 이유가 되지 않는다. 나에게 고통이 찾아오는 것은 상상력이 너무나 멀리까지 뻗어나가서 내가 가진 경찰 배지로도 딸아이에게 일어날 수 있는 나쁜 일들을 통제할 수 없다는 무력감이 들 때이다. 선한 사람들에게도 매일같이 나쁜 일이 일어난다는 것을 나는 경험으로 알고 있고, '낯선 사람을 조심하라'는 경고로는 불량배, 폭력적인 범죄자, 심지어 테러리스트로부터 딸아이를 충분히 보호하지 못한다는 것도 잘 알고 있다.

맬러리는 엄마가 흔치 않은 직업인 경찰관인 것을 매우 좋아했다. 낮에 일이 있어 순찰차를 타고 학교에 나타나면 엄마가 멋있다고 생각했고 친구들도 동의했다. 내가 맬러리의 걸스카우트 대원들에게 경찰관들끼리 사용하는 암호('원-아담-12' 등)와 하임리히법*을 가르쳐주었을 때에도 큰 관심을 보였다.

맬러리는 내가 일을 마치고 퇴근할 때까지 경찰서에서 참을성 있게 기다리면서 중요한 교훈들을 배웠다. 법을 집행하는 공무원들 사이에 존재하는 놀라운 연대감을 목격한 것이다. 나아가 경찰들은 맬러리의

---

* 기도가 이물질로 폐쇄되었을 때 사용하는 응급처치법이다.

제2의 가족이 되었고, 서로서로를 돌보는 일의 가치를 가르쳐주었다.

오클라호마시티의 앨프리드 P. 뮤러 빌딩에서 폭탄 투하*가 일어났을 때, 딸아이는 다섯 살이었다. 2001년 9월 11일 테러가 일어났을 때는 고작 아홉 살이었다. 9월 11일의 충격이 가시고 난 뒤, 많은 사람들이 테러를 기억할 수 있을 정도 나이의 아이들은 이 테러 기억 때문에 불안과 불신을 가지고 자랄 거라고 예측했다. 나는 이 사건이 딸아이에게 끼친 변화의 신호를 관찰하려 노력했는데, 정작 내가 이 사건들 때문에 얼마나 바뀌었는지를 인식하지 못하고 있었다. 나는 두려움 속에서 주저하며 세상을 보고 있었고, 그것은 경찰인 나 자신의 안위 때문이 아니라 아이들을 걱정해서였다. 나는 내가 통제할 수 없는 문제들이 일어날까 봐 걱정했고, 또한 내가 통제할 수 있는 위험이 발생했을 때 그 문제를 제대로 해결하지 못할까 봐 걱정했다. 이러한 모습은 법 집행 공무원으로서도, 엄마로서도 좋은 모습이 아니었다.

이런 쓸데없는 걱정들로 나의 세계는 한없이 위축되어버렸다. 그러다가 어느 순간 나는 딸아이가 잘 커가고 있다는 사실을 깨달았다. 신의 가호 덕분에 딸아이는 내가 들려준 용기, 신뢰, 옳은 일 하기 같은 긍정적인 면들을 받아들이고 있었다. 딸아이는 비생산적인 걱정을 거부했다. 대신에 정말로 위협적인 일이 발생했을 때 어떻게 행동해야 하는지에 대한 지식과 정말로 두려운 상황이 무엇인지 인식하는 필수적인 교

---

* 미국 연방 정부의 종합 청사 앨프리드 P. 뮤러 빌딩은 오클라호마주 오클라호마시티의 중심가에 있었다. 이 건물은 1995년 4월 19일, 19명의 어린이를 포함한 168명의 희생자를 낸 오클라호마 폭탄 테러의 표적이 되었다. 지금은 그 자리에 오클라호마 폭탄 테러 기념비가 세워져 있다.

훈들을 내면화하고 있었다. 딸아이는 인생을 살아가는 데 중요한 자질로서 분별력과 정상적인 경계심이라는 놀라운 재능을 갖추고 있었다.

딸아이는 운전면허증을 만들기도 전에 여권부터 만들었고, 가난한 지역에서 봉사 활동을 펼치는 선교 여행을 하며 세계를 누볐다. 그러다가 열아홉 살 때 범죄율을 걱정하지 않아도 되는 이웃 도시에 정착해 살기로 결정했고, 지금은 시애틀에서 사업을 하며 매우 행복하게 지내고 있다. 딸아이는 삶의 경이로움에 열중하고 있으며, 사람들을 평가하는 대신 수용하고 대단히 독립적이며 자신감 넘치는 젊은 여성이다. 게다가 안전하다.

맬러리는 내가 경찰 제복을 입고 집을 나서던 매일매일이 자신에게 용기의 참의미를 알려주었다고 말했다. 비록 나는 마음속으로 온갖 걱정거리와 싸워야 했지만, 딸아이는 진정한 위험에 단호하게 대처하는 것이 얼마나 중요한지 배웠고 두려움 때문에 삶이 건네는 모든 경험을 저버리는 실수를 하지 않았다.

경찰서장으로서 알고 있던 원칙은 내가 엄마로서 배웠던 것들과 일치했다. 우리 아이들을 위험으로부터 보호하는 것은 성인인 우리가 마땅히 짊어져야 할 기본적인 책임이다. 하지만 우리가 통제할 수 없는 것까지 괜한 걱정으로 아이들에게 부담을 준다면, 아이들이 지금 느끼고 있는 즐거움을 빼앗을 것이고 아이들이 맞이할 내일의 가능성을 제한하게 될 것이다.

데버라 블랙 Debora Black

2011년부터 애리조나주 글렌데일의 경찰서장으로 일하고 있다. 1980년에 순찰대원으로 법 집행 공무원의 길로 들어섰고 25년 넘게 피닉스 경찰서에서 근무했다. '용맹 메달the medal of valor'과 세 번의 '인명 구조 메달medal of lifesaving'을 받았으며, 피닉스 경찰청에 재직하는 동안 두 번의 표창을 받았다.

독립

루스 베이더 긴즈버그 대법원 판사

· I N D E P E N D E N C E ·

나는 선구적인 여성이 될 생각이 전혀 없었다. 커서 변호사가 되겠다는 나의 장래 희망은 비현실적이고 전혀 쓸데없는 얘기로 여겨졌다. 1950년대와 1960년대에 누가 여자 변호사를 원했겠는가? 내 딸이자 컬럼비아대학교 로스쿨 교수인 제인 긴즈버그는 대다수의 엄마들이 직장에 다니지 않고 집에만 머물던 시절에 맞벌이 부모 밑에서 자랐다. 딸아이는 아버지가 아내의 강의와 변호사 활동을 어떻게 지원해주는지 보며 자랐다.

내 남편 마틴 긴즈버그는 배포가 큰 사람이라 나를 전혀 위협으로 여기지 않았다. 나는 열일곱 살 때 열여덟 살이던 남편을 처음 만났다. 나는 금세 마틴이 내가 가진 생각과 대화에 흥미를 보인다는 것을 알아챘다. 그 당시 대부분의 소년들이 똑똑한 여자애들을 좋아하지 않았다. 사실은, 싫어했다.

마틴은 멋진 요리사였다. 고등학교에 들어갈 즈음, 제인은 엄마가 해준 요리와 아빠가 해준 요리에 엄청난 차이가 있다는 것을 알아챘다. 딸아이는 나를 주방에서 퇴출시켰고, 주말 요리사였던 마틴은 매일같이 요리를 하게 되었다.

제인과 남동생 제임스는 남편과 내가 살아온 방식에서 자연스럽게 남녀평등의 개념을 받아들였다. 그것은 그저 우리의 삶이었다. 내가 마틴이라는 좋은 짝을 만난 것처럼 제인도 자신에게 딱 맞는 남편을 찾아서 정말 기쁘다. 비록 제인은 가족 안에서 자신이 가장 나은 요리사가 되기는 했지만 말이다.

나의 엄마 실리아 베이더는 항상 내게 독립심을 강조하셨다. 엄마는 경리로 일하셨지만 결혼하신 뒤로 일을 그만두셨다. 나중에서야 엄마와 아빠는 만약 엄마가 계속해서 직장을 다녔다면 보다 더 만족스러운 삶을 사셨을 거라는 데 동의했다. 엄마가 나에게 준 메시지는 분명했다. 내가 왕자님을 찾아 결혼하기를 바라면서도 어떤 경우에서든지 독립적인 여성이 되어야 한다는 것이었다. 엄마 때에는 여성들에게 열려 있는 직업이란 게 고등학교 선생님밖에 없었다.

엄마는 내가 아는 사람들 중 가장 똑똑하고 열렬한 독서광이셨고, 나에게 언제나 숙녀답게 처신하고 분노나 질투, 원한 같은 감정에 휘둘리지 말라고 조언하셨다. 그러한 감정들은 나의 에너지와 시간을 갉아먹는다고 하셨다. 옳은 말씀이다. 엄마는 내가 열일곱 살 때 돌아가셨다. 엄마가 조금만 더 오래 사셨더라면 내가 변한 모습을 보고 참 기뻐하셨을 텐데.

로스쿨에서 내가 성공할 수 있었던 것은 남편과 딸아이 덕분이다. 마틴과 나는 내가 코넬대학교를 졸업하던 달에 결혼했는데, 친구들과 친척들 모두 내가 그를 따라 하버드로 가서 법을 공부하는 것이 낫다고 생각했다. 비록 내가 법조계에서 일할 기회를 얻지 못한다 할지라도 나를 먹여 살릴 남편이 있으니 말이다.

내가 로스쿨에 등록한 것은 제인이 14개월이었을 때였다. 나는 학교에 가서 맹렬하게 듣고 읽고 공부하다가도 오후 4시가 되면 재깍 집에 와서 제인을 돌봤다. 제인은 돌보기 쉬운 편에 속하는 활기찬 아기였다. 대부분의 아이들보다 조금 일찍 제인을 재우고 나면 나는 기쁘게 책상 앞으로 달려갔다.

그런 나에게 로스쿨에서 열심히 공부하는 것 말고도 삶에는 더 많은 것이 있다는 사실을 제인이 가르쳐주었다. 나는 이 교훈을 매우 충격적인 방식, 즉 제인이 침실에서 한 움큼의 좀약을 입에 물고 기어 나왔을 때 배웠다. 딸아이가 스웨터를 보관해놓은 옷장 서랍에서 좀약을 발견한 것이다. 우리는 케임브리지 시티 병원으로 달려갔고 제인은 위세척을 해야 했다. 나는 아직도 그날 제인이 내지른 비명을 기억한다. 다행히 아이의 소화기에는 큰 이상이 없었다. 그날의 경험은 내게 다면적 삶의 중요성을 일깨워주었다. 제인을 돌보고 책을 읽어주는 일은 즐거웠다. 법을 공부하고 법 이론에 대해 생각하는 것은 어려운 일이었다. 나는 서로 다른 두 사람의 인생을 살았고, 하나의 역할을 하는 것은 다른 역할에 대한 일종의 휴식 시간이 되었다. 몇십 년 뒤 일과 가정의 양립이 화젯거리에 올랐다. 나는 평생 일과 가정을 양립하느라 고생하며 살아왔지만 각각을 동시에 하지는 않았다.

내가 여성이 처한 상황에 눈을 뜬 것은 시몬 드 보부아르의 《제2의 성》을 읽고였다. 이 책은 베티 프리던의 《여성의 신비》보다 더욱 큰 자극을 주었다. 나는 결코 교외에 사는 가정주부였던 적이 없었기에 베티 프리던이 서술한 첫 장에 공감하지 못했다.

1960년대 초, 스웨덴의 법에 대해 공부하고 저술하면서 보냈던 시간은 법학 교수, 미국시민자유연맹 지지자, 연방 판사, 대법원 판사로서의 나의 경력에 커다란 영향을 끼쳤다. 1962년과 1963년에 미국에서 법학을 전공하는 여대생은 전체 학생의 고작 3%였지만, 당시 스웨덴에서는 이미 20%에 육박하고 있었다. 나는 여성의 지위에 대한 각성이 전 지구적으로 일어나고 있다는 사실을 인식하기 시작했다. 우리 딸 제인이 자랐을 무렵에는 여성들이 변화의 가능성에 불을 지핀 에너지 넘치는 시절이었다. 딸아이는 잡지 《미즈》의 창간 초기에 인턴으로 일했고, 역사학으로 석사 학위를 받았다. 딸아이는 법대에 진학하기를 거부했지만 나는 제인을 설득하는 법을 잘 알고 있었다. 제인이 특히 관심을 가졌던 분야는 국내외의 지적 재산권이었다. 제인은 하버드대학교에서 첫 번째 법학 학위를 받았고 두 번째 학위를 파리대학교에서 받았다. 제인의 고등학교 졸업 앨범에는 서로의 미래를 예측하는 친구들의 메모가 적혀 있다. 제인의 친구들은 어머니가 대법원 판사가 되는 것을 보는 것이 제인의 열망이라고 적었다. 그리고 그다음 줄에 이렇게 덧붙였다.

"필요하다면, 제인이 직접 어머니를 대법원 판사에 임명하는 자리에 오를 것이다."

어머니는 내가 브룩클린의 제임슨메디슨고등학교를 졸업하기도 전에 암으로 돌아가셨고, 제인과 내가 어머니가 꿈꾸던 성공한 독립적인 여성이 된 것을 보지 못하셨다. 나에게 배움의 길을 열어준 어머니가 증손녀인 클라라가 3대째 하버드대학교 법대에 진학한 것을 보셨다면 정말 기뻐하셨을 것이다.

루스 베이더 긴즈버그 Ruth Bader Ginsburg

1993년, 빌 클린턴 대통령이 역사상 두 번째로 미국 대법원 여성 판사로 임명했다. 여성의 권리를 옹호한 선구자로서 1970년대에 미 고등법원에 올라온 여섯 건의 성차별 사건 중 다섯 건을 담당했다. 1980년에는 카터 대통령이 워싱턴 D.C.의 미국 연방고등법원에 임명하였고, 1963년부터 1972년까지 러트거스대학교 법학과 교수로 근무했다. 콜롬비아 로스쿨 사상 최초의 여교수였으며 1972년부터 1980년까지 콜롬비아 로스쿨에서 학생들을 가르쳤다. 1971년에는 미국시민자유연맹의 여성 권리 프로젝트의 출범에 도움을 주었고, 1973년부터 1980년까지는 미국시민자유연맹의 법률 고문으로, 1974년부터 1980년까지는 전국 이사회 일원으로 일했다.

이것도 곧 지나가리라

─────────── ✿ ───────────

샤론 오즈번 음악 매니저

• P R I V I L E G E S •

나의 딸들아, 너희들은 특권층 부잣집에서 태어났지만 이야기책에 나오는 대로 자라진 못했구나.

나도 집에서 한가롭게 지내는 사치를 부리지는 못했지. 일을 해야 했기에 출장이 잦았고, 너희들은 유모 손에 맡겨져서 엄마아빠가 나갔다 돌아오는 것을 지켜봐야 했지. 그것은 아마 힘든 일이었을 거야. 엄마한 테도 힘든 일이었다는 것을 알아주었으면 좋겠구나.

만약 내가 이 모든 것을 다시 시작할 수만 있다면, 너희가 크는 동안에는 밖에 나가 일하지 않을 텐데. 너희들이 아이였던 때가 너무도 금방 날아가버린 것 같아. 어느 날 자고 일어나니 어른이 되어버린 것처럼 말이야. 내가 그냥 남들과 똑같이 전업주부였다면 하고 바랄 때도 많았지만 솔직히 말해서 그랬다면 나답게 살지는 못했을 것 같구나.

에이미, 켈리야, 너희 아이들을 키울 수 있었던 것은 내게 선물이었단다. 너희도 그 아이들이 세상에 나온 순간을 결코 잊지 않았으면 좋겠다.

때로는 우리가 멀리 떨어져 있었지만, 너희 둘에게 도덕을 가르쳐주려고 애썼단다. 너희들이 스스로에게 높은 기준을 세우고 특권 의식을 갖지 말며, 남들을 판단하지 말고, 그대로 받아들이고 인내하며 언제나 열린 마음으로 살았으면 좋겠어. 그런 점에서 너희는 한 번도 나를 실망시키지 않았단다.

아버지가 무엇을 하든, 내가 무엇을 하든지 그건 너희에게 좋은 것도 나쁜 것도 아닌, 너희와 상관없는 거란다. 내가 너희 둘에게 해줄 수 있는 가장 중요한 말은 선하게 굴고, 존중하며, 정직하라는 거야. 그리고 네 삶에서 열정을 느낄 수 있는 일을 찾으렴. 그것이 무엇이든 너희가 하는 일에 열정을 가졌으면 좋겠구나. 살다 보면 언제나 너희보다 더 부유한 사람, 더 예쁜 사람, 더 어리고 재능 있는 사람들이 있을 거야. 하지만 인생은 경쟁이 아니란다.

우리 모두는 너무나 다르고 고유한 존재야. 그 점이 우리 모두를 특별하게 만들지. 이 세상에는 너희 둘과 똑같거나 너희와 똑같은 인생을 경험한 사람은 아무도 없을 거야. 그게 바로 네가 받아들여야 할 너희의 개성이라는 거란다. 네가 믿는 일을 위해 나서고 너희 삶을 살도록 해. 인생을 낭비해선 안 돼. 너희는 건강하고 사랑받고 있으며 세상에 너희의 목소리를 낼 수 있는 자유로운 젊은 여성이라는 것을 잊지 마렴. 그러니 너희들의 목소리를 내도록 해.

에이미는 열여섯 살 때 그 교훈을 얼마나 잘 배웠는지 나에게 보여주었단다. 그때 우리 가족은 MTV에서 방영된 〈오즈번 패밀리〉를 찍으면서 놀라운 경험을 했지. 리얼리티쇼는 3주간 찍기로 했고, 에이미는 그 쇼에서 자신에게 요구하는 것이 무엇인지 알고는 "난 이 쇼 안 할래"라고 말하고는 게스트하우스에서 살았어. 에이미는 쇼가 자신에게 맞지 않다고 결정했고 자신의 인생을 방해하지 않기를 바랐던 거야.

나는 자신이 원하는 것이 무엇인지 잘 알고 있는 에이미가 자랑스러웠단다. 한편으로는 우리 딸이 우리와 함께 쇼에 출현하지 않는 것이 아쉽기도 했지. 우리는 쇼에 대한 반응에 깜짝 놀랐어. 하루아침에 우리 모두는 전 세계 사람들이 다 알 만큼 유명해졌으니 말이야. 우리 모두가 함께했으면 좋았을 텐데 하고 바랐지만, 에이미가 본인을 위해 옳은 선택을 했다는 것을 이해하고 받아들였단다. 에이미는 노래 부르는 것을 좋아하고 곡을 쓰기도 하지만 결코 유명해지려 하지는 않았지.

〈오즈번 패밀리〉가 끝날 때 내가 켈리와 잭에게 말했단다.

"지금 이 순간을 즐기자꾸나. 인기에는 언제나 끝이 있기 마련이니."

그리고 켈리와 잭에게 다시 확실하게 말했지.

"이것이 영원하진 않을 거다."

돈, 명성에는 결국 끝이 있고 누군가 새로운 사람이 인기를 끌게 되지. 이 순간 속에 빠져 있으면서도 "이것도 곧 지나가리라"를 아는 것, 즐기되 이 기회를 낭비하지 않는 것이 중요하단다. 모든 것이 실제가 아니니까 말이야. 영원한 것은 없잖니. 네가 할 수 있는 것은 좋은 평판과 좋은 직업윤리를 갖는 것, 그리고 한 문이 닫히면 다른 문이 열리길 바라는 거란다.

에이미, 켈리야. 나는 너희 둘 다 내가 너희를 얼마나 자랑스러워하는

지 알아주었으면 좋겠구나. 나는 너희들이 강하고 현실적이며, 평생 갈 도덕심을 가지고 있는 게 자랑스럽단다.

너희 둘 모두를 사랑하고 찬양한단다. 너희들은 내 인생의 빛이란다.

그리고 서두르렴. 나는 더 많은 손자손녀가 필요하단다.

사랑하는 엄마가.

· T H E   M O T H E R ·

샤론 오즈번 Sharon Osbourne

CBS 방송국의 주간 드라마 〈더 토크The Talk〉에 출연했으며, 〈더 엑스 팩터The X Factor〉의 영국판 판사로 등장했다. 획기적인 MTV 리얼리티 프로그램인 〈오즈번 패밀리〉에 출연하여 에미상을 수상했다.

해준 말이 별로 없네

캐런 앤트맨 의사

· N O T   M U C H ·

그동안 딸아이에게 무슨 말을 해줬나 곰곰이 생각해보니, 가장 처음 든 생각은 '해준 말이 별로 없네'였다. 에이미는 걸음마를 배울 때부터 정말로 독립적인 아기였다. 네 살 때, 남자 친척이 선물을 주었으니 자신에게 뽀뽀를 해달라고 하자 망설임 없이 선물을 되돌려준 아이였다. 다른 친척들은 나에게 뽀뽀를 하게 에이미를 설득하라고 했지만 나는 딸아이의 반응을 지지했다.

남편과 나는 컬럼비아대학교 의대에서 만났다. 에이미는 우리가 컬럼비아대학교 메디컬센터에서 인턴 수련을 하던 마지막 해에 태어났다. 그 후 남편과 나는 함께 하버드대학교 의과대학의 교수가 되었다. 남편 엘리엇은 관상 동맥 치료실을 담당했고 나는 골수 이식 프로그램을 담당했다. 우리의 근무 시간은 길고도 까다로운 일투성이었다. 우리가 딸 에이미와 아들 데이비드에게 무언가를 가르쳐주었다면, 그것은 대체로 저녁 식사 시간에 오간 활발하고 강렬한 대화를 통해서였다.

에이미와 데이비드는 특히 코드블루 응급 상황에서 벌어진 병원 직원의 소동을 좋아했다. 응급 상황에서 심장마비팀이 달려오고 있었고, 병원 직원은 바닥에 고정된 의자를 간신히 밀어 심장마비팀을 위한 공간을 만들었다. 그런데 의자를 문 쪽으로 밀어놓는 바람에 심장마비팀 의사들은 병실에 들어가기 위해 그 의자를 기어 올라가야 했다. 그 일은 의자를 옮긴 직원도 미처 생각지 못한 결과였고 잘못된 일처리의 대표적 예였다. 한 엄마와 열여덟 살짜리 딸에 대한 이야기도 있다. 복통을 호소하던 딸은 임신 가능성을 부인했는데 어머니가 곁에 있었기 때문이었다. 10분 뒤 의사는 딸에게 소변 샘플을 받아오라고 지시했다. 소녀가 화장실로 가자, 산부인과와 소아과 의사들은 응급실 옆 여자 화장실로 모이라는 호출을 받았다. 이 사례는 사람들이 하는 모든 말을 다 믿지 말라는 것, 특히 사람들이 기꺼이 밝히고 싶어 하지 않는 일과 관련된 말은 완전히 믿지 말라는 교훈을 주었다.

학회에서 연구 결과를 발표하는 것 또한 학자의 삶에서 중요한 부분이다. 학회에 한번 참석할 때마다 며칠씩 아이들과 떨어져 있는 것이 싫어서 우리 부부는 정기적으로 전 세계에서 열리는 의학 학회에 아이들을 데리고 다녔다.

아이들은 중국의 만리장성을 보았고 파리에서 초콜릿 크루아상을 먹었으며 오스트레일리아에서 동물들과 즐거운 시간을 보냈다. 나는 종종 에이미와 데이비드의 어린 시절과 펜실베이니아 시골 농장에서 자란 나의 어린 시절이 얼마나 다른지 생각하면서 놀라곤 한다.

아이들이 고등학교에 들어갈 무렵, 나는 아이들에게 "너희가 올바른 결정을 내리는 한 우리는 간섭하지 않겠다"고 말했다. 대신 우리에게 도움을 요청하면 그곳이 어디든지 시간과 상관없이 아무것도 묻지 않고 가겠다고도 했다. 의사인 남편과 나는 휴대폰을 다른 사람들보다 좀 더 빨리 사용했다. 그때 우리가 사용했던 휴대폰은 크고 투박했는데, 에이미가 데이트를 나갈 때 우리는 그 휴대폰을 가져가라고 사정사정했다. 하지만 에이미는 친구들 중에 누구도 휴대폰을 들고 다니지 않는다면서 거절했다.

에이미는 십 대 시절 내내 강한 자신감과 결단력을 보여주었다. 에이미가 어느 대학에 지원했는지도 등록금을 내려고 수표에 사인할 때야 알았다. 우리는 딸아이가 쓴 입시용 자기소개서를 구경도 하지 못했다. 나는 다그치고 재촉하지 않아도 딸아이가 알아서 자신의 진로를 찾을 거라고 믿었다.

대학에서 에이미는 두 달에 한 번씩 전공을 바꿔가며 다양한 과목에 호기심을 보였다. 나는 요리사를 최종 목표로 결정한 에이미와 이에 반대하는 할아버지가 가족 결혼식에서 서로 부딪히지 않도록 하느라 온 신경을 썼다. 몇 달 뒤 에이미는 행성 지질학으로 전공을 바꿨다. 하지만 여름 동안 나사에서 영상 자료 연구 인턴십을 하고 돌아오더니 "내 삶을 모니터 앞에서 허비할 순 없어"라고 하면서 의대 준비를 시작했다. 우리는 몰래 미소를 지었지만 아무 말도 하지 않았다.

의과대학 신입생이 된 첫해에 에이미는 집으로 사위가 될 사람인 제프를 데려왔다. 우리가 너무 좋아하는 티를 내면 에이미가 그 멋진 남자와 헤어질까 봐 우리는 가능하면 아무 말도 하지 않으려고 애썼다. 다행히 딸아이는 우리가 내린 결론과 같은 결론을 내렸고 그와 결혼했다.

에이미는 소아신경과 의사가 되었고 지금은 샌프란시스코 캘리포니아대학교 교수로 있다. 우리처럼 학자이자 의사 그리고 부모로 살고 있다. 딸아이는 자신의 일을 사랑하는 사람들의 흥미로운 이야기를 듣고 훌륭한 롤모델들과 교류하고 있으며, 자신만의 행복과 보람찬 일을 찾아냈다. 하지만 어쩌면 우리는 딸아이의 말을 들어보아야 할지도 모르겠다.

· T H E   M O T H E R ·

캐런 앤트맨 Karen Antman, MD

보스턴대학교 의과대학 학장이며 유방암, 중피종 및 육종 분야의 세계적 권위자이다. 국립암연구소에서 번역 및 임상과학을 담당하는 부국장으로 재임했으며, 컬럼비아대학교 의과대학의 허버트 어빙종합암센터 소장이자 의학 및 약리학 교수였다. 1979년부터 1993년까지 하버드대학교 의과대학 교수로 재직했다.

가장 중요한 목표

미아 햄 운동선수·활동가

• T H E   M O S T   I M P O R T A N T   G O A L •

축구를 하면서 보낸 시간들이 오늘날의 나를 있게 했다. 나는 타인과 일하는 법, 목표에 집중하는 법 그리고 실패를 훌륭한 결과를 만들어내는 과정의 일부로 자연스럽게 받아들이는 법을 배웠다.

프로 축구선수였던 나는 1991년과 1999년 FIFA 여자 월드컵에서 우승했고 1996년과 2004년에는 올림픽 금메달을 획득했기에 챔피언이 된다는 것이 무엇을 뜻하는지 알고 있었다. 2004년 은퇴한 나는 스포츠에서 얻은 인생의 중요한 기술을 젊은 여성들에게 전수하는 데 많은 시간을 보냈다.

크리스틴 릴리와 티샤 벤투리니 호치는 나와 오랫동안 같은 팀에서 뛰었고, 우리는 2010년 팀퍼스트 축구 아카데미를 열었다. 팀퍼스트는

1년 내내 다양한 도시에서 소녀들과 젊은 여성들을 대상으로 3일간 축구 클리닉을 개최하고 있다. 우리 세 사람은 같은 대학에 다녔고, 함께 미국 국가대표 여자축구팀에 있었으며 오랜 시간 동안 많은 게임을 함께했다. 그리고 이제는 각각 딸을 둔 엄마가 되었다.

팀퍼스트의 목표는 축구와 경쟁에 대한 열정을 키워주는 일이다. 우리는 인성을 키우고 강한 자존감을 갖게 하는 데 팀스포츠가 최고의 방법이라고 생각한다. 그래서 축구의 기본을 가르치며 학생들에게 경쟁이 주는 즐거움을 보여주려 노력하고 있다. 물론 경쟁은 스트레스를 주고 육체적으로도 힘들지만 동시에 일상에 활력과 기쁨을 불어넣어준다.

크리스틴, 티샤와 나는 언제나 팀 동료로서 즐거운 시간을 보냈다. 우리를 하나로 묶어주는 연대와 우정은 우리 힘의 원천이었고, 축구장에서나 사회에서 목표를 달성하는 데 도움이 되었다. 강도가 센 운동 경기는 여성들을 주눅 들게 할 수 있지만, 팀퍼스트와 함께하는 클리닉은 여성과 소녀들이 과연 할 수 있을까라는 의심을 극복하고 경기의 스릴을 즐기도록 돕는다. 시도조차 하지 않는다면 경기에서 이기는 경험도 하지 못할 것이다.

나는 축구 경기에서 힘든 순간을 만난 우리 딸 에이바에게 이런 메시지를 들려주었다. 에이바는 당시 골키퍼였는데, 경기 중 페널티박스 밖에서 공을 막다가 손을 사용하는 실수를 했다. 심판이 손을 사용한 것을 지적하며 반칙을 선언했고, 퇴장당한 딸아이는 크게 상심했다.

남편 노마 가르시아파라는 그때 에이바의 곁에서 위로해주었다. 남편은 전에 메이저리그 야구선수였기 때문에 경기 중 일어나는 실수와 상심에 대해 잘 알고 있었다. 그때 나는 타지에 있었는데, 다음 날 집에 돌아왔을 때 에이바는 여전히 몹시 화가 나 있는 상태였다. 나는 딸아이의 방에서 그 일에 대해 마음을 터놓고 이야기해보기로 했다. 내가 딸아이에게 페널티를 받은 것 때문에 팀 동료나 코치에게 미안함과 부담감을 느끼는지 물어보았다.

"아니, 그건 실수였어. 그리고 실수라는 거 모두 다 알아."

에이바가 대답했다. 나는 그 일이 딸에게 상처가 되었다는 것을 알 수 있었다. 에이바의 반응은 딸아이의 성격과 꼭 일치했다. 에이바는 천성적으로 쌍둥이 언니인 그레이스보다 경쟁심이 강하고 강렬했다. 또 그레이스보다 관심의 중심에 서 있는 것을 좋아했다. 그러나 쌍둥이 딸은 둘 다 똑같이 막내 남동생 개릿을 좋아했다.

나는 에이바와 그레이스가 함께 쓰는 방의 침대에 앉아 경기장에서 내가 겪었던 힘든 순간들에 대해 이야기해주었다. 나는 에이바에게 모두가 실수를 하며 또한 실수를 해야만 배울 수 있다고도 했다. 전국 각지에서 연설해달라는 요청이 오면, 나는 종종 "스포츠는 당신에게 물러날 때와 실망할 때 위엄 있고 우아한 자세로 헤쳐나가는 법을 알려준다"고 말하곤 한다. 이제 내가 그 원칙을 행동으로 보여줄 때였다.

나는 잠깐 말을 멈추었다. 딸아이의 감정을 존중해주면서도 그 사건을 너무 큰일로 취급하지 않기 위해 조심스러운 줄타기를 했다. 나는 에이바가 자신의 실수로 내가 매우 화가 났다고 생각하지 않기를, 또는 실수 뒤 보인 감정적인 반응 때문에 내가 자신을 혼낼 거라고 생각하지 않기를 바랐다. 나는 그저 딸아이가 이 경험을 통해 배우기를, 그리고 실수한 것을 두고 스스로를 지나치게 몰아세우지 않기를 바랐다.

나는 에이바에게 심판에게 불려나간 뒤에도 팀 동료들을 도울 수 있다면 그 방법을 생각해낼 수 있겠냐고 물었다. 딸아이는 주저하지 않고 대답했다.

"다시 목표를 떠올리고 더 열심히?"

에이바는 나의 얼굴에서 내가 그 대답을 자랑스러워하고 있다는 것을 알았을 것이다. 부모들은 종종 우리 아이들이 보다 넓은 눈으로 세상을 이해할 수 있다는 사실을 간과한다. 에이바의 대답은 그 이상 더 좋을 수 없었다. 나는 딸아이가 감정에 휘둘리지 않으면서도 내게 그 감정을 표현할 자신감을 가지기를 바랐다.

나의 삶은 축구장에서 얻은 지식과 완전히 일치하지는 않지만, 내가 배운 교훈들을 젊은 여성들에게 나누어주는 일은 분명 영광스러운 일이다. 나는 운동선수이자 엄마로서 무엇이 진정 차이를 만들어내는지 알고 있다.

· T H E   M O T H E R ·

미아 햄 Mia Hamm

미국 스포츠 방송인 ESPN이 뽑은 가장 위대한 여성 운동선수 중한 명이다. 17년간 프로 축구선수로 뛰었으며, 미국 국가대표 여자축구팀에서 뛰면서 월드컵에서 두 번 우승하고 올림픽에서 금메달을 두 번 받았다. 2007년 국립 축구 명예의 전당에 올랐다. 2004년에 은퇴한 후 타이틀 IX와 여성 스포츠를 후원하고 있다. 미아햄 재단의 대표로서 스포츠에서 여성을 위한 기회 촉진 및 기금 마련을 돕고 있으며, 골수 및 제대혈 기증과 이식의 필요성에 대한 인식 향상에 힘쓰고 있다.

비즈니스의 요소

수킨더 싱 캐시디 인터넷 기업 CEO

· T H E   M A K I N G   O F   M A K E R S ·

내가 여덟 살 때 아버지는 회계 장부를 기록하는 법을 나에게 가르쳐주는 것으로 인터넷 기업 경영진이자 기업가라는 커리어의 싹을 틔워주셨다.

조그만 진료소를 운영하시던 아버지 자그모한은 어머니 아마르와 함께 30년 넘게 캐나다와 아프리카에서 환자들을 돌보며 보내셨다. 아버지는 회계사를 믿지 않으셨다. 그래서 두 여동생과 나에게 수표책을 읽는 법과 매달 은행 기록을 보는 법을 가르치셨고, 특히 지출 비용을 큰 장부에 일일이 손으로 기록하셨다. 매년 소득세를 내야 할 때면 수백 시간 동안 온 가족이 장부에 매달려야 했다.

열두 살이 되었을 때 나는 아버지의 전체 소득에 대한 세금을 환급받는 방법을 알고 있었다. 몇 년 후에 나는 훨씬 더 효율적인 액셀 기반의 회계 시스템을 만들었다. 부모님은 70대에 들어섰을 때, 액셀을 배우기 위해 컴퓨터 교실에 등록하셨다. 내가 대학에 가고 없을 때 회계 시스템을 돌리기 위해서였다.

아버지는 또한 사업, 혁신, 기술을 무척이나 사랑하셨다. 내가 2학년이 되었을 때 아버지는 학교에서 열린 과학박람회에 출품하기 위해 인간의 눈 모형을 만드는 것을 도와주셨다. 6학년 때는 심장을 통해 피가 온몸으로 순환하는 모습을 보여주는 모형을 집에서 직접 만들어 교실에 가져오신 적도 있다. 몇 년 뒤 내가 처음으로 AOL*에 대해 알게 된 것도 아버지가 주식 중개인에게 전화를 걸어 "우리는 이 주식을 꼭 사야 해"라고 말씀하시는 것을 통해서였다. 아버지는 내가 인터넷이 무엇인지 알기도 전에 인터넷이 갖는 가능성에 푹 빠지셨다.

생각해보면 25년이 쏜살같이 흘렀다. 나는 지난 20년을 테크놀로지 사업에 투자했다. 구글의 상임 이사로 일했고, 아마존에서 기술 개발 분야에서 일을 시작했으며, 내 이름으로 세 개의 신생 기업을 설립했고 또 다른 신생 기업에서 CEO로 일했다. 나에게는 건강한 가정과 라이언, 케냐, 키런이라는 사랑스러운 세 아이들도 있다. 특히 창조하는 것을 사랑하는 아이는 딸 케냐이다. 나는 딸아이에게서 우리 아버지와 비슷한 기업가 정신이 살아 숨 쉬는 것을 본다. 엄마로서 나는 케냐가 가진 야심을 항상 격려하고 응원한다.

케냐는 글쓰기를 좋아한다. 케냐가 아직 네 살밖에 되지 않았을 때 딸

---

* 'America Online'의 약자로 미국의 인터넷 회사명이다.

아이가 즉석에서 이야기를 만들고 그 내용을 불러주면, 나는 그대로 타이핑한 뒤 딸아이와 함께 구글에서 적당한 이미지를 찾았다. 나는 딸아이와 함께 단순한 문서 작업을 하면서 딸아이가 원하는 곳에 이미지를 넣었고, 그렇게 나의 컴퓨터에 쌓인 딸아이의 이야기는 케냐가 일곱 살때 'via Blurb'라는 자가 출판 프로그램을 통해 《케냐의 단편 소설Kenya's Book of Short Stories》로 출간되었다. 딸아이는 그 책을 가족과 친구들에게 선물로 주는 것을 좋아했지만 또한 그 책을 홍보하는 법과 책에 가격을 매기는 법 그리고 판매 방법도 함께 배웠다.

우리는 또 다른 인터넷 기반 출판사인 '아르테미스'를 통해 케냐의 그림이 담긴 그림책도 만들었다. 아르테미스는 아이들의 그림을 버리고 싶지 않은 모든 부모를 위한 곳이다. 케냐가 유치원이 들어간 뒤 매년 우리는 케냐가 가장 좋아하는 그림들을 신중하게 골라 책으로 만들기 위해 아르테미스에 보낸다. 출간될 책의 디자인은 온라인을 통해 우리가 직접 할 수 있다. 자신이 디자인하고 창조한 것을 실물로 만나면 딸아이의 얼굴에는 웃음이 끊이지 않았다. 딸아이는 아르테미스가 제공하는 서비스를 너무나 좋아해서 나의 인터넷 쇼핑몰 조이어스의 판매 상품 홍보 영상물에 출연해 아르테미스에 대해 설명하기도 했다.

지난 3년간 케냐는 다양한 사업들을 구상했다. 동물을 좋아하는 케냐는 지금 자신이 하고 있는 게임보다 훨씬 더 나은 새로운 애완동물 가게 온라인 게임을 만들겠다면서 몇 페이지에 걸쳐 세세하게 설명을 적어두기도 있다. 딸아이와 나는 그 계획을 실행에 옮기는 일을 도와줄 개발자를 찾아보자고 했지만, 얼마 지나지 않아 딸아이는 그 일에 흥미를 잃어버렸다.

올해 여름 케냐는 친구 매디슨과 함께 런칭한 온라인 컵케이크 사업인 kandmcreations.net에 시간과 노력을 쏟아부었다. 요즈음은 목장을 운영하거나 작가가 되는 일에 대해 이야기하고 있다.

케냐가 자라서 기업가가 될지, 다른 일을 할지 나도 아직은 모른다. 하지만 중요한 것은 케냐가 창업을 멀고도 두려운, 상상할 수 없는 목표로 생각하지 않고 자신이 누구이고 다른 사람들에게 무엇을 줄 수 있는지를 표현하는 불가피하고, 아름다우며 정말로 달성 가능한 수단으로 바라보고 있다는 것이다.

기업 설립은 일의 목적이 아니라 진정한 당신의 모습과 당신의 독특한 장점을 세상과 나누기 위한 수단이다. 우리의 임무는 우리의 딸들에게 그들에게도 기회가 있다는 사실을 가르쳐주는 것이다.

· T H E M O T H E R ·

수킨더 싱 캐시디 Sukhinder Singh Cassidy

제품을 동영상으로 제작하여 판매하는 인터넷 쇼핑몰의 창립자이자 회장이며 CEO이다. 2011년 조이어스를 런칭하기 전에 인터넷 쇼핑몰 벤처 기업인 폴리보어의 회장을 역임했으며 액셀 파트너스의 CEO로 재직했다. 2003년부터 2009년까지 싱 캐시디는 구글의 아시아·태평양 및 남미 사업부의 부사장을 역임했다. 아마존, 브리티시 스카이 브로드캐스팅, Open TV 및 메릴린치에서 임원직을 역임했다. 에릭슨, 트립어드바이저 및 J. 힐번의 이사회 이사이다.

궤도 벗어나기

타니 칸틸–사카우예 캘리포니아 대법원장

· T H E   R U L E S ·

엄마와 판사는 공통점이 많다. 규칙에는 모두 명확하고 분명한 선이 있고 규칙이 정해지면 그대로 적용해야 한다는 것을 알고 있다. 하지만 엄마와 판사는 몇몇 규칙에는 정확성이 없다는 것도 알고 있다. 때로는 아예 규칙이 없을 수도 있다. 그런 경우에 어떻게 해야 할까? 그때는 우리가 받아온 훈련과 경험, 이성, 직관을 활용해야 한다.

예를 들어 힐리스를 생각해보자. 만약 당신이 2000년대 중반에 아이들을 본 적이 있다면, 접이식 바퀴가 달린 이 운동화가 엄청나게 유행한 것을 기억할 것이다. 나의 조용하고 부끄럼 많은 두 딸도 이 운동화만 신으면 완전히 다른 사람이 되어 날아다니곤 했다. 한번은 우리가 매우 넓은 콘크리트 바닥이 깔린 커다란 박스 가게에서 쇼핑을 하고 있었는데, 나는 아이들에게 힐리스를 타도 좋다고 고개를 끄덕여주었다.

딸들이 내 곁에서 조심스럽게 노는 동안 다른 손님들과 가게 점원들이 웃어주었고, 자신의 아이들이나 손녀들에게도 사주고 싶다면서 어디에서 샀는지 물었다. 딸들은 점차 대담해져서 내 곁을 떠나 내 앞쪽과 뒤쪽에서 힐리스를 타고 있었다. 그러나 곧 딸들은 깜짝 놀라고 무서워서 거의 울음을 터트리기 직전의 모습으로 바퀴를 접은 채 내게로 돌아왔다.

"무슨 일이니?"

내가 물었다. 딸들은 한 가게 점원이 자신들에게 소리를 질렀다고 했다. 방금 전에 다른 직원들은 미소를 보여주었기에 더 혼란스러워했다.

나는 딸들을 안아준 뒤에 규칙이 명확치 않아 보인다고 말해주었다. 그리고 규칙이 명확하지 않을 때는 혼란스러울 수도 있지만, 누군가 한 사람이 꼭 그 규칙에 대해 옳은 말을 하는 것은 아니라고 말해주었다. 또한 규칙을 위반하려고 한 것이 아니니 힐리스 타는 것을 두려워하거나 부끄러워하지 않아도 된다고도 했다. 소리친 것은 잘못된 행동이고 상처를 주는 행동이다. 나는 그 직원이 잘못한 거라고 생각했고, 혹여 그 직원이 잘못한 것이 아니라 할지라도 내가 딸들의 곁에 있을 때 소리 지르기를 바랐다. 나는 딸들에게 힐리스를 타고 엄마와 함께 가게를 돌자고 격려했다. 그 무례한 직원과 다시 만나기를 바랐기 때문이다. 딸들은 내키지 않아하면서 걱정스럽고 모르겠다는 표정으로 다시 한번 힐리스의 바퀴를 꺼내었다. 그러나 아무도 소리치는 사람이 없었고 오히려 고객들과 가게 점원들은 웃어주었다.

몇 년이 지난 뒤에도 딸들은 여전히 그날의 사건에 대해 이야기했다.

자신들이 얼마나 위축되고 혼란스러웠는지 기억했고, 규칙을 시험해봤다가 부끄러운 일을 당했지만 곧 승리감을 느끼며 가게에서 나왔던 일을 기억하고 있었다.

물론 때로 규칙은 아주 분명하다. 하지만 그럴 때에도 전략적으로 규칙을 따를 수 있다. 농구를 예로 들어보자.

우리 아이들은 어렸을 때 나이에 비해 키가 커서 농구에서 센터로 뛰었다. 경기 중에 다른 선수들이 이리 할퀴고 저리 밟고, 밀치고 팔꿈치로 갈비를 치고, 때로는 넘어뜨리기도 했다. 나는 딸들에게 모든 농구 규칙에서 가장 중요한 게 무엇인지 가르쳐주었다.

"너희는 네 번의 파울을 할 수 있어. 다섯 번째 파울을 하면 게임에서 나가야 해. 규칙은 적절한 행동을 장려하기 위한 것이고, 만약 행동이 적절하지 않으면 규칙을 통해 그 잘못된 행동을 처벌하겠다는 뜻이야."

나는 딸들에게 게임이 거칠어지면서 혹여 얻어맞았는데도 심판이 호각을 불지 않는다면, 자신이 사용할 수 있는 네 번의 파울 중에 한 번을 사용하라고 말해주었다. 그리고 "내가 너희들을 지켜볼 거야"라고 했고, 규칙을 자신들의 이익을 위해 사용하고 기회를 헛되이 보내지 말라고도 했다. 딸들은 기회를 낭비하지 않았다.

그런데 일반적으로 규칙이라고 여기는 것 중에는 절대 따를 필요가 없는 것도 몇 가지 있다. 특히 자신의 분야에서 어떤 식으로 경력을 쌓아갈지 하는 문제가 그렇다. 2011년 내가 캘리포니아주 대법원장이 되었을 때 나이가 어리든 경험이 풍부하든 상관없이 모든 변호사들이 내가 어떤 식으로 업무를 수행해갈지 궁금해했다. 나는 캘리포니아주에서 소수민족 출신으로는 최초로, 여성으로는 두 번째로 대법원장 자리에 올랐기 때문이다.

솔직히 말하면 내게는 아무런 계획이 없었다. 그러나 나는 법조계의 미래를 남성적인 제도 이상의 것으로 바라보는 다양한 변호사들을 만났고, 그들은 내게 그러한 미래를 보여주었다. 또한 내 안에서도 그러한 미래를 보았고, 나는 그런 남녀 변호사들과 판사들과 함께하면서 많은 은혜를 입었다.

1984년 로스쿨을 졸업하고 사법고시를 치른 나는 그저 직장을 구하는 게 목표였다. 인맥도 지연도 없던 나는 아무것도 구애받지 않고 모든 곳에 입사지원서를 냈다.

그러다가 지방 검찰청에서 임시직 공고가 올라온 것을 보았고, 나는 무슨 일이 있어도 지방 검사가 되고 싶었다. 법원 건물이 정확히 어디였지? 그때 나는 검사를 평생의 꿈으로 좇게 될 줄은, 논쟁에서 뛰어난 능력을 발휘하면서 마지막까지 지지 않을 줄은 전혀 몰랐다. 사실 검사 일은 고압적이고 덩치 큰 두 오빠 밑에서 자란 필리핀계 가정의 막내인 내게 딱 맞는 일이었고 내 꿈의 실현이었다. 나는 법정이 주말에 문을 닫는 것을 슬퍼할 정도로 재판 준비를 하는 것이 즐거웠고 온 힘을 다했다. 재판 준비와 소송 작업은 나에게 자신감을 키워주고 부족한 경험을 채워주었으며, '싫다'는 말을 '다른 방법을 찾으라'는 말로 이해할 수 있는 탄력을 주었다.

나는 검사로 일하면서 무엇이든 할 수 있다고 믿게 되었다. 그래서 사람들이 내가 정부 법에 대한 경험이 없어서 주지사 사무실에서 일하기 힘들 거라고 했지만, 나는 그 말을 듣지 않았다. 나는 가능성만 저울질하기보다는 바로 도전했고, 원하던 대로 일을 하면서 이후 행정부와 입법부의 업무에 흠뻑 빠져들었다. 서른 살이 되었을 때 나는 판사 지명을 받았다. 세 명의 다른 주지사들로부터 판사 지명을 받았고 판사 지명 하나하나를 나의 마지막 기회라 생각하고 임했다.

법원에서 일하는 동안 나는 아내와 어머니가 되었다. 몇 년간 법조계를 멀리하고 보육원과 브라우니 굽기, 야구, 체조에 깊이 빠져들었다. 나는 모든 사람들이 내가 가족을 최우선으로 삼는 사실을 알기 바랐고 다른 이들도 그래야 한다고 생각했다. 비록 나의 이력서는 남성 판사와 같지 않지만, 돌이켜보면 그 시절은 끝없는 기쁨이었다. 나는 새로운 경력이 시작될 때마다 지난 경력을 떠나보내는 게 아쉬웠다. 이제는 그동안 일해온 과정을 돌아보면서 대학에 들어갈 나이가 된 딸들에게 간단하게 한마디 조언해줄 수가 있다.

"자신이 일하는 분야에서 말하는 일반적인 궤도를 따를 필요는 없다. 열심히 일해라. 좋은 태도를 유지해라. 대중들에게 봉사해라. 그리고 내면의 힐리스를 따르는 것을 절대 잊지 마라."

· T H E   M O T H E R ·

타니 칸틸-사카우예 Tani G. Cantil-Sakauye

여성으로는 두 번째로, 캘리포니아주에서는 스물여덟 번째로 대법원장이 된 최초의 필리핀계 미국인이다. 캘리포니아 사법부의 사법위원회 위원장이자 사법협의회 의장을 맡고 있으며, 정의에 대한 대중들의 접근성 향상과 효율성, 투명성 및 책임을 향상하고 시민 학습 및 참여 활성화에 중점을 두고 있다.

야망의 선물

낸시 조셉슨 할리우드 연예기획사 파트너

· R A C H E L ' S   T U R N ·

나의 딸 레이철 스턴은 고등학교 졸업반에서 가장 CEO가 될 가능성이 높은 학생으로 뽑혔다. 그 일은 내게 여러 의미에서 기쁨이었다. 어머니와 아버지가 내게 물려주신 야망과 추동력을 딸에게 제대로 전수했다는 긍정적인 증거 같았기 때문이다. 또 '가장 CEO가 될 것 같은' 학생으로 내 딸을 뽑을 만큼 생각이 앞선 학교에 딸아이가 다니고 있는 것도 기뻤다. 이것은 모든 학생에게 커다란 의미였다.

레이철은 고등학교에서 많은 성취를 이뤄냈다. 하지만 누군가 왜 레이철이 'CEO가 될 가능성이 가장 높다'고 평가받게 되었냐고 묻는다면, 상급생 시절에 여학생을 위한 획기적인 컨퍼런스를 여는 데 중요한 역할을 했기 때문일 거라고 말할 것이다. 레이철은 모노* 와 싸워가며 그 일을 해냈다.

　레이철과 같은 반 친구가 창안해낸 '이제 나의 시대It's My Turn' 컨퍼런스는 로스앤젤레스 각 지역에서 1000명이 넘는 여학생들을 끌어모았다. 영감을 불어넣는 연설가들로 가득 찼던 그날, 레이디 가가가 급우를 괴롭히는 문제에 대해 이야기할 때 정점에 올랐다. 레이철은 이 컨퍼런스를 여는 데 주요한 역할을 한 학생이었다. 병 때문에 쉽게 포기할 수도 있었지만 레이철은 끝까지 책임을 다했다. 급우들과 합심해서 컨퍼런스를 잘 끝낸 후에도 레이철은 병에 신경 쓰지 않고 학기 말까지 열심히 학교생활을 계속했다. 그런 이유로 CEO에 걸맞은 리더십을 보였다는 평가를 받았다.

　지금 레이철은 브라운대학교에 진학해 의욕 넘치는 여대생이 되었다. 딸아이를 바라보면 1980년대 초반 하버드 로스쿨을 갓 졸업하고 뉴욕에서 햇병아리 변호사로 일을 시작하던 내 모습이 떠오른다. 당시는 여피가 유행하던 시기였고 나는 매일같이 정장을 차려입고 운동화를 신은 채 일을 하러 나섰다.

　돌이켜보면 나는 야심만만했고 일에 집중하고 있었지만 동시에 가정을 꾸리기를 원했다. 일과 가정 모두를 어떻게 양립시킬지에 대해서는 고민하지 못한 채 말이다. 난 그저 앞만 보고 전진했을 뿐이었다. 결국 나는 로스앤젤레스로 옮겨 연예기획사를 시작했다. 1998년, 나는 여성으로는 최초로 거대한 할리우드 연예기획사들 가운데 하나인 인터내셔

---

* 전염성 단핵증Mononucleosis이다. 북미 지역에서 사춘기와 청년기에 많이 발병하는 것으로 알려져 있으며, 보통은 '모노mono'로 줄여서 부른다. EB바이러스에 의한 급성 감염이 원인으로 발열, 인두통, 두통, 관절통, 경부림프절 등의 증상이 나타난다.

널 크리에이티브 매니지먼트의 회장 자리에 올랐다. 나는 20년이나 이 업계에 몸담았던 한 남성과 나란히 공동회장으로 승진했다. 최초로 '여성이 회장이 되었다'는 소식은 할리우드 산업계의 바깥에서 커다란 주목을 끌었다.

나는 사다리를 오르기 위해 열심히 일했고 언제나 고객을 위해 최고의 에이전트가 되고자 노력했다. 그것은 부모님으로부터 배운 나만의 직업 윤리였다. 아버지는 자수성가한 사업가셨고 어머니는 2차 세계대전 때 노르웨이에서 미국으로 이민을 온 분이셨다. 1970년 부모님은 이혼하셨고, 이후 어머니는 출판사에서 일을 하셨다. 나는 그곳에서 어머니가 승승장구하시는 모습을 보았다. 퇴근하고 집에 돌아오시면 어머니는 편한 옷으로 갈아입고 그날 있었던 일을 이야기해주시곤 했다. 어머니가 그렇게 행복해하시는 모습을 본 적이 없었다. 어쩌면 그런 기억이 나도 크면 워킹맘이 되어야겠다고 결심하게 했는지도 모른다. 변호사로 일하던 나는 아버지의 뒤를 이어 연예기획사의 세계에 입문하게 되었다.

레이철에게 나는 성공적으로 경력을 쌓는 일과 가정을 꾸리는 일이 양립될 수 있다는 것을 보여주려 애썼다. 일과 가정이 조화를 이루는 법을 찾고, 지금 하고 있는 일을 즐긴다면 인생은 더욱 풍요로워질 것이다. 연예기획사 일은 스트레스가 많지만 동시에 즐거움도 많다.

아이들이 아직 어릴 때, 나는 아이들을 종종 사무실에 데려갔다. 가능하면 아이들에게 적합하다고 생각되는 활동들에 아이들을 데려갔다. 할리우드 연예기획사에서 일하는 엄마를 둔다는 것은 레드카펫과 영화 시사회, 수상식, TV 촬영, 기금 마련을 위한 저녁 식사 그리고 그 외 다른 많은 눈부신 행사들의 틈바구니 속에서 자란다는 의미였다. 아이들은 유명 연예인 주변에 있는 것에 익숙해졌고 이를 통해 유명세를 어떻게 바라보아야 할지에 대해서도 중요한 배움을 얻었다.

나 또한 아이들을 통해 내 일에 대한 통찰력을 얻기도 했다. 어느 날, 레이철과 레이철의 친구들을 학교에 데려다주던 나는 디즈니 채널에서 딸 또래의 아이들을 위해 〈리지 맥과이어〉라는 드라마를 방영할 계획이라는 것을 알게 되었다. 레이철의 친구 어머니가 디즈니 채널의 사장인 것도 그때 알았다. 나는 레이철의 걸스카우트 친구들이 드라마 세트장을 견학할 수 있게 추진했고, 세트장 견학은 아이들에게 커다란 기쁨을 주었다. 그리고 딸아이에게 내가 딸아이의 말을 귀기울여 듣고 있다는 것과 엄마의 직업과 딸아이의 관심사가 일치할 수 있다는 것을 알려주었다.

이제 레이철도 엔터테인먼트 산업에서 일을 찾으려 하고 있다. 엔터테인먼트 산업에서 일하려면 어떻게 해야 할지 전략적 접근법도 이미 생각해둔 것 같고, 내가 때때로 겪어야 했던 스트레스도 어떻게 해야 받지 않을지 모두 생각해놓은 것 같았다. 나는 레이철에게 비슷한 상황에 처한 여자 친구들이 언제나 도움이 되었다고 말해주었다. 우리는 오찬회의 대신에 함께 걷거나 하이킹을 하면서 의견이나 정보를 교환한다.

레이철이 자신만의 길을 찾아 떠나려 하는 지금, 나는 이 멋진 젊은 여성이 어떻게 성장하고 자신의 목표를 이룰지 지켜볼 생각에 마음이 두근거린다. 레이철과 나는 이미 서로의 경험에 대해 의견과 정보를 주고받고 있다. 어머니의 날을 맞아 레이철이 선물로 이런 글을 보내주었다.

엄마가 정말로 잘하시는 일, 내가 존경할 수밖에 없는 엄마가 정말 잘하시는 것은 일과 가정 모두를 챙기는 균형감이다. 엄마는 저녁을 함께 먹기 위해, 나와 두 남동생들이 잠자리에 드는 걸 지켜보기 위해 늘 시간 맞춰 집에 돌아오셨다. 만약 일 때문에 나가야 하면, 꼭 우리의 베개에 쪽지를 남겨두었기 때문에 잠들기 전에 마치 엄마가 그 자리에 계신 듯했다.

엄마는 소속 연예인의 방송 녹화에 가야 하면, 그 시간을 엄마와 딸이 함께하는 시간으로 만들었다. 녹화가 진행되는 동안 기획사 사장의 얼굴을 하고 있는 엄마에게 오로지 딸인 나만 수다를 떨 수 있었다. 일이 끝나면 평범한 모녀지간으로 돌아가 저녁을 먹으며 시간을 보냈다.

나의 몇몇 친구들은 결혼하고 싶어 견딜 수 없다고 말하곤 한다. 하지만 나는 그 말이 잘 이해되지 않는다. 나는 오히려 하루라도 빨리 졸업하고 일을 시작하고 싶어 견딜 수가 없다. 일을 잘해낼 때까지, 아마 몇 년은 돈도 많이 받지 못하고 노예처럼 어딘가에 매여 일해야 할 거라는 것을 안다. 하지만 궁극적으로 나는 이 엔터테인먼트 산업에서 중요한 인물이 될 것이고 많은 돈을 벌 것이며, 서른 살이 되었을 즈음에는 나의 일을 즐기고 있을 것이다. 나는 의욕이 넘치며 보스가 되고 싶다. 이것은 확실히 나의 어머니로부터 배운 것이다.

야망의 선물이란 것이 무슨 뜻인지 보이지 않는가?

낸시 조셉슨 Nancy Josephson

세계에서 가장 큰 연예기획사인 WME-IMG의 파트너이다.

다시 말 등에 올라타서

크리스틴 배런스키 배우

· B A C K   I N   T H E   S A D D L E ·

최근에 영화 〈숲속으로〉를 찍기 위해 런던으로 향하는 비행기 안에서 나는 제임스 래핀 뮤지컬의 스티븐 손드하임의 캐스트 앨범을 들었다.

〈노 원 이즈 얼로운No One Is Alone〉이라는 곡의 첫 소절은 이러했다.

"엄마는 지금 이곳에 있지 않아. 이제 너는 네 스스로 해야 해Alone. Mother isn't here now. now you're on your own."

듣는데 눈에 눈물이 고였다. 두 딸이 아직 어릴 때 일 때문에 자주 아이들 곁을 떠나야 했던 나의 모습이 떠올랐기 때문이다. 얼마나 많은 워킹맘들이 언젠가는 아이들이 자신을 용서해주겠지 하며 집을 나서는가? 우리는 아이들에게 모범을 보이려 노력했고 이것을 아이들이 언젠가는 알아주기를 바랐다. 그리고 아이들이 커서 독립심과 성실함, 개성을 가지기를 바라면서 그 중요성을 알려주려 애썼다.

나는 언제나 딸들에게 큰 꿈을 꾸고, 최고의 교육을 받고, 열심히 끈질기게 일하면 궁극적으로 자신에게 보상이 따를 거라고 가르쳤다. 나는 종종 딸들에게 "목표를 높게 가져라. 하지만 우아하게 해내라"고 말해주곤 했다.

큰딸 이자벨은 진흙에서 예기치 못한 삶의 중요한 교훈을 얻었다. 딸들은 남편이 어린 시절을 보냈던 코네티컷의 자그마한 시골 마을에서 자랐다. 시골에서 살면서 한동안 말들 옆에서 시간을 보냈다. 봄, 여름, 가을 내내 매일같이 보니라는 야무진 여성이 운영하는 소박한 마구간으로 달려갔고, 아이들은 신선한 공기, 말 연고, 말 비료의 냄새를 가장 사랑했다.

이자벨은 모카라는 이름의 크고 잘생긴 말을 빌렸다. 모카는 딸아이에게 아주 특별한 존재로 남자 친구와 같았다. 그 모든 사춘기의 에너지와 열정, 몰입이 두 발 달린 소년이 아니라 네 발 달린 말에게 향했다. 모카는 매우 완고하고 고집 센 말이었기 때문에 이자벨은 모카를 돌보는 데에만 매달렸다. 딸아이는 고집 센 말을 길들이는 자신을 자랑스러워했다. 하지만 모카를 길들였다는 성공의 증표는 가을에 열리는 승마 대회에 참가하는 것이었다. 준비에만 몇 주가 소요되는 엄청난 대회였다.

대회가 다가올수록 이자벨은 예민해졌고 불길한 느낌과 불안이 엄습해왔다. 집 안에는 마치 올림픽이라도 앞둔 것 같은 긴장감이 감돌았다. 나는 그저 최선의 결과가 있기를 바랄 뿐이었다. 최선의 결과는 이자벨과 모카가 1등상인 푸른 리본을 받는 거겠지만, 그저 아무 부상 없이 경기를 마무리하는 것만 해도 곁에서 지켜보는 부모는 안심이 될 것이다. 딸아이가 몇 번이나 말을 타고 점프하는 모습을 지켜보는 일은 브로드웨이 오프닝보다 더 극적이었다.

결전의 날, 나는 이자벨에게 옷을 입히고 말을 손질하고 둘을 대회 장소에 데려다주는 등 대회 준비를 하며 야단법석을 떨었다. 아, 그러나 말이란 예측이 불가능한 동물이었고, 특히 모카는 더욱 그랬다. 이자벨의 특별한 친구는 트랙을 돌다가 첫 점프를 해야 할 순간에 멈춰버렸고, 그 덕에 말 등에 타고 있던 이자벨은 앞으로 날아갔다. 다행히 다친 곳은 없었지만 비가 온 아침이어서 딸아이는 진흙투성이가 되었다. 깜짝 놀란 이자벨은 몹시 창피해했고 화가 났다. 그동안 모든 준비를 다 했는데 첫 번째 점프에서 인정사정없이 자신을 내던졌으니 그럴 만도 했다. 사이드라인에서 나를 만난 이자벨은 눈물을 흘리며 화가 나서 떨고 있었고, 진흙범벅에 흠뻑 젖어서 집으로 돌아가겠다고 선언했다. 모카에게 화가 난 이자벨은 그동안 길들이려 노력했던 모든 게 시간 낭비였다고 말했다.

나는 딸아이를 차에 데려가 잠시 분을 삭이도록 두었다. 우리 집은 행사장에서 15분 정도밖에 떨어져 있지 않았다. 조심스럽게 나는 딸아이에게 지금의 상황을 다시 생각해보자고 달랬다. 이번 일은 말이나 리본, 실패 같은 것과는 다른, 정말로 딸아이가 자신의 진면목을 볼 수 있는 기회라고 말했다.

나는 이자벨에게 심호흡을 하라고, 그리고 집으로 가서 옷을 갈아입고 다음 경기가 열리기 전에 시간 맞춰 돌아오자고 말했다. 다시 말에 올라타는 것이 진정한 승리이며, 삶이란 크든 작든 수많은 실패의 순간을 안겨준다고도 했다. 그러니 중요한 것은 투지의 발휘였다.

나는 이자벨에게 다시 말 등에 올라탄다면 오늘 있었던 일에 자긍심을 느끼고 웃으며 돌아보게 될 것이라고 말했고, 딸아이는 정말로 다시 시도했다. 모카는 다시 한번 딸아이를 내동댕이쳤지만 이자벨은 망설이지 않고 다시 올라탔고 목덜미에 재빨리 채찍질을 했다. 여섯 번의 시도 끝에 마침내 모카는 일련의 점프들을 해냈다. 푸른 리본에 걸맞은 퍼포먼스는 아니었지만, 딸아이는 자신에게 쏟아지는 군중들의 엄청난 박수갈채를 확실하게 느꼈을 것이다.

이제 이자벨은 진흙투성이가 되었던 그날을 생각할 때마다 웃고, 아주 사소한 것까지 세세히 기억하고 있다.

· T H E   M O T H E R ·

크리스틴 배런스키 Christine Baranski

에미상과 토니상을 수상한 배우로, CBS 드라마 〈굿 와이프〉에서 공동 주연을 맡았다.

모두에게

페미니즘

4장

———————

페미니즘은
휴머니즘이다

나의 딸 에바에게

라비 샤론 브로스 활동가

· D E A R E V A ·

에바에게

엄마가 아프리카로 떠났을 때, 넌 많이 슬퍼했지. 엄마가 왜 떠나야 했는지, 아프리카에서 무엇을 배웠는지, 너와 언니, 오빠를 위해 엄마가 어떤 꿈을 꾸고 있는지 말해줄게. 네가 이 모든 것을 지금 당장 이해하기를 바라는 것은 아니야. 하지만 네가 좀 더 컸을 때, 어느 날 이 편지를 읽고 엄마를 좀 더 이해해줬으면 하고 바란단다.

네가 태어났을 때, 폴레트 이모가 내게 말했지. 아이를 가지는 것은 심장을 가슴팍에 달고 다니는 것과 같다고 말이야. 네가 커서 부모가 되면 금세 깨닫게 될 거야. 세상에서 가장 사랑하는 존재인 아이를 완전히 보호할 수는 없다는 것을. 무슨 수를 쓰더라도 말이지. 그건 정말 견딜 수 없을 정도로 아픈 일이란다. 엄마는 네가 태어난 이후 매일같이 그 점에 대해 생각했어.

최근에 엄마 아는 사람이 딸을 뉴욕에 있는 대학에 데려다주고 돌아오면서 전화를 한 적이 있어. 그가 이렇게 말했단다.

"라비, 이제야 네가 언제나 말하던 티쿤올람 tikkun olam* 이 무슨 뜻인지 알 것 같아. 우리는 이 세상이 좀 더 정의로워질 수 있도록 노력해야 해. 언젠가 우리는 깊이 사랑하는 우리 아이들을 곁에서 떠나보내야 할 테고, 그때 우리가 할 수 있는 일이라고는 그저 아이들이 살아갈 세상이 제대로 돌아가고, 친절하고, 공평하기를 바라면서 기도하는 것뿐이니까 말이야."

에바야, 이건 정말 중요한 거야. 여성과 소녀에 대한 억압은 인종적, 문화적, 지역적 경계를 넘어 거의 보편적인 흐름이라는 것을 알고 있니?

개발도상국의 가난한 마을에 사는 여성들이 가장 어려운 처지에 놓여 있단다. 그녀들은 아주 기본적인 의료 혜택조차 받지 못한 채 아이를 출산하다가 죽어가고 있어. 그리고 세계 곳곳에서 모두에게 돌아갈 만큼 음식이 충분하지 않을 때 가장 마지막으로 음식을 받는 이들이 바로 소녀들이란다.

가난한 가족들이 아이들을 학교에 보낼 돈이 부족하면, 배움의 기회는 오직 소년들에게만 주어지지. 소녀들은 아무리 나이가 어려도 일을 해서 돈을 벌어오라거나 구걸이라도 하라고 내보낸단다. 하지만 그 아이들이 밖에 나가면 사람들은 생각지도 못한 온갖 방법으로 해를 입히

* 히브리어로 '세상을 개조하다'라는 뜻이다.

고 이익을 취하려 들지. 전쟁이 찾아오면 적군의 여성들을 망가뜨려서 적을 망가뜨리려 하는 군인들 때문에 여성들과 소녀들의 몸은 전쟁터가 되어버린단다. 엄마는 몇 해 동안 소녀와 여성들이 벌이는 사투에 대해 배우면서, 이 모든 일을 바꿔내려면 어떤 종류의 법과 영적 힘이 필요한지 더욱더 궁금해졌단다.

이것이 엄마가 라이베리아에 온 가장 큰 이유란다. 아이들과 부모를 잃은 여성들, 자신들이 가졌던 존엄성과 목소리를 빼앗긴 여성들, 하지만 어떻게든 힘을 짜내어 "더 이상은 안 돼!"라고 외치며 일어선 여성들을 만나기 위해 라이베리아에 온 거란다.

엄마는 이번 여행을 통해 엄마보다 나이가 두세 살 정도 더 많은 레이마*를 포함해 많은 특별한 여성들과 만났어. 2002년, 10년간 계속되던 내전이 끝나고 레이마는 먹여 살려야 할 네 명의 아이들과 덩그러니 남겨졌지. 집도 없고 희망도 없이 말이야. 나라와 삶은 전쟁으로 산산조각 났고, 주변에서는 싸움이 끊이지 않았단다.

그러던 어느 날 밤, 레이마는 꿈속에서 여성들을 모아 평화를 기도하라는 목소리를 들었대. 레이마는 미스터리한 목적의식을 가지고 깨어났지. 로자 파크스가 체포된 뒤에 앨라배마주 몽고메리의 여성들이 그랬던 것처럼 레이마는 수도인 몬로비아 도처에 게시물을 붙였어. 여성들에게 다음 날 아침에 다 같이 모여서 폭력과 테러에 항의하자는 거였지.

다음 날 새벽, 동이 틀 무렵 레이마는 자신이 혹시 미친 게 아닐까 하는 생각을 하면서 모임 장소에 홀로 서 있었단다. 만약 아무도 나타나지

---

* 2011년 노벨 평화상 수상자이다. '평화는 스스로 오지 않는다'라는 기치 아래 라이베리아의 평화를 이끌었다.

않으면 어떻게 하지? 하지만 그때, 너무나 놀랍고 충격적인 일이 벌어졌어. 수천 명의 여성들이 도시의 구석구석에서 걸어오기 시작한 거야. "우리는 평화를 원한다. 전쟁은 이제 그만!"이라는 간결한 구호를 외치면서 말이야.

라이베리아의 군 지도자들과 정부 요인들은 잔인하기로 이름이 나 있단다. 그들은 아주 손쉽게 시위대의 마지막 한 사람까지도 죽일 수 있었지. 이 여성들이 어디서 그런 용기가 났는지 모르겠어. 어쩌면 너무나 깊이 고통받아왔고 이제 더는 잃을 게 없다고 느꼈기 때문인지도 몰라. "우리는 두렵지 않았어요. 전쟁으로 죽거나 평화를 위해 싸우다가 죽거나 둘 중 하나일 테니까요"라고 한 여성이 말한 것처럼 말이야.

아마도 이 여성들은 자신이 몸으로 겪은, 사랑하는 사람들에게 가해진 끔찍한 그 모든 일을 서로 이야기하면서 자매로서 여성들이 함께할 때 생겨나는 힘을 발견했는지도 몰라. 어쩌면 그녀들은 자신 안에 존재하는 신을 느꼈을지도, 마치 파라오의 전차에 바다 끝까지 쫓겼던 이스라엘 사람들처럼 인간 존재는 마땅히 자유로워야 한다는 깨달음을 얻었는지도 모르지. 신께서는 옳은 이들 곁에 함께하시지. 그러니 우리는 불가능해 보이더라도 자유를 향해서 역경을 헤치고 용감하게 앞으로 나가야 한단다.

1년 동안 수천 명의 여성들이 매일같이 시위에 나왔단다. 타는 듯한 태양 아래에서도, 억수같이 쏟아지는 빗속에서도 남성들이 평화를 만들 때까지 움직이지 않겠다고 거부하면서 말이야. 하얀 티셔츠와 스카프 차림으로 여성들은 장군들, 반군 지도자들, 군인들을 바라보고 있었어. 레이마는 마치 에스더 여왕이 앞에 선 것처럼 그녀가 가진 온갖 힘을 끌어 모아 대통령 앞에서 외쳤단다.

라이베리아의 여성들은 전쟁이 지쳤습니다. 우리는 뛰는 것에 지쳤어요. 우리는 구걸하는 데 지쳤습니다. …… 우리의 아이들이 강간당하는 것에 지쳤어요. 우리는 이제 이곳에 서서 우리 아이들의 미래를 안전하게 지켜줄 것을 요청합니다. 왜냐하면 우리는 이 사회의 어른입니다. 그리고 내일 우리의 아이들이 "엄마, 위기가 닥쳐올 때 엄마는 무엇을 하고 계셨나요?"라고 물어올 것을 알기 때문입니다.

믿을 수 없게도 여성들이 이겼단다. 대통령은 권자에서 물러났고, 약 4만 명이나 되던 반란군도 겨누던 총구를 돌리고 수류탄을 꺼뜨렸지. 전쟁 직후에 최초로 치러진 자유선거에서 엘런 존슨설리프라는 여성이 라이베리아의 새로운 대통령으로 선출되었어. 여성 대통령으로 말이야! 그녀는 세상에서 가장 어려운 직업을 가지게 된 거지. 피폐해지고 망가진 나라를 치유하고 다시 건설해야 했으니까. 하지만 여성인 그녀가 대통령직을 수행한다는 사실만으로도 엄마는 진정으로 변화가 가능할 거라는 희망을 주는구나.

에바야, 듣고 있기 어려운 이야기라는 것을 엄마도 잘 안단다. 하지만 이 고통스러운 일들은 우리가 사는 세상에서 실제로 일어나는 일이고, 우리와 그들은 상관없다면서 그 힘겨운 사투를 방관한다면 이 세상은 결코 바뀌지 않을 거야.

엄마가 왜 레이마와 그녀의 여성 동지들을 직접 만나야 했는지 네가 이해해줬으면 좋겠구나. 엄마는 그녀들의 이야기를 들어야 했고, 손을 잡고 함께 기도하고 싶었단다. 진정한 도덕적 용기란 무엇인지, 여성들이 함께 뭉칠 때 얼마나 강인할 수 있는지 세상에 보여준 그녀들에게 고마움을 표시하고 싶었어. 그녀들이 입었던 항의의 의미가 담긴 티셔츠를 집으로 가져갈게. 너와 네 언니가 힘을 내야 할 때 이 옷을 입고 자매애의 강한 힘을 느꼈으면 좋겠구나. 시간과 바다를 건너 전해지는 이 강력한 힘을 말이야. 엄마는 이 여성들에게 혼자가 아니라는 것을 보여줘야 한다고 생각했단다.

에바야, 이것은 정말 너무도 중요한 일이야. 왜냐하면 군인들이 우리를 추격해올 때, 너무나 자주 세상의 다른 곳에 사는 이들은 그 문제가 자신들의 문제가 아니라고 여겨버리지. 우리는 종종 암흑 같은 시간을 보낼 때면 자신이 혼자라는, 마치 투명인간이 되어버린 것 같다는 생각을 한단다. 하지만 엄마는 어떤 누구도 그런 느낌을 받지 않았으면 좋겠어.

에바야, 엄마는 종종 네가 자라면 무엇이 될까 궁금한단다. 엄마는 네가 사랑에 빠졌으면 좋겠어. 네가 자라서 엄마가 되기를. 그래서 너의 팔에서 꼬물거리는 자그마한 생명체가 주는 말로 표현할 수 없는 축복의 감동을 느끼기를, 아이가 자라는 모습을 보고 아이의 목소리와 사랑, 반항을 지켜보면서 더욱더 사랑하게 되기를 바란단다. 엄마는 네가 토라*와 우리 선조들의 전통에서 지혜와 희망을 찾았으면 좋겠구나.

귀여운 우리 딸이 우리가 사는 세상의 장엄함과 숨 멎을 듯한 아름다움, 상심과 고통을 모두 같이 견뎌낼 수 있기를. 정의와 연민, 치유와 가능성을 향해 나아갈 수 있도록 신이 네게 주신 재능을 활용할 방법을 찾

* 유대교 율법을 뜻한다.

기를. 엄마는 항상 온 마음을 다해 너를 사랑한다는 것을, 네 엄마가 된 것은 살면서 누렸던 것 중에서도 가장 커다란 영광이었다는 것을 알아주기를.

사랑을 담아
엄마가

· T H E   M O T H E R ·

라비 샤론 브로스 Rabbi Sharon Brous

로스앤젤레스에서 활발하게 활동을 펼치는 유대인공동체 IKAR의 설립자이다.

우리 어머니

———— ✲ ————

메리 스틴버건 배우·환경 운동가

어머니는 열렬한 페미니스트셨다. 하지만 결코 집회에 나간 적도, 배지를 달거나 차에 범퍼 스티커를 붙인 적도 없다. 어머니는 구호를 외치거나 자신과 생각이 다른 누군가와 얼굴을 붉힌 적도 없다. 페미니즘에 대한 책을 읽어보신 적도 없다. 그저 페미니스트로 사셨을 뿐이다. 어머니에게 페미니즘이란 공정함과 같았다. 공정함은 너무도 당연한 것이지만 변화에 대한 욕구, 그 근본에 자리하고 있으면서도 종종 간과되곤 하는 원칙이다. 어머니는 그저 삶은 모두에게 공정해야 한다고 생각하셨다

여덟 살 때, 나는 태연하게 가족들을 먹여 살리기 위해 일하러 나가시는 나의 페미니스트 어머니를 보았다. 나는 아칸소의 노스리틀록에서

자랐다. 전차 운전수였던 아버지는 심장 질환이 있으셔서 내가 어렸을 때 거의 일을 하지 못하셨다. 대신 어머니가 묵묵히 아침 9시부터 오후 5시까지 비서로 일하셨다. 아직도 여동생과 나는 어머니가 어떻게 그렇게 하루 종일 일하실 수 있었는지, 그러고도 집에 돌아와서는 우리를 위해 따뜻한 밥상을 차려주셨는지 놀라워하곤 한다. 어머니는 우리의 옷가지를 만드느라 많은 시간을 보내시기도 했다.

이제야 돌이켜보면 어머니는 정말로 많이 피곤하고 지긋지긋할 뿐 아니라 많은 밤이 두려웠을 것이다. 하지만 나는 자라면서 어머니가 그런 말씀을 하시는 것을 거의 보지 못했다. 페미니즘이 나에게 와닿았던 이유는 어린 시절 어머니를 보았기 때문이다. 말씀하지 않아도 나는 어머니가 보이신 모범을 통해 여성은 무엇이든 할 수 있고, 무엇보다도 상황이 어려워졌을 때 일어서는 법을 배웠다. 이러한 배움은 나의 어머니가 정말로 놀라우신 분이셨고 또 가장이셨기에 가능했다. 그것은 쉽지 않은 일이지만 가능한 일이기도 했다.

나는 직업상 많은 젊은이들을 만나며 또 그래서 나의 직업이 좋다. 하지만 가끔씩 내가 만난 젊은 여성들이 이렇게 말할 때 깜짝 놀라곤 한다.

"저도 일에 욕심이 있고 야망이 있죠. 하지만 그러니까 저는 페미니스트는 아닌데……."

나는 언제나 부드럽게 대답한다.

"하지만 인생에서 최선을 다하고 싶지 않아요? 당신의 꿈을 펼치고 그것을 얻기 위해 열심히 노력하잖아요? 공평한 대접을 받고 싶지 않아요? 직장 상사나 동료들로부터 그리고 연인 관계에서요."

대답은 항상 이렇다.

"물론이죠."

그게 바로 페미니스트이다. 당신은 페미니스트라는 명칭을 자랑스럽게 내세울 수도 있고 안 보이게 찢어버릴 수도 있고, 범퍼 스티커 따위는 나 몰라라 할 수도 있다. 하지만 그 대답이야말로 페미니스트가 되는 전부이다. 그 대답은 어머니가 가졌던 공정함에 대한 기본적인 생각을 떠올리게 한다. 나는 할 수 있는 한 내 인생을 알차게 보내고 싶다. 나는 끝없이 도전하고 싶다. 성장하고 싶고 죽을 때까지 새로운 것에 뛰어들고 싶다. 나는 가족들과 나의 일을 사랑하고 싶다. 그리고 세상에 있는 모든 젊은이들이 어떠한 진로를 선택하든 그 길로 나아가기를 바란다. 많은 젊은 여성들에게 그 길은 매우 험난할 수 있다. 그렇기에 나는 그녀들이 페미니즘을 알기를 바란다.

나는 세 딸이 나를 통해 인생의 기회를 망설임 없이 붙잡는 것에 대해 뭔가를 배웠기를 바란다. 나는 딸들에게 너희들의 심장이 뛰는 일을 하라고 격려해주고 싶다. 한 번에 '모든 것을 다 갖기'가 얼마나 힘든지 거짓 없이 말해주고 싶다. 내가 이룬 많은 것 가운데서 엄마 되기와 새 엄마 되기가 가장 스릴 넘치는 모험이었다는 것을 내 딸들도 알 것이다. 그리고 이 엄마 노릇은 페미니스트가 되는 것과 전혀 상충하지 않는다. 딸들은 삶이 준 축복에 감사해하고 나는 딸들이 다른 젊은이들과 함께 일하고 공동체에 기여하는 모습을 바라본다. 이제 딸들은 모두 성인이 되었고, 자신들 삶의 여정을 경탄과 자긍심으로 바라보고 있다. 아이들은 그들의 지성을 숨기지 않고, 자신이 가진 힘을 숨기지 않는다. 딸들은 내가 그 나이 때 겪었듯 이미 몇몇 거친 폭풍우를 거쳤다. 그렇지만 그 나쁜 경험은 아이들을 성숙시켰고 이 사회에서 여성이라는 것이 무엇을 뜻하는지 알려주었다.

나는 조부모라는 매우 특별한 특권을 누리고 있다. 정말로 손자손녀를 보는 일은 멋지다. 손녀들에게 느끼는 상상을 초월하는 사랑도 있지만 무엇보다 아름다운 것은 딸과 사위가 부모로서 빛나는 모습을 바라보는 것이다. 물론 그들의 긴 인생이 저물 때까지 항상 빛나지는 않겠지만, 지금은 너무나도 빛나고 있다. 딸과 사위가 서로에게 그리고 아이들에게 보내는 존중을 보는 것만으로도 너무 흐뭇하다.

나의 딸들은 내가 가장 좋아하는 유형의 남성들에 둘러싸여 자랐다. 그들은 최선을 다해 여성들을 기쁘게 해주었고, 누군가의 눈에서 눈물을 흘리게 하는 것으로 남성성을 과시하지 않았다.

나는 언젠가 자신을 위해 그리고 모든 여성을 위해 공정함을 요구하는 여성에게 '페미니스트'라는 딱지를 붙이지 않는 날이 오기를 바란다. 사람들에게 딱지를 붙이는 것은 사람들을 나누고 가르는 일이기 때문이다. 남성들도 페미니스트라 불릴 필요도 없고, 나의 아들이나 남편에게 그 딱지를 붙이지 않아도 되기를 소망한다.

하지만 그런 날이 오기 전까지 나는 자랑스러운 페미니스트일 것이다. 넬 스틴버건답게, 나 자신과 딸과 손녀를 위해 항상 페미니스트이다.

· T H E   M O T H E R ·

메리 스틴버건 Mary Steenburgen

오스카상을 수상한 배우이자 환경 운동가이다. 〈길버트 그레이프〉, 〈백 투 더 퓨처 3〉, 〈엘프〉 등에 출연했다.

괴로워하지 말고 조직하라

글로리아 알레드 변호사·활동가

나는 종종 우리 딸 리사에게 나 같은 엄마 밑에서 자라는 게 어떤지 물곤 했다. 딸아이는 '임파워링empowering'이라는 한 단어로 대답을 했고, 나는 너무 기뻐 소름이 돋았다.

세간의 주목을 받는 사건들의 담당 변호사로 헤드라인에 오르내리기 훨씬 전부터, 나는 딸아이가 특히 여성과 소녀들에 대한 차별에 맞서 옳고 공정함을 위해 싸우는 것이 얼마나 중요한지 알고 있어야 한다고 생각했다.

리사는 4학년 때 치마를 입지 않고 바지를 입었다는 이유로 스퀘어댄스를 출 수 없다는 말을 들었다. 그때는 1970년대였고, 그 공립학교는 최근에서야 소녀들에게 바지를 입는 것을 허용했다. 저녁 식사 시간에 리사는 그날 선생님이 스퀘어댄스에 참여하지 못하게 해서 책상에 엎드려 울었다고 말했다.

리사와 나는 다음 날 교장실로 쳐들어갔고, 그 자리에서 선생님이 만든 그 규칙이 얼마나 소녀들에게 불공평한지 설명했다. 남자 교장선생님은 나의 말에 이상한 표정을 지어 보였지만, 내가 말을 끝마치자 그 규칙은 이제 학교에 없다고 말해주었다. 리사는 그 승리로 깊은 인상을 받았다고 말했다. 나는 엄마로서 딸아이의 상처 입은 마음을 달래주려 한 것도 있지만, 우리 모두가 권위에 질문하고 대항할 수 있는 능력이 있다는 것을 보여주고 싶었다. 이 스퀘어댄스 사건은 그런 나의 원칙을 딸아이에게 가르쳐줄 수 있는 좋은 기회였다. 네가 뭔가를 원할 때, 힘 있는 사람이 안 된다고 말하면 그것으로 대화가 끝난 게 아니라 단지 시작된 것이다.

몇 년 뒤 소녀들만 차별하는 교칙에 저항할 또 다른 기회가 찾아왔다. 학교에서는 연례행사로 교사-학생 소프트볼 경기를 하는데 소년들만 경기에 참가할 수 있었고, 리사의 몇몇 여자 친구들이 이런 학교의 전통에 문제를 제기했다. 리사는 소프트볼 경기에 전혀 관심이 없었지만, 외할머니의 조언을 따랐다.

"괴로워하지 말고 조직하라!"

이 문구는 내가 종종 인용하곤 하는 유명한 노동 운동가 마더 존스의 말이었다.

6학년들은 앞장서서 그룹을 조직하고 집회를 열고 페미니스트 슬로건을 외치며, 궁극적으로는 여학생들도 참여하는 소프트볼 게임을 만들기 위해 투쟁했다. 나는 그 모습을 자랑스럽게 바라보았다.

마치 십자군처럼 돌진하는 나의 성격 때문에 리사가 당황스러워하는 때도 있었다. 예를 들어 학부모 방문의 날Back-to-School Night에 역사 책에 여성과 소수민족에 대한 정보가 부족하다며 선생님을 달달 볶을 때라든가, 여학생 스포츠 프로그램이 소년들의 프로그램만큼 많은 기금을 받았는지 세부 사항을 보여달라고 학교에 밀어붙일 때가 그랬다. 하지만 이것들은 모두 딸아이의 평등을 위한 것이고, 소녀들도 소년들과 동등한 기회를 누려야 한다는 교훈을 가르치기 위한 것이다.

리사가 페미니스트 슬로건이 담긴 배지나 범퍼 스티커를 모으기 시작했을 때는 '내가 무서운 아이를 키우고 있구나' 하는 생각이 들었다. 리사가 가장 좋아한 문구는 이것이었다.

"남성과 동등함을 추구하는 여성들은 야망이 부족하다."

나는 리사에게 법대에 진학하라고 격려했고, 예일대학교 법대에서 잘 지내는 모습을 보며 기뻐했다. 딸아이는 변호사, 작가 그리고 NBC 방송국의 〈투데이 쇼〉에 법률 자문으로 출연하면서 많은 경력을 쌓았다. 또한 나의 손자손녀인 사라와 샘의 훌륭한 어머니이기도 하다.

내가 리사를 변호사의 길로 이끌고, 여성과 소수민족 관련 일을 지원하게 한 것은 사실이다. 하지만 동시에 딸아이가 자신다움의 중요성을 이해하고 스스로 모든 결정을 하도록 했다. 우리 사무실에는 다음과 같은 구호가 붙어 있다.

"이성적으로 굴 것. 자기 방식대로 할 것."

하지만 나는 이 말을 리사에게 적용하지 않았다. 내가 리사의 모습 그대로를 사랑한다는 것을 딸아이가 알도록, 나와 다른 딸아이만의 열망과 자신만의 삶을 살 권리를 가지고 있다는 것을 알려주기 위해 노력했다.

나라면 절대로 하지 않을 일이지만 딸아이가 킬리만자로를 오르겠다고 결정했을 때, 나는 뒤에서 응원을 보냈다. 내가 별로 관심 없는 무술에 딸아이가 흥미를 느낄 때에도 아낌없이 지원해주었다. 그리고 자신의 행복을 추구할 권리에 더해 가족뿐만 아니라 다른 사람들을 도우며 이 세계를 더 나은 곳으로 만들어야 할 의무가 있다는 사실을 딸아이에게 알려주었다.

리사는 사회 곳곳에서 여성이 부딪히는 장벽들을 우리 세대가 부숴주었고, 자신은 우리 세대에게 빚을 지고 있다고 말하곤 했다. 리사는 우리 시대에 정의된 많은 싸움을 눈앞에서 보았다. 내가 사건을 맡고 정의를 구현하기 위해 믿는 바 대로 일하는 것을 보았다.

변호사이자 엄마인 리사는 내가 딸아이에게 바랐던 모든 것과 그 이상의 일을 해냈다. 딸아이에 대해 생각할 때면 리사뿐 아니라 모든 딸들을 위해 언제나 세상을 더 나은 곳으로, 보다 평등한 곳으로 만들기 위해 싸웠던 나 자신이 떠오른다.

· T H E   M O T H E R ·

글로리아 알레드 Gloria Allred

로스앤젤레스의 변호사이자 알레드 모로코&골드버그 법률 회사의 파트너이다. 또한 《맞서 싸워 승리하라Fight Back and Win》의 저자이다.

장벽

줄리엣 가르시아 대학교 총장

· T H E   W A L L ·

1986년 내가 라틴계 여성으로는 최초로 미국 대학교 총장이 되었을 때, 나는 경험이 많은 몇몇 연장자에게 총장으로서 해야 할 가장 중요한 일이 무엇인지 조언을 구했다. 지혜로운 멘토이자 동료인 한 대학교 총장은 자신이 하는 가장 중요한 일은 우리나라의 민주주의를 유지하는 것, 이민자의 다음 세대를 받아들이고 교육을 받게 하여 우리의 민주주의 시스템에 귀속되도록 돕는 거라고 말했다. 그는 만약 자신이 이일을 잘해낸다면, 우리의 새로운 시민들이 우리의 민주주의를 양성하고 지키고 지속시킬 거라고 믿었다. 나는 그 말을 듣는 순간 그의 비전이나의 비전이 될 거라는 것을 알았다.

그로부터 20년이 지난 뒤, 나는 대학교 총장으로서 성공적으로 일을 하면서 수천 명의 학생들을 졸업시켰다. 그런데 그런 내가 미국 정부로부터, 내가 지속시키고 있다고 믿었던 그 정부로부터 고소를 당했고 나는 그 사실에 깜짝 놀랐다. 내게는 시련의 시간이었고 나는 가족과 친구들의 도움을 받으며 버텨냈다. 연극 〈포스트 9·11〉이 우리 대학 캠퍼스에서 상영되는 동안, 우리 딸 폴리타 가르시아 리코만큼 결단력 있게 내 곁을 지켜준 이도 없었다.

브라운즈빌에 있는 텍사스대학교는 리오그란데강과 고작해야 한 블록 정도 떨어져 있고, 멕시코만으로 흐르는 리오그란데강은 정치적으로 미국과 멕시코를 가르는 국경으로서 사우스파드리아일랜드에 있는 우리 대학 캠퍼스의 남쪽에서 30마일 정도 떨어져 있다. 국경 지역에 사는 것은 양국을 오가는 지역에 살면서 일하는 우리에게 이점이 많았다. 이곳에서는 언제나 활기가 넘쳤고 상품과 서비스의 흐름이 역동적이었으며, 강을 사이에 두고 양편에 살고 있는 친척들과 교류하면서 두 언어와 문화의 접촉을 통해 풍요로운 일상을 경험했다. 그리고 역사적으로 봤을 때 이곳은 텍사스의 전형적인 도시라기보다는 중세 항구 도시에 더 가까웠다.

그러나 이것은 모두 9·11 사건 전의 이야기다. 우리가 알았던 삶은 극적으로 변화했다. 브라운즈빌에서 국경을 넘는 비행기에 탑승하는 승객들은 새로운 보안 점검을 거쳐야 했고, 국토안보부의 취조를 받아야 했다. 게다가 우리가 미국 시민권자라는 증거를 대야 했다. 쇼핑을 하기 위해 브라운즈빌에서 마타모로스*로 국경을 넘던 일상적인 여행은 교통

* 멕시코 동북부에 있는 리오그란데 강가의 항구 도시로, 강을 끼고 미국 텍사스주의 브라운즈빌과 마주보고 있다.

이 지체되다 못해 거의 멈춰버릴 정도의 추가적인 보안 절차 때문에 사라져버렸다.

새로운 보안 절차가 가져온 가장 거슬리는 결과 중 하나는 새롭게 도입된 국경장벽설치법Secure Fence Act이었다. 이 법에 따라 미국 정부는 텍사스-멕시코 국경 지역에 약 550센티미터 높이의 장벽을 세우려고 했다.

2007년 가을, 국토안보부는 우리 대학 사유지 안에 장벽 설치를 허가해달라고 요청했다. 그 장벽은 남쪽 국경을 따라 대학 캠퍼스 안에 있는 120에이커 이상의 땅을 둘러싸고 설치된다고 했다. 내가 허가서에 사인해달라는 요청을 거절하자 국토안전부가 고소를 했고 나는 2년간 법적 분쟁에 시달리며 세 번이나 연방 법원을 방문해야 했다.

이 사건은 곧바로 국내외 언론의 관심사로 떠올랐고 분쟁에 연루된 대학과 우리 모두에게 반갑지 않은 관심이 쏟아졌다. 우리는 핵심적인 가치를 나눈다고 여겼던 바로 그 정부와 갈등을 빚고 있다는 사실을 깨달았다.

나의 딸, 이미 두 아이의 엄마가 된 우리 딸아이 앞에는 두 가지의 선택권이 놓여 있었다. 이 논쟁적인 국면에서 엄마인 나를 지지할 것인가, 아니면 논란이 잠잠해질 때까지 몸을 피해 숨어 지낼 것인가. 하지만 딸아이는 한순간도 주저하지 않았다. 이 사건을 자신의 일로 받아들였고 국경 장벽에 반대하는 범퍼 스티커를 붙이고 다녔으며, 일터에서 만난 사람들에게도 붙이라고 권했다. 십 대였던 손녀딸도 재빨리 동참하여 학교 친구들에게 범퍼 스티커를 나눠주었다.

누구도 자신의 엄마나 외할머니가 미국 정부에 고소당해 연방 법원에 불려가는 것을 보고 싶지 않을 것이다. 내가 많은 이들에게 지지를 받는 축복을 누렸지만, 딸과 손녀들에게 받은 무조건적인 지지만큼 의미 깊은 것은 없었다. 나는 이전에도 딸과 손녀들이 자랑스러웠지만 가장 어려운 시기를 보내면서 그들에 대한 나의 자부심은 끝없이 높아갔다.

연방 정부와 벌인 어려운 협상과 대중적 논쟁의 거친 스포트라이트를 받으며 힘든 시간을 보낸 끝에, 2008년 7월 31일 미국 지방 법원 앤드루 해넌 판사는 연방 정부가 대학 사유지에 약 550센티미터 높이의 장벽을 설치하는 것을 불허한다는 판결을 내렸다. 대신에 불길한 느낌의 장벽이 아니라 컨트리클럽처럼 보일 수 있는 3미터 높이의 철망 울타리를 설치하도록 했다.

이 판결을 축하하는 수백 명의 사람들이 우리를 도와 철망 울타리에 꽃 덩굴을 심으며 멕시코 친구들과 평화롭게 공존하는 일의 중요성을 기렸다.

최근 나는 하버드대학교의 총장 드루 파우스트와 패널로 참석할 기회가 있었다. 드루 파우스트는 2013년 보스턴 마라톤 폭발 사건에 대해 이야기했다. 드루 파우스트가 말하길, 폭발음이 들리자 대부분의 사람들이 할 수 있는 한 가장 빠른 속도로 뛰었다고 한다. 하지만 모두가 도망친 것은 아니었고, 몇몇 사람은 폭발이 일어난 장소로 뛰어들었고 부상자들을 도우려 돌아왔다.

딸아이가 공개적으로 나를 지지하고 국토안보부와 불편한 대면을 하기로 결심했을 때, 딸아이 또한 그 중요한 이슈가 제기하는 논쟁에서 도망치지 않고 뛰어들기로 선택한 것이다.

이러한 순간들에는 언제나 배울 점이 있다. 특히 우리의 삶에서 가장 힘겨운 싸움이야말로 가장 배울 게 많다. 이런 싸움 속에서 우리의 진정한 용기가 드러난다. 내 딸과 손녀들은 싸움에서 도망치지 않고 뛰어들었다. 그들은 자신들의 용기를 드러내기로 선택한 것이다.

· T H E   M O T H E R ·

줄리엣 가르시아 Dr. Juliet García

평생을 혁신, 실험, 능률을 통해 교육에 접근할 기회를 확장하는 데 헌신한 선구적인 교육자이다. 1986년 텍사스 사우스모스트대학의 총장 자리에 올라 라틴계 여성으로는 최초로 미국 대학을 이끌었다. 1992년 브라운즈빌에 텍사스대학교라는 신설 대학을 세우는 데 앞장섰고, 23년간 그 대학의 총장으로 일했다. 2014년부터 지금까지 미국텍사스대학협의회 이사로 활동하고 있다.

신념, 가족, 조국

제한 사다트 인도주의적 지원 활동가

• FAITH, FAMILY, AND COUNTRY •

　내가 자랄 때만 해도 동양과 서양의 여성들은 모두 개인적 야망과 교육 수준에 상관없이 여성의 자리는 가정이라고 명령하는 전통적인 관습에 매여 있었다.

　내 어머니는 영국에서 태어나 선생님으로 일하셨는데, 결혼 후에는 카이로에 있는 집 안에만 머무셨다. 이집트에서 태어나 엄마와는 매우 다른 환경에서 자란 이모 또한 가정주부이기는 마찬가지였다. 하지만 어머니나 이모 모두 독립심과 정의에 대한 열정, 신념, 가족, 조국에 대한 깊은 헌신을 내게 불어넣어주셨다. 그리고 우리 아이들에게 내가 가르쳐주고 싶은 가치관도 이런 것들이다.

　내가 그동안 한 일 중에서 가장 잘한 일은 아들 가말과 세 딸 루브나,

노아, 제한 네 아이들을 낳고 키운 일이다. 나는 아이들과 함께 전쟁과 혁명, 남편의 암살과 같은 힘겨운 시간들을 함께 살아냈다. 내 아이들은 이집트가 이스라엘과 30년이 넘는 기간 동안 계속해서 전쟁을 하는 중에 태어났다. 카이로의 거리에 울려 퍼지는 아잔*의 의미가 무엇인지 배우자마자, 우리 아이들은 공습경보 사이렌이 울리면 가장 가까운 피난처로 재빨리 뛰어들어야 한다는 것을 배웠다.

그러한 분위기에서 자라는 것은 매우 지치는 일이었다. 게다가 아이들은 아버지인 안와르 사다트가 나라의 대통령이라는 사실에 더한 압박을 받았다. 탱크가 우리 집을 향해 전진해온다는 소식을 들었을 때, 오고 있는 이들이 친구인지 적인지 알 수 없었지만 아이들은 두려워는 해도 공황 상태에 빠지지는 않았다. 아이들은 침실 발코니에서 거리로 몰려나와 시위하는 사람들의 모습을 지켜봤다. 무차별적인 총격 소리에 익숙해졌고, 매일같이 아버지가 살해당하거나 어머니가 납치당할 수 있다는 가능성을 생각해야만 했다. 아이들의 일상은 많은 면에서 평범하지 않았지만 우리의 집은 신과 조국, 서로에 대한 사랑으로 충만했다.

나는 열여섯 살에 직업도 없는 혁명가와 결혼한 젊은 엄마였다. 우리 가족을 위해 학업을 뒤로 미루었기 때문에 아이들, 특히 딸들이 대학 학위를 받는 일은 내게 매우 중요했다. 딸들이 대학에 입학했을 때, 나도 딸들과 같은 대학에 입학했다. 그때 나는 마흔 살이었고 엄마였으며 대통령의 아내였으므로, 많은 의무와 도의상 해야 할 일들이 있었다. 그런데도 대학에 입학한 것은 이집트 여성들과 우리 아이들에게 올바른 본

---

* 이슬람교에서 예배 시간을 알리는 소리이다. 매일 다섯 차례 일정한 시각이 되면 담당 무슬림이 종탑에 올라가 메카를 향해 기립하여 소리 높이 외친다.

보기를 보여야 한다는 결심 때문이었다. 나는 동이 트기 전에 일어났고 모두가 잠자리에 든 후에도 몇 시간씩 공부했다. 구술시험을 준비할 때는 남편과 아이들이 연습 상대가 되어주었다. 나중에 막내딸 제한이 교수 중 한 분이 한 말을 전해주었다. 그 교수 말에 따르면, 교수들이 일부러 나를 더욱 가혹하게 대했다는 것이다. 아무도 내가 특별 대우를 받았다고 말하지 못하게 하기 위해 더 혹독하게 굴었다는 설명을 듣고 제한도 이해했다고 한다. 그것은 내게도 중요했다. 이는 원칙과 가치를 지키는 일이었고, 어릴 때부터 내가 아이들에게 가르쳐왔던 거였다.

나는 신의 눈으로 보면 남성과 여성은 평등하며, 상호 존중을 받아야하고, 하나가 다른 하나를 지배해서는 안 된다는 점을 아이들에게 이해시키려 노력했다. 딸에게는 스스로를 남자보다 못한 존재로 여기지 않고 그저 다른 존재라고 이해하도록, 아들에게는 자신이 결코 우월한 존재라고 믿지 않도록 말이다. 나는 아이들에게 소소한 일들, 예를 들어 어른들 앞에서 다리를 꼬지 말아야 한다는 것과 무언가를 해달라는 요청을 받으면 한숨을 쉬어서는 안 된다는 것, 모든 어른들에게는 "네, 선생님", "아닙니다, 선생님", "네, 부인", "아닙니다, 부인"이라고 답해야 한다는 것을 가르쳤다. 그리고 아이들에게 스스로 생각하고 자신의 의견을 자유롭게 표현하되 언제나 상대에 대한 존중을 보여야 한다고 가르쳤다. 나는 우리 아이들에게 높은 기대를 가지고 엄격했지만 비합리적이지는 않았다.

한번은 아들이 머리를 자르는 것을 계속해서 미루기에 직접 가위를 들고 잘라주었는데, 아들의 머리 모양이 엉망이 되어버렸다. 아들은 매우 속상해했다. 제한은 엄마가 남동생에게 한 행동에 화가 나서 남동생

과 함께 우리 가족이 키우던 원숭이의 털을 똑같이 잘라주자고 약속했
다. 사실 이는 나쁜 방식이었지만 제한이 남동생에게 동정을 표한 거라
는 것을 알기에 아이들에게 벌을 주지는 않았다. 나는 우리 아이들이 신
을 믿고, 서로를 사랑하고 존중하며, 조국을 사랑하기를 원했다. 그래서
내가 먼저 그런 모습을 보여주어 아이들이 나를 자랑스러워하기를 바
랐다. 유가족에게 애도의 뜻을 전하러 갈 때면 나는 아이들을 데려갔다.
부상당한 군인들을 위로하기 위해 병원에 갈 때도 아이들과 함께 갔다.
가족을 먹여 살리기 위해 일하는 마을의 가난한 여성들을 도우러 갈 때
에도 마찬가지였다. 아이들이 우리나라의 가난한 이들, 문맹인 이들이
겪는 고통과 아픔을 모두 보고 느끼기를 바랐기 때문이다. 나는 아이들
이 다른 이의 삶을 어떻게 바꿔야 하는지 배우기를, 오로지 남에게 줌으
로써 우리 스스로가 많은 것을 얻는다는 것을 알기 바랐다.

나는 아이들과 언제나 기쁨을 함께 나누었다. 또한 고통도 함께 겪었
다. 통금과 봉쇄된 길들이 사람들과 함께하지 못하게 막을 때 우리 모두
는 일종의 가택 연금 상태에서 살아야 했다. 우리는 타이어가 타면서 내
뿜는 검은 연기와 창문 언저리를 떠도는 최루가스의 악취를 맡았다. 우
리 조국에 침입하여 우리의 거리와 광장에서 우리 국민들을 살상하는
테러리스트들을 견뎌야 했다. 법의 지배를 회복하고 모든 국민의 권리
를 대표하고 보호하는 민주주의를 수립하기 위해 우리가 사랑했던 이
집트가 고통을 겪을 때, 우리의 눈에서는 눈물이 흘렀고 우리의 심장은
쥐어짜는 듯했다.

2013년 6월 30일, 4000만 이집트인들이 우리의 군대와 임시정부를
지지하기 위해 거리로 쏟아져 나왔을 때, 나는 우리 집 발코니에 서서

타흐리르 광장으로 향하는 주요 도로를 내려다보았다. 나는 한 손에 이집트 국기를 들고 행진하는 이들에게 손을 흔들어주었다. 혼란에서 나라를 구하기 위해 수백만의 사람들이 앞장서 행진을 했고, 우리 딸들도 그 행렬의 뒤에서 사람들과 함께 행진하고 있었다. 그 모습을 보는 나의 마음은 애국심과 자긍심으로 넘쳐흘렀다. 우리 딸들은 전통에 얽매이지 않았다. 독립심과 정의에 대한 열망, 신념, 가족, 조국에 대한 깊은 헌신을 가지고 있었다. 딸들은 잘 알고 있었다. 신념, 가족, 조국이 자신들을 지탱해줄 거라는 사실을. 신과 가족, 조국에 대한 사랑은 피라미드처럼 변함없고 나일강처럼 지속될 것이다.

· T H E   M O T H E R ·

제한 사다트 Jehan Sadat, PHD

이슬람 세계의 여성과 아이들의 권리를 옹호하는 선구적 인물로, 국제적으로 유명한 평화와 인권 지지자이다. 현재 메릴랜드대학교 칼리지파크 캠퍼스의 안와르사다트평화개발위원장의 선임 연구원이다. 1970년부터 1981년 10월 6일 암살되기 전까지 이집트의 대통령이었던 안와르 사다트의 미망인이다.

희생

돌로레스 우에르타 노조 활동가

· S A C R I F I C E S ·

나는 지역사회조직 활동을 하면서 세자르 차베스와 함께 농장노동
자조합을 세우고 노동 운동을 이끌었다. 당시 젊은 엄마였던 나는 농장
노동자의 삶을 향상시키기 위해 밤낮으로 일하면서 동시에 우리 아이
들을 돌봐줄 사람을 구하기 위해 애써야 했다. 세 번의 결혼으로 내게는
이미 열한 명의 아이들, 딸 일곱과 아들 넷이 있었다.

회의에 가거나 설명회에 참석해야 할 때, 또는 가끔 구직 활동 때문에
나가봐야 할 때면 엄마 없이 남겨질 아이들을 봐줄 가족이나 친구를 찾
아 헤매느라 온갖 노력을 기울여야 했다. 농장노동자조합과 함께했던
지난 40년을 떠올리면, 셀 수도 없는 많은 시간을 아이들을 돌봐줄 이들
과 시간을 조정하느라 애쓰던 일이 가장 먼저 떠오른다.

우리 아이들은 역사적인 운동의 최전선에서 자랐다. 항의 시위를 하는 동안 피켓라인에 나와 함께 서 있었고 노동자들, 특히 라틴계 이주민들의 삶에 커다란 변화를 가져올 회의에 동석했다. 나는 언제나 불운한 환경 속에 놓인 이들이 더 나은 세상에서 살 수 있도록 만들기 위해 노력했다. 내가 대의를 위해 많은 시간을 할애할 수 있었던 것은 우리 아이들이 어린 시절을 희생해준 덕분이었다. 지금도 나는 이 점에 죄책감을 느낀다.

우리 아이들은 내가 어렸을 때 누렸던 풍요를 누리지 못했다. 나는 캘리포니아 스톡턴의 중산층 가정에서 자랐다. 어머니는 발레 공연과 야사 하이페츠 같은 저명한 음악가의 콘서트에 나를 데려가곤 했다. 나는 매우 안정된 가정에서 자랐으며 음악과 무용 수업을 받았고 열여덟 살 때까지 걸스카우트 활동을 했다. 하지만 우리 아이들은 이 가운데 어느 것도 해보지 못했다.

대신에 노동조합 운동가인 엄마 밑에서 자라면서 돈 주고도 할 수 없는 경험을 했고 위대한 사람들을 만났다. 하지만 나는 여전히 아이들을 보다 전통적인 방식으로 양육하지 못한 것에 때때로 미안함을 느낀다. 아이들은 나 때문에 언제나 이사를 다녀야 했고, 오랫동안 나와 떨어져 있기도 했다. 그 시간들은 나와 아이들 모두에게 힘든 시간이었다.

1955년, 활동가로 처음 일을 시작했을 때 내게는 딸이 둘 있었다. 당시 나는 스톡턴의 지역사회봉사조직CSO에 참여하기로 결심했다. 고등학교를 졸업하고 선생님으로 일을 했는데 아이들이 배고픔과 빈곤으로 고통 받는 모습을 그저 바라만 봐야 하는 것에 질렸기 때문이었다. 남편과는 오래 지 않아 이혼했고, 나는 들판에서 노동하는 분들과 함께 지역의 농업노동자연합AWA을 조직하는 일에 헌신했다.

차베스는 지역사회봉사조직의 상임 이사였다. 우리는 금세 죽이 잘 맞는 사이가 되었고, 농장 노동자들에게 편의를 제공하는 단체가 아니라 노조의 필요성에 동의했다. 1962년에 차베스와 나는 지역사회봉사조직을 나온 뒤 조직 결성을 위해 캘리포니아 딜라노로 갔다. 캘리포니아 센트럴밸리*에 있던 딜라노는 로스앤젤레스에서 150마일 정도 떨어진 농업 지역으로 노동 환경이 가혹하기로 이름난 곳이었다. 나는 그곳에서 많은 것을 목격했고 농장 노동자들을 도와야겠다는 마음이 더욱 커졌다.

이즈음 나에게는 두 번째 남편과의 사이에서 다섯 명의 아이가 더 생긴 상태였다. 농장노동자조합에서 차베스와 함께 맡은 일이 어찌나 많았는지, 나는 나이가 어린 아이들 몇을 스톡턴의 친정집에 맡길 수밖에 없었다. 시댁 식구들은 그것을 못마땅해했고, 내가 좀 더 전통적인 아내와 엄마의 역할에 충실하기를 원했다.

그러나 우리 어머니는 내게 몇 가지 중요한 가르침을 주셨다. 하나는 언제나 나답게 굴고 다른 사람인 척하지 말라는 것이었다. 또 다른 가르침은 새로운 일에 도전하는 것을 절대 두려워하지 말라는 것이었다. 어머니는 나와 남동생들에게 다른 이들을 돕고 세상을 나은 곳으로 만들기 위해 노력하라는 강한 열망을 불어넣어주셨다.

나의 어머니 알리시아 세인트 존 차베스는 포용력 있는 사업가였다. 어머니는 스톡턴에서 식당을 운영하셨는데, 마을에서 호텔을 운영하는

---

* 미국 캘리포니아의 중앙부를 차지하는 대지구대이다.

한 일본인 여성과 친구가 되셨다. 2차 세계대전 동안 일본계 미국인들이 미국의 포로수용소에 수감되었을 때, 그 일본인 친구분이 어머니에게 호텔을 맡아달라고 부탁하셨다.

어머니는 객실이 70개였던 그 호텔을 맡았고, 종종 숙박비를 지불할 능력이 없는 농장 노동자들이나 다른 이들에게 문을 열어주기도 하면서 잘 꾸려나가셨다. 전쟁이 끝난 후에 호텔 건물 소유주가 일본인 가족들에게 임대 갱신을 거절하자, 어머니는 일본인 친구가 새로운 사업을 시작할 수 있도록 도우셨다. 그분들은 여전히 평생의 친구로 남아 계신다.

어머니가 보여주신 모범은 농장노동자조합을 성공적으로 이끄는 데 큰 힘이 되었다. 또한 2002년에 돌로레스우에르타재단에서 시작한 지역 사회 조직 활동에서 여성들이 얼마나 중요한지 생각할 때마다 커다란 지침이 되었다.

여성들은 우리가 하는 사회 정의 캠페인에서 유난히 힘들고 어려운 일들을 많이 해주었다. 우리는 지역에 수영장과 공원을 만드는 일부터 하수 처리 시스템을 개선하는 일, 십 대 임신 예방 프로그램 마련까지 모든 것을 위해 싸우고 있다. 여성들은 우리가 변화에 필요한 도구들을 제공하자마자 열정적으로 달려들었다. 가족을 먹여 살리느라 일도 해야 하고 동시에 가족도 돌봐야 했지만 그 와중에도 여성들이 얼마나 많은 것을 성취해내는지를 보면 정말 놀랍다. 때때로 그들은 활동을 하기 위해 남편들과 싸워야만 했다. 한 여성은 농장노동자조합 임원이 된 뒤 밤에 회의하러 가는 문제로 남편과 싸우느라 힘든 시간을 보내야 했다. 우리는 그녀의 남편에게 이 일은 캘리포니아 주지사가 사인한 새로운 법을 따르는 것이고, 이 일에 그녀가 참여해야만 한다고 말해주었다. 다행히 그는 우리의 말을 믿었다.

우리 아이들은 거의 매일같이 펼쳐지는 이런 류의 인간 극장을 보고 자랐다. 어쩌면 안락함은 부족했을지 모르지만 성인이 되었을 때 세상과 맞설 준비가 잘되어 있었다. 나는 우리 아이들 모두가 이런저런 공익 활동에 활발하게 참여하고 있다는 사실이 자랑스럽다.

아들 중 하나는 밤에 화장실 청소를 해서 모은 돈으로 의대에 들어갔다. 또 다른 아들은 인근 지역의 게토에 사는 가난한 아이들에게 음식을 제공하는 나눔 사업을 하고 있다. 딸 중 한 명은 자신이 근무하는 고등학교에서 십 대 LGBT의 상담 지원 센터 개소를 돕고 있다.

나는 딸들에게 살아가는 동안 원하는 무엇이든 될 수 있다고, 새로운 시도를 두려워하지 말라고 말해줬고 딸들은 엄마인 나의 그 말들이 너무 좋았다고 했다. 다행히 어머니가 내게 가르쳐주신 가치를 우리 아이들에게 잘 전달해준 것 같다. 어머니가 내게 그러셨듯이 나도 내 일에 헌신하는 모습을 통해 우리 아이들의 롤모델이 되려고 노력했다. 나는 농장노동자조합과 돌로레스우에르타재단이 우리가 살고 있는 세상을 보다 나은 곳이 되도록 돕고 있다고 믿는다. 그리고 우리 아이들은 내가 그 일을 할 수 있도록 도와주었다. 이는 농장노동자조합의 모토 'Si se puedo'의 진정한 정신 그대로이다. 그래, 우리는 할 수 있다!

돌로레스 우에르타 Dolores Huerta

50년 이상 노동 운동과 지역사회 운동가로 활동했다. 세자르 차
베스와 함께 1962년에 농장노동자조합을 설립했으며, 2002년부
터 캘리포니아주 베이커필드에서 돌로레스우에르타재단을 이끌
고 있다. 2012년에는 대통령으로부터 자유의 메달을 수여받았고,
2013년에는 캘리포니아 명예의 전당에 올랐다.

활동가 키우기

---　✿　---

블라이드 대너 배우·활동가

나의 딸 기네스 팰트로는 끊임없이 행동하는 가정에서 자라났다. 내 딸은 오스카상 수상자로서, 엄마로서, 기업가로서 많은 일을 이뤄냈고 그중에서도 가장 자랑스러운 것은 가치 있는 대의를 위해 헌신하는 가족의 전통을 따르고 있는 것이다. 작가이자 감독이며 프로듀서인 나의 남편 브루스 팰트로와 내가 아이들에게 가르쳐주고 싶었던 것도 바로 그것이다.

1970년대와 1980년대에 우리는 집에서 사교 모임을 열었고, 역사학자 아서 슐레진저와 벨라 앱저그를 비롯해 여러 국회의원들이 연사로 참석했다. 이들은 모임에 온 배우와 작가 무리에 그날의 화두를 던져주곤 했다. 기네스가 네 살이었을 때, 모임에 참석한 칼 세이건이 핵겨울

nuclear winter의 위협에 대해 열정적으로 늘어놓았다. 딸아이는 지지를 표명하려고 배너를 들듯이 바나나를 들고 방을 이리저리 걸어 다녔다. 기네스는 세이건의 이야기에 담긴 경고와 물리학을 이해하지 못했겠지만 그의 말에서 열정을 느꼈을 것이다. 몇 달 뒤 남편은 '행동해야 한다'는 세이건의 부르짖음에 대한 응답으로 NBC의 메디컬 드라마였던 〈세인트 엘스웨어〉의 에피소드를 촬영해 방영했다. 이 드라마를 아마 수백만의 시청자들이 보았을 것이다.

십 대 시절, 기네스는 미국가족계획연맹의 이사직을 맡은 나와 함께 여성의 낙태권과 재생산권을 지지했다. 브루스와 기네스 그리고 나는 미국가족계획연맹뿐 아니라 전미여성기구를 중심으로 워싱턴에서 열린 1989년 행진에 참여하여 수천 명의 활동가와 함께했다. 1997년 남편은 최초로 미국영화감독조합에서 다양성 상을 수상했다. 할리우드에서 일하는 소수자와 여성들의 경력 향상을 돕고 영화 업계에서 어려움을 겪고 있는 이들을 돕는 모범을 보였다는 이유였다.

그리고 우리는 사우스캘리포니아의 샌오노프레스테이트 해변에 원자력 발전소 건설 반대 서명을 받으러 다녔다. 그 노력은 성공하지 못했지만 20년이 지난 지금, 발전소는 안전 문제로 폐쇄되고 있다. 그 후 우리는 산타모니카와 뉴욕에서 가정 재활용 프로그램을 (이번에는 성공적으로) 홍보했다. 뉴욕에서는 가까운 친구 크리스토퍼 리브가 우리와 함께 그 메시지를 전달했다. 한 집회에서 그는 아이들에게 슈퍼맨은 재활용을 한다며 부모님을 모시고 오라고 말하기도 했다.

이제 성인이 된 내 딸 기네스는 우리와 별개로 다양한 대의를 위해 애쓰고 있다. 그 가운데 하나가 2008년부터 〈암에 맞서다Stand up to

Cancer)라는 TV 프로그램의 제작자로 일하고 있다는 사실이다. 2년에 한 번씩 방영되는 이 프로그램은 암 연구 지원을 위해 3억 6000만 달러 이상의 기부금을 모았다. 남편은 언제나 사회적 약자를 돕는 일에 관심이 많았고, 기네스도 아빠를 따르듯이 도시 빈민들의 구강암 무료 검진을 돕는 구강암재단과 브루스펠트로펀드에 참여하고 있다.

기네스는 2008년 멋진 레시피나 여행 팁 또는 봄에 입을 멋진 드레스 등 '삶의 모든 긍정적인 면을 공유하기 위해' 인터넷 쇼핑몰이자 디지털 미디어 사업인 구프Goop를 시작했고, 이를 통해 자선 단체에 대한 지원 규모를 더욱 늘리고 있다. 또한 건강한 먹거리와 운동의 중요성을 알리기 위해 연예인이라는 지위를 활용하며, 나의 사랑스러운 손자손녀인 애플과 모세에게 헌신적인 엄마가 되겠다는 단호한 결심을 공공연하게 말하기도 했다.

기네스는 공감과 지혜, 사랑에 대해 놀라운 능력을 지닌 재미있고, 불손하면서도 강한 여성이다. 내 딸이 얼마나 의리가 넘치고 착실한지 보려면 가장 친한 친구들이 유치원이나 고등학교에서 만난 사람들이라는 것만 보아도 충분하다.

내가 어렸을 때 여성들은 권력이나 영향력이 높은 자리에 남자와 똑같이 공평하게 오르기 위해 싸워왔다. 그리고 이후 나는 내 딸이 계속해서 여성들을 위한 싸움을 하고, 과거와 미래의 모범이 되기를 바라면서 살았다. 내 딸은 세상에 큰 영향을 끼치는 여성이 된다는 목표 아래 노력하고 있고, 그 안에서 불가피하게 겪게 되는 비판과 복잡성을 헤쳐 나가고 있다. 나는 이 매혹적이고 재주 많은 여성을 나의 딸이라 부를 수 있다는 사실이 자랑스럽다.

블라이드 대너 Blythe Danner

에미상을 두 번이나 수상했으며 토니상 수상자이기도 하다. 오랫동안 여성의 권리와 환경 문제 및 다양한 대의를 옹호해왔다. 〈나비의 외출〉, 〈배신〉, 〈즐거운 영혼〉, 〈포리즈〉, 〈컨트리 하우스〉 등 다수의 브로드웨이 작품에 출연했다. 영화 및 TV에서는 〈위대한 산티니〉, 〈브라이튼 해변의 추억〉, 〈사랑과 추억〉, 〈미트 페어런츠〉, 〈콜롬보〉, 〈윌 앤 그레이스〉, 〈허프〉 등에 출연했다.

딸들에게 보내는 편지

모나 시냐 재정 전문가

• L E T T E R   T O   M Y   G I R L S •

사랑하는 딸 안야와 리야에게

"세상을 변화시키고 싶다면 당신부터 변화된 삶을 살아라."

마하트마 간디의 단순한 이 문장은 인생을 살아가는 동안 내게 영감을 불어넣어주었단다. 너희들 또한 어른이 되기 전에 너희 인생을 인도할 단순한 진리를 찾았으면 좋겠구나. 엄마는 너희들이 쌍둥이지만 너무나 다른 아이들인 것이 참 좋단다. 너희들의 독특한 관계에서 나오는 소중한 친밀함을 영원히 간직했으면 좋겠어.

엄마의 어린 시절은 너희들만큼 단순하지 않았단다. 엄마는 캘커타에서 딸만 셋 있는 집의 셋째 딸로 태어났지. 많은 사람들이 "아들로 태어났어야 했는데" 하며 혀를 쯧쯧 찼단다. 그래서 '아들이었어야 했던 딸'

로서 그에 맞는 역할을 해야 한다는 부담을 느끼며 자라야 했어. 다행히 성적이 뛰어났고 반장도 맡았지만, 이따금씩 내가 하는 행동은 모두 주변 사람들을 기쁘게 하기 위한 행동이 아닐까 하는 느낌을 받았단다.

인도의 명문대학에 입학한 것은 다시 한번 내가 '소년'만큼 성공할 수 있다는 것을 입증해 보이는 거였단다. 하지만 억압적인 학업 환경과 주입식 교육은 지적인 실망감만 안겨주었지. 더구나 1984년 인디라 간디 수상의 암살과 그에 따른 캠퍼스의 정치화는 학업을 이어나가는 것을 더욱 어렵게 했어. 그래서 미국으로 가서 대학을 다녀야겠다는 대담한 결정을 하게 되었단다. 엄마는 여자대학교에 지원했고, 매사추세츠의 스미스대학교가 전액 장학금과 함께 입학 허가를 내줬을 때 너무나 행복했어. 엄마는 롤모델인 글로리아 스타이넘을 포함하여 스미스대학교의 반항적인 여자들을 여전히 사랑한단다. 부모와 사회의 기대에서 벗어나 탐구하고 모험을 무릅쓰면서 진정한 자아를 발견할 수 있게 해준 것은 모두 스미스대학교였단다. 엄마는 마침내 변화를 만들어내기 위해 소년이 되어야 할 필요가 없다는 것을 스미스대학교에서 입증할 수 있었지.

스미스대학교는 진정한 나 자신이 되도록 해주었고, 어려운 문제에 대한 혁신적인 해결책을 찾도록, 내가 진정 누구인지 발견하고 나의 목소리를 찾아낼 수 있도록 해주었단다. 2학년 때 장학금을 충분히 받지 못하게 되었을 때 그 일에 대한 분명한 내 의견을 말해야만 했어. 또 한번은 유학생에게 장학금을 준 적이 없는 워싱턴 D.C.의 한 장학 프로그램에 신청하기 위해 많은 노력을 하기도 했지. 그리고 한 번도 생각해본 적 없는 방식으로 힌두교에 대해 질문하는 친구를 위해《바가바드기타》를 해석해주기도 했단다. 이 모든 경험은 나를 자유롭게 만들었고 내 딸들이 열정을 가지는 일을 찾게 하겠다고, 기뻐하는 일을 찾도록 해야겠다고 다짐하게 만들었지.

안야, 너는 남들을 도와주는 일에 애정을 가지고 있지. 엄마는 네가 그 너머까지 나아갈 거라고 생각한단다. 그리고 리야, 너는 축구장에만 서면 투지와 결단력이 생생하게 넘쳐나는 아이지. 그 에너지가 널 계속 이끌 거라는 것을 엄마는 알고 있단다. 그 자질들을 계속 유지하고 계발하렴. 그것들이 너희들을 너희들로 만들어줄 테니까 말이야.

대학을 졸업한 후에 투자 금융 쪽으로 진로를 결정했는데, 이건 남성 중심적인 곳에서 잘해낼 수 있을 거라는 자신감의 반영이었지. 엄마는 스미스대학교에서 나를 지원해주고 밀어주었던 수많은 여성 롤모델들(교수, 조언자, 직원, 졸업생)로부터 무슨 일이든지 할 수 있다는 격려를 받았단다. 처음 월스트리트의 직장에 다니기 시작했을 때, 성평등은 이론상으로는 다 된 일처럼 보였지만 현실 세계에서는 아직 실현되지 않았었지. 엄마는 수없이 많은 것을 배웠고 인수 합병이 일어나는 치열한 분위기 속에서 일하는 것을 즐겼어. 하지만 성차별적 발언을 듣거나 부당한 일을 요구받기도 했단다. 영향력 있는 몇몇 남성들과 겨루면서 나의 입지를 다지는 일은 어렵고도 힘든 일이었지만, 장기적으로 봤을 때 꽤 잘해냈다고 생각해. 나 자신에 대한 믿음과 나의 가치를 진정으로 보여주려 했던 결단력이 내가 일에서 존중받을 수 있었던 힘인 것 같아. 엄마는 속임수를 쓰지 않았거든. 그것이 바로 리더십과 삶에서 가장 중요한 핵심이란다.

* 힌두교의 중요한 성전 중 하나이다.

월스트리트에서 일하던 엄마는 아시아의 사업 구조조정 분야로 자리를 옮겼어. 그리고 리더이자 기업인으로서 여성 교육과 개발 투자에 매진하면서 많은 것을 배웠고, 몇 가지 단순한 진리를 진정으로 이해하는 것이야말로 삶을 성공적으로 이끄는 원칙이라는 것을 깨달았단다.

- 기술은 많은 것을 줄 거야. 하지만 그 기술들이 오히려 창의력과 기존과는 다른 방식으로 사고하는 능력을 방해할 수도 있단다.
- 쉬운 대답에만 자신을 가둬주지 마렴. 모험을 무릅쓰고 때로는 실패하는 것도 괜찮아.
- 두려움은 뭔가를 하지 않는 것에 대한 이유가 될 수 없어.
- 모든 것에 실패할 때에도 여전히 사랑과 연민을 잊지 마렴.
- 다른 사람이 한 선택을 존중하렴. 특히 그들이 자신과 다른 것을 선택했을 때 말이야. 다른 사람들을 충분히 존중할 때 그들도 너희를 존중해줄 거야.

너희는 종종 왜 우리 집에는 젊은 여성들이 많이 오느냐고 물었지. 때로는 며칠, 때로는 여름 내내 묵는 언니들 말이야. 그 소녀들은 엄마의 멘티란다. 엄마는 그 아이들이 자신들에게 발견해내지 못한 빛나는 것들을 보고 조언하고 지지해주지. 엄마의 가장 큰 기쁨은 엄마의 멘티들이 불가능한 일이라고 생각하던 것을 해내고 훨훨 날아가는 모습을 보는 거란다. 엄마가 너희의 안전망인 것처럼 그 소녀들의 안전망이기도 하단다. 엄마가 너희 둘과 아빠, 남동생으로 이루어진 가족이라는 큰 바위에서 힘을 얻는 것처럼, 그 소녀들에게 엄마는 바위가 되어주고 싶어.

엄마는 너희들이 총체적인 삶을 살았으면 좋겠구나. 크든 작든 너희들이 매일 기쁨을 찾기를 원해. 그 기쁨이 너희에게 어떤 의미이든지 너희들의 기대와 뜻에 맞는 멋진 삶을 살도록 해. 미래의 꿈을 찾고 과거로부터 얻은 교훈을 소중히 여기는 삶을 살아야 해. 너희들의 열정과 결단력, 투지, 강인함으로 너희 삶을 채워서 문제 많은 이 세계를 보다 좋은 곳으로 만들어야 한단다.

너희들이 살아가는 모습을 끝까지 보지 못하는 것이 아쉽구나. 하지만 나의 삶이 너희에게 뭔가를 가르쳐줬고, 그것에서 뭔가를 배웠기를 바란단다. 너희들이 많은 행복의 순간들을 즐기고 잘못된 무언가를 바꿔나갈 때의 스릴을 느낄 수 있기를. 너희 자신에게 옳은 선택을 하고, 엄마가 너희들을 사랑한다는 것 그리고 언제나 너희들의 가장 큰 지지자로 남아 있을 것이라는 것을 잊지 말아다오.

· THE   MOTHER ·

모나 시냐 Mona Sinha

말레이시아의 '아시아 여성 리더십 대학 설립 프로젝트'의 창시자이며, 싱가포르에 설립된 최초의 사회증권거래소인 임팩트 인베스트먼트 익스체인지 아시아의 고문 겸 이사이다. 모건 스탠리의 투자 은행가로 일을 시작했고, 이후 프록터&갬블 및 유니 레버의 마케팅 분야에서 일했다. 2010년에는 골드만삭스 아시아 프로젝트에서 아시아 지도력 개발 프로젝트를 수행하기도 했다. 컬럼비아대학교에서 MBA를 취득했으며 컬럼비아대학교 비즈니스스쿨의 사회 기업 프로그램의 자문 이사로 일하고 있다. 스미스대학교의 신탁 관리자이다.

선택할 권리

우피 골드버그 배우

· T H E   R I G H T   T O   C H O O S E ·

내 딸 앨릭스가 십 대가 되었을 때, 우리의 삶은 상상하지 못한 방식으로 변화했다.

운 좋게 마이크 니컬스 감독의 눈에 띈 뒤, 나는 갑자기 전국을 돌아다니며 영화를 찍기 시작했다. 딸아이는 학교에 다녀야 했고, 나는 딸아이를 데리고 촬영지를 다니는 대신 뉴욕에 계신 엄마를 캘리포니아주 버클리에 있는 집으로 모셔와 딸아이와 함께 지내게 했다.

앨릭스와 나는 언제나 가까운 사이였다. 긴 시간 동안 우리에게는 둘뿐이었기 때문이다. 내가 뉴욕에서 다른 주로 이사할 때 딸아이는 매우 어렸다. 처음에 샌디에이고에서 살다가 후에 버클리로 옮겨갔는데, 이사를 할 때마다 직접 이삿짐을 싸서 우리의 작은 고물차에 집어넣고 새로운 모험을 향해 페달을 밟았다. 앨릭스와 나는 한 번도 소통하는 데 어려움이 없었다.

하지만 영화 〈컬러 퍼플〉을 촬영하고 난 뒤에는 상황이 바뀌었다. 앨릭스와 외출을 하면 사람들이 나에게 다가오기 위해 말 그대로 딸아이를 옆으로 밀쳐냈다. 이런 식의 행동은 어린 앨릭스에게 큰 영향을 끼쳤다. 당시 나는 앨릭스의 생일이나 앨릭스에게 아주 중요한 날에 곁에 있어주지 못했다. 그럴 때마다 앨릭스는 엄마가 왜 일을 하는지, 무슨 일을 하는지, 왜 그 일을 선택했는지 이해한다고 말했다. 하지만 앨릭스는 아직 어린아이였고 실망하고 낙심한 마음을 풀 진정한 방법을 알지 못했다.

열네 살 때, 앨릭스가 임신했다는 사실을 알렸다. 한순간 너무나 많은 감정이 오가면서 나는 무슨 생각부터 해야 할지 몰랐다. 딸아이에게 피임에 대해 전부 알려줬다고 생각했기 때문에 더 놀랐다. 나는 1960년대와 1970년대의 정신을 이어받았다. 오랫동안 나는 아이를 가질 시점을 결정할 수 있는 여성의 권리에 대해 지지해왔다. 앨릭스가 아기를 낳겠다고 말했을 때 나에게서 나온 대답은 이랬다.

"정말? 그래. 진짜로?"

충격이 가신 후에야 나는 앨릭스와 이야기를 나눌 수 있었고, 딸아이는 내 눈을 번쩍 뜨게 한 그 충격적인 일이 어떻게 된 건지 설명해주었다. 앨릭스는 내 눈을 바라보며 자신을 사랑해줄 누군가, 유명인 엄마를 모르는 다른 누군가를 갖고 싶었다고, 그래서 그런 의식적인 결정을 내렸다고 말했다. 정말로 아프고 듣기 힘든 말이었다. 하지만 앨릭스는 내게 솔직하게 말해주었고 나는 그런 딸아이가 자랑스러웠다.

숨기려고 했다면 쉽게 숨길 수도 있었지만, 앨릭스는 자신이 왜 아기를 원하는지 통찰하고 있었기 때문에 나에게 말을 할 수 있었다.

하지만 나는 정말 기겁했고, 바로 엄마에게 전화해 무슨 일이 있었는지 물었다. 엄마는 앨릭스가 내게 먼저 말했다는 사실을 기뻐하면서 내게 엄마로서 잊을 수 없는 말을 해주셨다. 엄마는 간호조무사이자 헤드스타드Head Start* 교사로 일한 경험에서 우러나온 지혜를 담아 말씀하셨다.

"네가 임신 중단을 선택할 여성의 권리를 지지한다고 해서, 네가 꼭 그 선택을 해야 하는 건 아니잖니. 앨릭스가 원하는 것을 하도록 해주렴. 우리가 여기 있잖니. 우리가 도울 수 있고, 또 충분히 그럴 여유가 있으니까."

엄마의 말씀은 언제나 그렇듯이 옳았다. 나와 생일이 같은 날 태어난 앨릭스의 딸 아메라는 우리 삶에 기쁨이 되었다. 우리는 가장 힘든 때를 함께 헤쳐 나왔고 버클리에 있는 배우, 예술가, 히피들의 공동체는 서로를 판단하려 하지 않았다. 그저 있는 그대로 받아들여주었다. 우리 가족의 모습은 다른 양상을 띠게 되었고, 모두에게 쉽지 않은 일이었지만 우리는 잘해냈다.

아이가 옹알이를 시작할 즈음, 앨릭스의 친구들은 《내셔널인콰이어러》와 다른 타블로이드를 비롯한 황색 저널들을 몰고 다녔다. 아메라의 사진을 찍어오면 돈을 주겠다고 한 것이다. 다행히 우리는 의류 브랜드인 갭Gap과 뛰어난 사진작가인 애니 리버비츠의 도움을 받아 우리 가족

---

* 취학 전 빈곤 아동에게 언어, 보건, 정서 등 다방면에 걸친 포괄적 서비스를 제공하는 아동 보육 프로그램으로, 빈곤의 대물림을 근절하기 위한 취지에서 도입되었다.

4대를 찍은 아름다운 사진으로 광고 캠페인을 했다. 나는 아메라를 보다 나은 방식으로 대중에게 소개할 수 있게 도와준 갭에게 언제나 감사하다.

앨릭스는 아메라를 낳은 뒤 다시 학교로 돌아갔고, 처음에는 친구 사이였다가 나중에 남편이 된 한 남자를 만났다(세 번 만났지만, 이것은 또 다른 이야기가 될 터이다). 그는 아메라와 다른 두 아이에게 좋은 아버지가 되어주었다. 앨릭스와 같은 처지에 놓인 많은 여자아이들이 가족에게 버림받는 것을 생각할 때, 우리는 운이 좋았다. 다행히 우리 집에서는 있을 수 없는 일이었으니까.

그렇게 나는 서른세 살에 할머니가 되었다. 육십이 된 지금은 스물여섯 살이 된 아메라(정말 믿을 수 없다!), 항상 아기는 절대 안 낳겠다던 아메라가 딸을 낳아 증조할머니가 되었다. 아메라와 아메라의 남편 크리스는 그보다 더 행복할 수 없게 잘 지내고 있다.

누구도 예상하지 못한 방식으로 삶의 여정을 이끌어준 엄마와 딸에게 감사한다. 두 사람의 힘과 결단력은 선택이란 모두 각자의 몫이라는 사실을 가르쳐주었다. 비록 십 대 딸이 한 선택이라도, 당신이 한 선택이 아니라고 하더라도 모든 사람은 각자 선택할 수 있다. 이제 우리는 정말로 모든 여성들이 스스로 선택할 수 있는 권리를 위한 싸움을 해야 한다.

우피 골드버그 Whoopi Goldberg

인정받는 배우이자 코미디언, 작가, 프로듀서이다. 뛰어난 작품들로 오스카상, 에미상, 그래미상, 토니상을 석권했다. 〈컬러 퍼플〉, 〈고스트〉, 〈시스터 액트〉, 〈사라피나〉, 〈레게파티〉, 〈라이온 킹〉, 〈미시시피의 유령〉 등 여러 유명 영화에 출연했다. TV 출연작으로는 〈스타트랙 : 넥스트 제너레이션〉, '코믹 릴리프' 필한스로픽 스페셜이 있다. 브로드웨이에서 일인극 〈우피 골드버그〉를 진행했으며 〈포럼에 가는 길에 생긴 웃긴 일〉, 〈마 레이니의 검은 엉덩이〉의 주연을 맡았다. 또한 아프리카계 미국인 최초로 아카데미 수상식을 진행한 바 있고 2007년부터 ABC 방송사의 토크쇼 〈더 뷰〉의 진행을 맡고 있다.

비극에서 배우다

―――――――――――― ✿ ――――――――――――

로라 부시 전 미국 영부인

딸들이 아주 작은 아기였을 때부터, 나는 어떻게든 내 딸들을 보호하고 싶었다. 딸들의 무릎이 까지거나 마음에 상처를 입었을 때 달래주고 싶었다. 9·11이 일어났던 끔찍한 아침, 첫 통화를 딸들과 했다. 하지만 때로는 최악의 상황이 최선의 결과를 가져오기도 한다.

2003년, 나는 남편 조지와 함께 아프리카로 향했는데 그때 우리 딸바버라도 함께 갔다. 전문가들은 2008년이면 8000만 명의 사람들이 에이즈 바이러스에 감염될 거라고 예측했고, 남편은 단일 질병으로는 가장 큰 국제 보건 계획인 '에이즈 구호를 위한 대통령 비상 계획The President's Emergency Plan for AIDS Relief'을 발표하면서 이에 대응했다. '에이즈 구호를 위한 대통령 비상 계획'은 새로운 감염을 예방하고, 이미 에이즈에 감염된 사람들을 치료하며, 부모를 에이즈로 잃어버린 고아들을 돌보는 데 5년간 150억 달러를 투입했다.

발표가 있고 몇 달 후, 우리는 에이즈의 파괴적인 참상을 살펴보기 위해 아프리카로 향했다. 보츠와나의 소아과 클리닉에서 바버라와 나는 치료를 받기 위해 어린 딸을 데려온 한 어머니를 만났다. 그 어머니는 미국 대통령을 만나기 위해 딸아이에게 사랑스러운 라벤더와 흰색이 섞인 드레스를 입혀놓았고 아기는 마치 어린 천사처럼 보였다. 그 작고 예쁜 아이는 검진대 위에 누워 있었는데 너무나도 약했고 아파 보였다. 그 어머니의 마지막 희망은 딸을 아름답게 꾸며주는 것이었다. 바버라는 또 다른 곳에서 만난 두 번째 어린 소녀에게 매혹되었다. 그 아이는 열망 가득하고 호기심이 많은 아이였지만 일어서는 것조차 어려워 어머니의 무릎 위에 앉아 있어야 했다. 바버라는 그 아이가 이제 걸음마를 뗄 나이일 거라 생각했지만, 실제로는 그 빛나는 눈을 가진 꼬마는 일곱 살이었다. 에이즈의 고통을 겪기에는 너무나 작고 연약한 아이였다.

나는 즉시 이 어머니들이 나처럼 자신의 딸들을 보호하고 싶어 한다는 것을 이해했다. 하지만 더 나은 치료제와 의료 기술이 주어지기 전까지, 그 소중한 아이들은 보호받지 못할 것이다. 바버라도 그 점을 이해했다. 바버라는 그 아이들과 보호자들의 고통을 덜어줄 방법을 찾기를 원했다. 하지만 진정으로 가치 있는 일이 대부분 그렇듯이 그 길은 매우 험난했다.

바버라는 예일대학교로 돌아가 에이즈에 대한 포괄적인 연구 수업에 등록했고 그 질병에 대한 모든 것을 가능한 한 모두 배우려 했다. 2005년에 학교를 졸업한 바버라는 남아프리카 케이프타운으로 가서 에이즈에 걸린 수많은 아이들을 치료하는 적십자 전쟁 기념 어린이 병원에서 일하기 시작했다. 그리고 개별 치료를 제공하면서 아이들을 도울 수도 있었지만 그 외 다른 방법들을 찾기를 열망했다.

바버라는 남아프리카에서 뉴욕으로 다시 돌아왔고, 디자인에 대한 사랑을 좇아 쿠퍼휴잇국립디자인미술관에 취직했다. 하지만 결코 아프리카의 아이들과 그들이 필요로 하는 도움을 잊지 않았다. 바버라의 대답은 2008년 유엔에이즈UNAIDS와 구글이 함께 개최한 컨퍼런스에서 나왔다.

바버라는 여동생 제나와 함께 컨퍼런스에 참석했다. 유엔에이즈의 페터 피오트 사무국장은 컨퍼런스에 참석한 젊은이들에게 에이즈를 상대로 전 세계가 벌이고 있는 싸움에서 보인 놀랄 만한 성공을 이야기했다. 그리고 에이즈의 사례처럼 전 지구적인 건강 문제에서 변화를 이끌고 도움을 줄 만한 방법에 무엇이 있을지 질문했다. 바버라와 제나 그리고 회의에서 만난 네 명의 친구들은 브레인스토밍을 시작하여 '글로벌 헬스 콥스Global Health Corps'라는 단체를 만들 계획을 세웠다. 바버라는 미술관 일을 그만두고 단체 설립을 도왔고 지금까지도 열정적으로 그 일에 매달려 있다.

5년이 채 되지 않았지만, 글로벌 헬스 콥스는 거의 300명의 장학생을 아프리카 5개국과 미국의 저개발 도시로 보냈다. 장학생들은 모두 최근에 대학을 졸업한 학생들과 전문직 젊은이들로 구성되어 있다. 그들은 위험에 처한 십 대 청소년 상담에서부터 의료 공급망 구축, 아프리카의 약국 지원, 에이즈 건강 정책 연구에 이르기까지 모든 것을 해내기 위해 자신들이 가진 지식과 창의적인 아이디어를 활용하고 있다. 그들의 목표는 의료 서비스를 개선하고, 시애틀이나 포트로더데일에 사는 어머니들이 받는 기본 의료 서비스를 르완다와 잠비아의 어머니들에게 제공하는 것이다. 건강 관리에 대한 문제는 궁극적으로 생명을 구할 것이라는 점에서 매우 중요하다.

바버라는 강한 여인들 그리고 슬프지만 아이를 잃어버린 경험을 가진 여성들의 후손이다. 시어머니는 자신의 소중한 딸 로빈을 겨우 세 살 때 백혈병으로 잃었다. 우리 어머니는 세 명의 아이를 미숙아로 유산했다. 두 명은 아들이었고 한 명은 딸이었다. 우리 가족은 아이를 잃는다는 것이 어떤 고통인지 잘 알고 있다. 우리 딸은 다른 가족들이 이러한 고통을 겪지 않기를, 오늘날의 어린이들과 가족들이 건강하고 즐겁고 장수하는 삶을 살기를 원한다. 내가 나의 두 딸에게 해주고 싶은 말은 이것 하나뿐이다.

"너희들은 나의 자랑이란다."

· T H E   M O T H E R ·

로라 부시 Laura W. Bush

전 텍사스 주지사이자 전 미국 대통령의 영부인이다. 전직 교사이자 사서였으며 오랫동안 문맹퇴치 프로그램과 여성과 어린이의 건강과 복지를 위해 일해왔다.

피부색이 사라지는 안경

―― ❀ ――

킴벌리 해챗 재정 전문가

우리 딸 로렌은 기적 같은 아기였다. 많은 의사들은 삼십 대 후반인 내가 아기를 가질 확률이 낮다고 말했다. 스물두 번의 인공수정과 열 번의 시험관 시술을 시도했지만 소용이 없었다. 마침내 나는 불임 클리닉의 성공률을 낮춘다는 이유로 병원에서 퇴짜를 맞았다.

그 즈음 남편과 나는 아기를 입양해야겠다고 결심했다. 우주가 나에게 딸을 한 명 보내줄 때까지 기다리겠다고 마음먹었을 때 딸아이가 내게로 왔다. 태어날 때부터 우리 딸은 그렇게 콧대 높은 아가씨였다. 오직 하나뿐인 나의 외동딸.

나는 아이가 아들이 아니라 딸이어서 더욱 기뻤다. 왜냐하면 그동안 나는 자산 관리 고문으로 경력을 쌓으면서 어린 소녀들에게 어떻게 성공할 수 있는지, 어떻게 리더가 될지, 어떻게 두려움 없이 꿈을 좇을 수 있는지 조언하고 멘토가 되어주는 데 많은 시간을 투자해왔기 때문이다.

나는 소녀들에게 1970년대 뉴저지주 로렌스빌에서 몇 되지 않는 아프리카계 미국인 가정에서 자랐던 어린 시절과 모건 스탠리의 재정 고문으로 일하게 된 과정에 대해 이야기해주었다. 내 고객은 95%가 백인 남성으로 나와는 달랐다. 하지만 나는 일을 사랑했고 또 사람들을 연결시켜주는 일을 잘했기 때문에 이 분야에서 성공할 수 있었다.

아버지는 나에게 '피부색이 사라지는 안경'을 통해 세상을 바라보는 것이 얼마나 중요한지 가르쳐주셨다. 아버지는 언제나 내게 이 세상에 흑인과 백인은 없다고, 그저 여러 색깔의 회색들만 있을 뿐이라고 말씀하셨다. 그저 사람들이 있을 뿐이라고.

나의 아버지 윌리엄 해쳇(모든 사람은 아버지를 버키라고 불렀다)은 힘이 넘치는 분이셨다. 대학 시절에 축구, 농구, 육상 경기에 열심이던 전형적인 미국인이셨다. 아버지는 뉴저지주 베로나고등학교 재학생의 99%가 백인이던 시절, 최초로 아프리카계 미국인 학생회의 회장을 맡으셨다. 아버지는 러트거스대학교 재학 시절에도 최초의 흑인 학생회 회장이셨다.

아버지는 피부색을 잊는다는 자신만의 철학을 가지고 러트거스대학교의 농구팀에서 뛰었는데, 그때 잊지 못할 경험을 하셨다. 학교 농구팀이 메릴랜드대학교와 원정 경기를 하러 갔는데, 호텔 측이 아버지의 숙박을 거절한 것이다. 매니저는 '흑인 소년'은 호텔에 머물 수 없다고 말했다. 쌍둥이 여동생인 카렌과 나는 아버지가 돌아가실 때까지 이 일을 전혀 몰랐다. 나중에 아버지가 병상에 누워계실 때 당시 농구팀 선수 중한 명이 전화를 걸어와 내게 수화기를 아버지 귀에 대어달라고 부탁하셨다. 그는 이 사건과 관련하여 아버지에게 한마디도 하지 않았던 것을 사과하고 싶어 했다. 그날 아버지는 메릴랜드대학교 농구팀의 코치 집에서 밤을 보내셨다. 다음 날 아버지는 가장 많은 골을 득점하고 MVP 자리에 오르면서 인생 최고의 경기를 펼쳤다.

그에 비해 내 딸은 매우 다른 환경에서 성장했다. 열심히 일한 끝에 남편과 나는 금융 분야에서 성공적인 경력을 쌓았다. 나는 딸아이에게 매일매일 살고 있는 인생은 우리가 윗세대로부터 물려받은 것이 아니라 남편과 내가 쌓아올린 거라는 사실을 상기시켜주고 있다. 우리가 이뤄낸 것들을 통해 우리는 두려움을 없애고 부정적인 에너지를 밀쳐둘 수 있었다. 우리는 비가 아니라 그저 무지개만을 보려고 노력한다.

고등학교를 졸업한 뒤 나는 육상 장학금을 받고 버지니아대학교에 입학했다. 나는 1984년 올림픽에 출전하기 위해 훈련을 하려고 했지만 힘줄 부상으로 좌절을 겪었다. 대학교를 졸업한 후 오리건주로 가서 1988년 올림픽 출전을 위해 훈련을 받을지, 뉴욕으로 가서 새로운 인생을 개척할지 기로에 섰다. 나는 뉴욕을 선택했다.

그렇다고는 해도 월스트리트에서 일하겠다는 생각은 해본 적도 없었다. 하지만 뉴욕을 둘러본 나는 많은 사람들이 월스트리트에서 많은 돈을 버는 것을 보았다. 나는 체이스맨해튼 은행의 훈련 프로그램을 마쳤고, 이후 페이스대학교에서 금융과 관련된 야간 수업을 들었다. 버지니아대학교에서 수사학과 커뮤니케이션을 전공한 터라 수학이나 경제학 과목을 수강한 적이 없었기 때문이었다. 나는 월스트리트 회사의 문을 두드렸고 MBA를 취득하는 게 좋겠다는 조언을 들었다. 내가 입학하고 싶었던 유일한 학교는 하버드 비즈니스스쿨이었다.

하버드에 입학한 뒤 아버지는 나에게 그만두라는 말을 하신 적이 있다. 내가 성공하지 못할까 봐 두려우셨던 것이다. 하지만 아버지는 언제나 두려움 없이 나아가라고 말씀하셨고 그 말은 내게 뿌리 깊이 박혀 있었다. 엄마는 또 우리에게 언제나 "맨 앞줄에 서라"고 하시면서 남들 뒤에 서 있지 말라고 하셨다. 나는 내가 하버드에서도 성공할 거라는 믿음이 있었다. 1991년 나는 모건 스탠리에 입사했고 자산 관리 분야에서 능력을 발휘하기 시작했다.

언젠가 딸아이가 어떻게 억만장자들에게 믿고 돈을 맡겨달라고 하는지, 그런 자신감은 어디에서 나오는지 물었다. 나는 그들도 그저 사람일 뿐이라고 대답했다. 그들도 모두 하나의 심장과 위, 두 다리와 두 눈을 가졌다. 누구에게도, 그 무엇에게도 두려워하지 않고 겁먹지 않고 인생을 걸어간다면, 누구든 더 멀리 나아갈 수 있다.

이것은 내가 끊임없이 우리 딸 로렌과 '젊은 여성 리더십 네트워크'와 '로이스트사이드 걸스 클럽'을 포함하여 뉴욕 지역의 학교와 기관에서 만난 젊은 여성들에게 말해주는 중요한 메시지다. 나처럼 생긴 사람이 어떻게 월스트리트에서 성공할 수 있었는지에 대한 이야기를 듣는 것은 소녀들에게 큰 힘이 된다.

나는 웨스트빌리지에 있는 우리 아파트에서 멘토링 프로그램에 참여한 한 무리의 젊은 여성들과 모임을 가졌던 날을 결코 잊지 못한다. 젊은 여성 중 한 명이 주위를 둘러보더니 울기 시작했다. 내가 무슨 일 때문에 그러는지 묻자, 이렇게 말했다.

"난 흑인들이 이렇게 살 수 있을지 정말로 몰랐어요."

그녀는 오로지 힙합 스타나 운동선수, 배우만이 이런 라이프스타일을 누릴 수 있을 거라 생각했다고 말했다.

나는 비즈니스 여성들이든, 불우한 성장 배경에서 자란 소녀들이든 이들을 위한 멘토링과 리더십 프로그램에 많은 시간과 에너지를 쏟아붓는다. 남편과 내가 타인을 위하는 모습은 우리 딸에게도 본보기가 되었다. 로렌은 내가 2015년 젊은 여성 리더십 네트워크에서 공로상을 받았을 때 시상식에 참석했다. 내가 무대에서 연설하는 모습을 지켜보던 딸아이는 남편에게 이런 문자를 보냈다.

"이 소녀들을 돕는 데 내가 할 수 있는 일이 있다면 뭐든 하고 싶어요."

그리고 다음과 같이 덧붙였다.

"엄마가 아니었다면 이들에겐 희망이 없었을 거예요."

투쟁하지 않는 곳에서는 극복하려는 의지도 없다. 나의 아버지가 주신 용기와 끈기 그리고 피부색에 연연해하지 않는 삶의 자세는 기적처럼 태어난 우리 딸아이의 마음속에 살아 있다.

· THE MOTHER ·

킴벌리 해쳇 Kimberley Hatchett

모건 스탠리의 전무 이사 겸 자산 관리 고문이다. 미국 경제주간지 《배런》이 2006년부터 시작한 미국의 '100대 여성 금융 전문가'에 매년 오르고 있다.

여성의 일에 가치 부여하기

—— ✿ ——

노엘 베리 메르츠 심장병 전문의

"열심히 일하고 자신의 일을 하라. 그리고 세상을 보다 나은 곳으로 만들어라."

이것은 성인이 된 세 딸들이 어렸을 때 내게 배웠다고 말하는 중요한 성 중립적인 교훈이다.

남편과 나는 딸들에게 성평등에 대해 따로 가르치지는 않았지만, 아이들에게 성평등에 대한 메시지가 잘 전달된 것 같다. 연구에 따르면 사람의 행동은 말이 아니라 행동을 통해 배우고 형성된다고 한다.

남편과 나는 심장병 전문의다. 우리는 아이들을 전임 유모의 손에 키웠고 필요할 때면 요리사와 운전기사의 손을 빌렸다. 우리는 보통 '여성의 일'이라고 여기는 가사노동을 하는 데 성별에 상관없이 그 일을 가장 잘 맡아서 할 수 있는 남성과 여성을 고용했다. 또한 아이를 돌보는 일과 가사노동에 중요한 가치를 부여하는 만큼 이들에게 월급도 넉넉하게 주었다.

사실 의대 학자금 대출을 갚고 가사노동을 도와주는 이들에게 월급을 주고 나면 우리도 남는 돈이 거의 없었다. 비록 우리에게 남는 돈은 없어도 딸들에게 페미니즘이란 모든 '여성의 일'에 가치를 부여하는 거라는 것을 알려주었다고 생각한다.

맞벌이 전문직 부부였던 우리는 종종 응급 환자나 회의 때문에 집을 비워야 했고, 때로는 먼 곳으로 출장이나 학회 참석을 하러 가야 했다. 그러다 보니 우리 가정은 항상 바빴지만, 그래도 아침과 저녁만큼은 가족과 함께 먹는 습관을 들였다. 우리는 종종 상대적으로 이른 시간에 병원에 출근해야 했고 일거리를 집으로 가져왔다. 딸들은 학교 숙제를 스스로 했고, 우리는 자아실현과 자족을 위해 애쓰는 페미니스트에게 필요한 헌신과 성취의 가치를 몸소 보여주었다.

신체적 건강을 최우선 순위로 삼는 것도 중요한 일이었다. 나는 전직 운동선수이자 의사로서 신체적 건강의 이점에 대해 잘 알고 있었다. 나는 1970년대에 대학 운동선수로 활동했고, 법령 4조*의 통과 이후 여성들의 변화를 환영하면서 관련 토론에 참가했었다. 그리고 이후 연구들은 여성의 운동 능력이 여성의 피해자화에 반비례한다는 것을 증명했다. 구체적으로 말해서 스포츠에 참여하는 여성은 강간을 당할 확률이 낮으며(현재 전국 평균 다섯 명의 여성 가운데 한 명꼴로 강간을 당하고 있

---

* 1972년 미국 교육법의 일부로, 이 법령이 시행된 이후 대학 내 스포츠팀에서 활동하는 여대생의 수가 600% 증가했다.

다), 가정폭력에 시달릴 확률도 적다(현재 전국 평균 세 명의 여성 가운데 한 명이 가정폭력의 피해자이다). 우리는 적극적으로 딸들에게 스포츠 참여를 독려하고 운동을 가족 활동으로 만들었다. 우리에게 스포츠는 삶의 필수였고 나는 페미니스트의 육체적, 심리적 건강에 기여한다는 본보기를 보였다.

또한 남편과 나는 우리 딸들이 무엇을 하고 있는지 언제나 확인했다. 일 때문에 출장을 가야 할 때도 한 명은 꼭 집에 남으려 했다. 특히 딸들이 십 대일 때는 더욱 조심했다. 딸들은 질색했지만 아이들이 파티나 친구 집에서 자고 올 때, 또는 다른 유사한 일들을 할 때는 꼭 아이들 친구의 부모님과 연락했다. 딸들과 딸의 친구들은 우리 부부가 아이들에게 신경 쓰고 있다는 것을 잘 알았다. 우리는 딸들이 성인이 하는 행동(술 마시기, 마약, 섹스)을 하지 못하게 막을 수 있을 거라고는 생각하지 않았다. 대신 예전부터 지금까지 성인들의 행동 속에 내재해 있는 여성 혐오적 메시지를 알려주는 자문의 역할을 하고 싶었다. 오늘날은 인터넷으로 무엇이든 보고 들을 수 있는 시대이며, 동시에 사회적 투명성으로 아동 학대의 비율이 낮아졌고 동성애에 대해서 수용적이다. 그러니 현재 만연한 여성 혐오도 나아지게 할 수 있을 것이다. 부모로서 우리는 여성 혐오에 주목하고 사람들의 문제 행동에 직면했을 때 딸들이 페미니스트로서 행동하기를 기대하면서 모범을 보이려 했다.

남편과 내가 배우자로서 우리 둘만이 아니라 파트너, 동료, 친구들과 함께 최선을 다했다는 것에는 의문의 여지가 없다. 어머니 자연은 자신의 지혜와 법에 따라 인간을 여성과 남성으로 나누었다. 마치 음과 양처럼, 민주당과 공화당처럼, 남과 북처럼 우리 사회와 세상을 보다 나은 곳으로 만들기 위해 우리에게는 여성과 남성이 모두 필요하다. 현재 여성보다 남성이 실업자 수가 더 많고 대학 진학도 하지 않으며, 결혼하지 않을 경우 더 일찍 사망한다.

간단하게 말해서 페미니즘은 휴머니즘이다. 우리는 딸들에게 남성을 배격하는 것이 페미니스트라고 인식하게 하는 행동과 태도를 보여주지 않을 것이다. 우리는 말과 행동에서 반드시 진정한 파트너십이란 상호 존중과 사랑, 존경을 바탕으로 한다는 사실을 보여줄 것이며, 이러한 휴머니즘적 자질이야말로 세상을 더 나은 곳으로 만드는 데 필요하다는 사실을 알려줄 것이다.

· T H E   M O T H E R ·

노엘 베리 메르츠 C. Noel Bairey Merz, MD

여성 건강을 위한 여성 가이드 석좌 교수이며, 바브라 스트라이샌드 여성 심장 센터와 예방 및 재활 심장 센터의 이사이자 의학 교수이다.

· A C K N O W L E D G E M E N T ·

감사의 말

나는 4년 전 신시아 리틀턴과 함께 이 책을 작업하기 시작했다. 신시아와는 일 때문에 알고 지낸 사이지만 우리에게 공통점이 많다는 것을 알게 된 후로 친구처럼 지내고 있다. 책을 작업하는 동안 우리 둘은 모두 삶에서 커다란 변화를 겪었다. 우리는 함께 일하면서 명료함, 조언, 편안함을 넘어 다른 많은 것을 서로에게 배웠다. 신시아의 동지애, 지혜, 친절이 없었다면 그 시간들을 헤쳐나가지 못했을 것이다. 신시아는 내가 여러 사람의 글을 모으는 일을 능숙하게 안내해주었다. 말 그대로 등대 역할을 해주었다.

우리에게 이런 기회를 준 사이먼&슈스터 출판사의 캐럴린 라이디에게 감사한다. 내가 무엇을 하고 있는지 나조차 제대로 알지 못했을 때

캐럴린은 내게 'Yes'라는 승낙의 말을 해주었다. 아트리아북스 출판사의 회장인 주디스 커와 편집자인 그리어 헨드릭스는 언제나 내게 격려와 영감을 불어넣어주었으며, 특히 그리어가 새로운 모험을 위해 오랜 기간 머물렀던 편안하고 안정감 있는 직장을 떠나는 모습을 보면서 많은 영감을 받았다. 그리어는 이 책에 글을 쓴 많은 여성들의 정신, 즉 '자신의 신념에 용기를 가져라', '심장 뛰는 일을 좇아라', '자신감을 가지고 나아가라' 등을 구현해냈다. 편집자 다운 데이비스는 그리어가 넘긴 바통을 이어받아 자비롭고 인내심 있게 결승선을 통과하도록 이끌어주었다.

25년 전 나를 사무실 밖으로 내던지지 않은 나의 보스이자 친구이며 멘토인 레슬리 문베스에게 감사를 전한다. CBS에서 만난 나의 소중한 친구들과 지인들이 보여준 무조건적인 사랑과 지지에도 마음속 깊숙이 감사드린다. 나는 정말 운이 좋은 사람이다.

오랫동안 나의 조력자였던 어맨다 디드리치는 자신이 해야 할 몫보다 더 애써주었다. 어맨다의 노력과 격려, 세부 사항에 대한 꼼꼼한 확인이 없었다면 이 책의 어느 페이지도 쓰지 못했을 것이다. 그녀에게 축복이 있기를. 마이크 캄파니지의 무한한 열정과 지지에도 감사한다.

눈물이 쏟아지기 전에 급하게 "사랑한다"고 적는 엄마를 나의 아이들 매슈와 앨리스가 이해주기를. 40년 전에 남편 제리의 감독 보조로 일할 수 있어서 얼마나 기뻤는지. 그때부터 남편은 내게 영웅이었다.

나의 어머니 노머 캐럴 테리사 그라 루스 테슬러. 어머니가 가르쳐주신 삶, 사랑, 상실에 대한 모든 것에 이루 말할 수 없는 깊은 감사와 사랑을 느낀다. 그리고 딸들을 어떻게 강하게 키우고 있는지 들려준 이 책에 실린 모든 어머니의 통찰력에 감사한다.

　소녀들이 자신들의 잠재력을 펼치고 목표를 성취하게 도와야 하며 이 일은 그 무엇보다도 중요하다. 이는 다음 세대에게 지도자의 자격을 주는 것과 같다. 이 책에 어머니 당신의 목소리를 담아둘 것이다. 그리고 어머니의 목소리는 미래의 세대가 이 중요한 대화를 시작하도록, 결코 이 대화를 그만두지 않도록 격려할 것이다.

옮긴이의 말

한때 "엄마처럼 살지 않을 거야"라고 다짐하던 딸들이 페미니스트를
자처하던 시절이 있었다. 어머니라는 이름으로 대물림되는 성역할의 고
정관념을 거부하며 반항하던 딸들은 모성신화, 가사노동, 감정노동, 돌
봄노동이 무엇인지 또박또박 파헤치고 그 억압에 맞서 싸워왔다. 이제
그런 딸들은 자라서 아이를 낳고 기르는 어머니가 되었다. 다시 어머니
가 된 이들은 딸들에게 어떠한 이야기를 해주어야 할지 고민한다.

이 책은 비슷한 고민을 하는 어머니와 딸들을 위한 것이다. 다양한 분
야에서 활동하는 여성 경영자, 의사, 작가, 경찰, 예술가들은 기억을 더
듬어 어릴 적 어머니로부터 배워온 가르침을 끄집어내기도 하고, 살아
온 인생에서 얻은 경험에서 우러나오는 지혜를 떠올리기도 한다. 어머

니라고 해서 꼭 딸에게 무언가를 가르쳐주기만 하는 것은 아니다. 오히려 딸과의 대화에서 무언가를 깨닫기도 한다.

미국을 배경으로 하지만 이 책에 담긴 각양각색의 이야기들은 어머니와 딸이라는 가깝고도 먼 친밀성에 대해 고민하는 한국의 독자들에게도 공감을 살 만하다. 어머니와 딸의 내밀한 대화와 소통을 기록한다는 점에서 이 책은 부족하나마 여성의 역사를 기록하려 시도하고 있기도 하다. 각각의 이야기들은 여성들 한 명 한 명이 일상에서 끊임없이 어떻게 사는 것이 올바른지, 무엇이 선한 행동인지, 남성 중심적 사회에서 여성으로 살아간다는 것이 어떠한 의미인지 생각하고 실천하고 있음을 일러준다.

이들의 이야기에는 지금의 자리에 서기까지 묵묵히 각자의 고통을 껴안고 걸어왔던 각 여성들의 개인사와 할머니에서 어머니, 딸로 이어지는 여성들의 계보가 녹아 있다. 그리고 그 속에 숨겨진 이야기와 일상에서 얻은 소소한 깨달음, 반짝이는 유머를 따라가다 보면 우리는 어머니로부터 단절을 선언했던 딸들의 여성해방 비전이 다시 어머니 공동체의 집단적 지혜를 공유하고 보존하는 일과 맞닿아 있음을 깨닫게 된다.

옮긴이 한우리

중앙대학교 영어영문학과를 졸업하고, 동 대학원에서 비평이론을 전공하며 박사과정을 밟고 있다. 문학에 나타난 근대 국가 형성과 젠더 관계에 관심을 갖고 연구하고 있으며, 여성문화이론연구소에서 연구원으로 활동 중이다. 옮긴 책으로 《햄릿》, 《로미오와 줄리엣》, 《맥베스》, 《리어왕》, 《아우슈비츠의 여자들》, 《페미니즘 선언》 등이 있다.

모두에게 페미니즘

초판 1쇄 펴낸 날 2018년 4월 30일

지 은 이   니나 테슬러
옮 긴 이   한우리
펴 낸 이   장영재
편   집   백수미, 배우리, 서진
디 자 인   고은비, 안나영
마 케 팅   강동균, 강복엽, 남선미
경영지원   마명진
물류지원   한철우, 노영희, 김성용, 강미경

펴 낸 곳   (주)미르북컴퍼니
전   화   02)3141-4421
팩   스   02)3141-4428
등   록   2012년 3월 16일(제313-2012-81호)
주   소   서울시 마포구 성미산로32길 12, 2층 (우 03983)
E-mail   sanhonjinju@naver.com
카   페   cafe.naver.com/mirbookcompany